神戸・瀬戸内学

歴史や自然を見つめて地域を旅してみよう

流通科学大学観光研究会 編

大学教育出版

はじめに

　2008(平成20)年9月、国土交通省神戸運輸監理部と流通科学大学は全国に先駆けて「観光人材育成への取り組み」を共同で推進していくことに合意した。本書の刊行と、これを教材とした専門科目の提供は、その事業のさまざまなプログラムの一環として企画されたものである。

　本書は、多様な観点から自由に神戸・瀬戸内を論じる、という姿勢のもとにまとめられた。縦糸と横糸が混じり合い、神戸・瀬戸内がどんな色模様に染まるのかを半ば楽しみながらの編纂である。したがって学内の他の教科書や科目内容とはかなり異質な性格を持つ。

　観光事業が持つ特徴のひとつに〈属地性という宿命〉がある。財（観光資源や施設）やサービスのありようにに対する答えはすべて〈個別解〉なのである。同じ仕組みや同じボリュウムの観光商品であっても「それをどこで得るか、どこで提供するか」によって、その中身は全く別ものになり、価値も価格も異なる。コーラや車やハンバーガーはどこで購入しようが、それほど大きな価値の差はないのとは大きな違いである。だからこそ、主役ではないにせよ、観光学修では地域の研究が大きな意味を持つといえる。

　観光の研究や教育はさまざまな分野から取り組まれてきた。大学を例にとれば立教大学におけるホテル実務者養成がその先駆であった。一方、観光を広く原論の立場から学ぶ人たちは土木・造園・林学の分野から誕生した。さらには地理学、文化人類学からの参集、そして大きな勢力を形成したのが、交通、都市計画、社会工学のような工学系の研究者である。その結果、観光は美学、文化、システムなどが混じり合う分野となった。これは時代や社会の要請に応えた結果でもあったが、そのために研究や教育の対象として必ずしも先駆的存在足り得なかった。さらには現在は経営やマーケティングの視点が重視され始めている。この視点が欠落していたために観光業界が経済学部や法学部など、他のあらゆる分野から人材を確保してきたといえなくもないのである。

とはいえ、視点を変えれば、このように多様な視点からのアプローチが可能であることが観光の研究や学修を興味深くさせてきたといえる。国は行財政の改革やスリム化の流れの中で、あえて観光庁を発足させた。考えてみれば、自動車庁もなければ製鉄庁もないわが国の行政機構の中に、「観光」が独立した位置を占めたのである。それは観光が産業として重要な地位を占めつつあるというだけでなく、地域の安定や文化の継承と発展、国土の保全や国際的な安全保障、そして国民の生活の質の向上といった分野にまで貢献する役割を担っているからである。

本書は、社会学的分析、地域の産業興しの実態、観光政策の展開、観光的な魅力対象、観光地の空間構成のおもしろさ、国文学からの見直し、内海流通の歴史的な掘り起こし、映画芸術を支える地域力、人や地域が作り出した旅の楽しみなどのテーマで神戸・瀬戸内を語る構成とした。執筆者は流通科学大学教員、国土交通省神戸運輸監理部前企画課長の伊藤氏のみならず、神戸フィルムオフィス代表の田中氏、（株）JTBの柏木氏の皆さんのご協力を頂き、専門分野から最新かつ貴重な報告を頂いた。また、本書刊行の企画、調整は流通科学大学教学部、入試部が担った。また編集実務に際しては（株）大学教育出版にご尽力頂いた。ここに感謝の意を表する次第である。

平成21年9月

流通科学大学観光研究会

神戸・瀬戸内学
目　次

はじめに ……………………………………………………… i

第1章　生活文化としての「神戸・瀬戸内学」
……………………………（栗田真樹）……… 1

　1．「神戸・瀬戸内学」とは何か　　1
　　（1）対象地域としての検討　　1
　　（2）「瀬戸内学」とは　　3
　　（3）「神戸・瀬戸内」学とは　　4
　　（4）「神戸・瀬戸内」学の豊かな成果のために　　5
　2．生活文化としての「神戸・瀬戸内学」　　5
　　（1）「生活文化」とは何か　　6
　　（2）「消費者」と「生活者」　　7
　　（3）観光地ではない「神戸」　　8
　3．「神戸学」の事例　　9
　　（1）「住みコミュニケーションプロジェクト」　　9
　　（2）「下町レトロに首っ丈の会」　　10
　4．おわりに　実質的な「神戸・瀬戸内学」の創造に向かって　　11

第2章　瀬戸内を歩く ── 五感を研ぎ澄ますスローな旅との出会い ──
……………（柏木千春・高橋一夫）…… 14

　1．歩く旅について　　14
　　（1）高度成長期の観光　　14
　　（2）バブル崩壊後の観光需要の変化　　15
　　（3）歩く旅の事例―長崎さるく博―　　16
　2．瀬戸内は歩く旅の原点―四国遍路―　　18
　　（1）四国遍路の概要　　18
　　（2）四国遍路の特徴　　22

3．瀬戸内まち歩き　*23*

　　　（1）松山市・道後温泉　*23*

　　　（2）美しい町並み景観の残る町（内子町）　*28*

　　　（3）島を結ぶ・めぐるサイクリングの旅（瀬戸内しまなみ海道）　*31*

　　4．おわりに　*36*

第3章　瀬戸内 ── 万葉の旅 ── ……………………（上森鉄也）……*38*

　　1．瀬戸内の旅　*38*

　　　（1）交通路としての瀬戸内　*38*

　　　（2）奈良時代の旅　*39*

　　　（3）海路の旅　*40*

　　2．大宰府長官の帰京の旅　*42*

　　　（1）大宰帥大伴旅人　*42*

　　　（2）出　発　*42*

　　　（3）鞆の浦にて　*43*

　　　（4）妻の死　*45*

　　　（5）敏馬の崎にて　*46*

　　　（6）到　着　*47*

　　3．製塩の歌　*48*

　　　（1）須磨の製塩　*48*

　　　（2）古代の製塩と万葉歌　*51*

第4章　瀬戸内 ── 酒と土産 ── …………（金田　肇・足立　明）……*54*

　　1．瀬戸内の酒　*54*

　　　（1）日本酒の歴史　*54*

　　　（2）日本酒の造り方　*55*

　　　（3）旨い日本酒のポイント　*55*

　　　（4）瀬戸内の米・杜氏　*57*

(5) 日本酒の県別データ　57

　　(6) 銘柄別の出荷量ランキング　ベスト10　58

　　(7) 各県ごとの酒造りの特徴　59

　　(8) 最後に「愛情」　61

　2．瀬戸内の土産　61

　　(1) 土産の歴史と文化　61

　　(2) 瀬戸内海の土産の事例　64

第5章　瀬戸内流通の足跡 ……………………（加藤慶一郎）……71

　1．はじめに　71

　2．歴史を学ぶ意味と歴史学の方法　71

　3．江戸時代経済の到達点　72

　4．江戸時代の地域構造　74

　5．瀬戸内地域の港町—兵庫県を中心に—　79

　6．おわりに　87

第6章　瀬戸内──映画の舞台を訪ねて──………（田中まこ）……89

　1．瀬戸内地域のフィルムコミッションとフィルム・ツーリズム　89

　　(1) フィルムコミッションの役割と目的　89

　　(2) 瀬戸内地域のフィルムコミッション　90

　　(3) フィルムコミッションと観光　90

　2．瀬戸内地域で撮影された映画　92

　　(1) 兵庫県で撮影された映画　92

　　(2) 岡山県で撮影された映画　96

　　(3) 広島県で撮影された映画　98

　　(4) 愛媛県で撮影された映画　101

　3．今後の課題　104

第7章　瀬戸内の地域活性化と地域産業……………（井上芳郎）……105

1. 企業活動と地域の関わりについて　105
2. 地域産業を軸にした地域活性化を考える理論的枠組み　108
3. 瀬戸内の地域産業の展望　111
4. 地域産業を核とした瀬戸内活性化のシナリオ　117

おわりに　120

第8章　地域主軸の観光政策…………………………（伊藤政美）……124

1. 観光立国の実現を目指して　124
   (1) 観光の現状　124
   (2) 観光立国の契機　125
   (3) 観光立国推進基本法・観光立国推進基本計画　126
   (4) 観光庁の設置　126
   (5) 観光庁のしごと　127
2. 国土交通省神戸運輸監理部による観光振興　130
3. 地域主軸の観光政策の課題と展望　135

第9章　神戸・瀬戸内の観光資源…………………（小久保恵三）……136

1. 観光資源の評価と分布　136
2. 神戸・瀬戸内の観光資源　138
3. 神戸・瀬戸内地域の海の魅力　142
4. 神戸・瀬戸内と平家の隆盛　149
5. 平家の興亡と神戸・瀬戸内の観光資源　157
6. 瀬戸内における源平の戦いの跡　161

第10章　データでみる神戸・瀬戸内……………（小久保恵三）……168

著者紹介……………………………………………………………………236

第1章

生活文化としての「神戸・瀬戸内学」

1.「神戸・瀬戸内学」とは何か

　本章では、「神戸・瀬戸内学」について、まずその研究対象となる地域を「神戸」「瀬戸内」に分け、検討する。次に、「神戸」学を生活文化の視点から捉えることから、「神戸・瀬戸内学」を実質的に創造していくことを提唱する。

(1) 対象地域としての検討
　「神戸・瀬戸内学」とはいったいどこが対象地域となるのであろうか。まず「神戸・瀬戸内」という複合概念を「神戸」と「瀬戸内」に分けて考えてみたい。
　まず、「神戸学」を「『神戸』という地域に関する学問」と考える点に異議はないと考えるが、ここでは、以下の4つの観点から「神戸学」の対象について考えてみたい。
　1) 神戸市全域
　「神戸」という市の名称がついているところから考えても、神戸市という行政単位全体を対象地域とする。これがもっとも標準的な「神戸」の対象であると考える。
　2) 神戸市中心街
　1) に対して、2) は神戸市を中心街に限定して「神戸」と考える。1995年1月の阪神・淡路大震災のテレビ番組のことであるが、高齢の女性が一時仮設住宅に入居する様子が放映されていた。インタビューに答えている女性は「早く

神戸へ戻って来たい」と答えていたが、彼女が入居するのは西区の仮設住宅であり、当然のことながら西区の行政単位は神戸市である。つまり、人びとの意識の中に「神戸」とは「神戸市の中心部」という意識があるということである。

　神戸市は、1889(明治22)年市制が施行され、いくつかの町村合併の後、1931(昭和6)年区制が施行されている[1]。1941(昭和16)年、明石郡垂水町が編入され、後に1946(昭和21)年、須磨区から垂水区が分区している。さらに、翌1947(昭和22)年、有馬町など西北神10町村を編入、1950(昭和25)年、御影、住吉、魚崎、本庄、本山村を編入している。その後も町村合併がなされ、1973(昭和48)年に北区、1982(昭和57)年に西区が発足している。

　つまり、垂水区、東灘区、北区、西区などの地区は約60～70年前までは市制単位として「神戸市」ではなかったわけである。また、神戸市の地名としてかなり一般的になっている有馬、御影といった地名も、これらの地区を「神戸」と呼ぶことに違和感を持つ人が、特に高齢の人にはいるであろうことが考えられるのである。したがって、この考え方では、市制発足当時の「神戸市」を中心として「神戸」と考える。

　なお、現在の中央区は、1980(昭和55)年に葺合区と生田区が合併して制定されたものであり、約30年前にほぼ現在の神戸市のかたちが固まってきた頃に「中央」と命名されたに過ぎない。

3) 神戸市周辺

　2)で見てきたように、「神戸」という町は周辺のいくつかの町村を合併して拡大してきている。それに伴って、「神戸」の地理的概念も拡大してきている。近年、市町村合併の協議が日本全国で行われ、多くの市町村合併が行われたが、神戸市においては、この期における新たな合併は行われていない。

　ここでは、「神戸」という言葉によって、神戸市周辺までを含む場合があることを指摘しておきたい。たとえば「『神戸』の方」を「神戸」と表現する場合がある。したがって、神戸市周辺の芦屋市などを含む阪神間、西の明石市、南の淡路地域、北の三田市周辺などが「神戸」として表現される場合がある[2]。

4）兵庫県

　この考え方はかなり広い「神戸」の捉え方といえる。言うまでもなく「神戸市」は兵庫県の県庁所在地であり、「神戸」が兵庫県を代表しているという考え方である。実際、「どちらからこられましたか」と尋ねられて、「兵庫県」の「ある地方都市」と答えるよりも「神戸」と答えたほうが理解してもらいやすいということがある。

　もう1つは「神戸」という呼び名のイメージのよさかもしれない。

　1988年から、JRは大阪から西の東海道本線（東京～神戸）と山陽本線（神戸～門司）の姫路までの路線の愛称を「JR神戸線」としている。この路線の命名の際に最終的な行き先である「姫路」を冠した「姫路線」ではなく、通過点である「神戸」を冠した「神戸線」とし、姫路の多くの市民も大きな反対運動を展開しなかったのも、このイメージのよさを示しているといえるだろう。

　以上の点から、「神戸」という呼び方には、兵庫県民が県を代表する地名であるとの認識があり、一種の憧れや誇りをその地名に持っているといえるのである。

（2）「瀬戸内学」とは

　では、「・」以降に続く「瀬戸内学」とはどこを対象とするのであろうか。「神戸学」と同じく「『瀬戸内』という地域に関する学問」であるという認識は共通しているであろう。「瀬戸内」については、「瀬戸内海」沿岸の地域ということになろうが、法律で定義される「瀬戸内海」については、「領海及び接続水域に関する法律施行令（領海法施行令）」や「瀬戸内海環境保全特別措置法（瀬戸内法）」などの法令によって若干の差がある。しかし、それらに共通して示される「瀬戸内海」沿岸の地域を府県単位で列挙すれば、大阪府、和歌山県、兵庫県、岡山県、広島県、山口県、徳島県、香川県、愛媛県、福岡県、大分県と非常に広範囲な地域となる。

1）瀬戸内海沿岸の地域に限定する場合

　「沿岸」とは「海岸法」の大分類で「海岸線」を含む地区のことをいうが、この海岸線を含む地域を対象とする考え方である。便宜的には市町村単位を対

象とすることになるであろう。

2）瀬戸内海を含む府県を対象とする場合

瀬戸内海に面する府県には、海岸線に面していない地域もあるのであるが、前述の「神戸⇒兵庫県代表論」に従えば、瀬戸内海を有する府県全域を対象とすることになる。

以上より、対象地域としては、1）が狭義の、2）が広義の「瀬戸内学」の対象となるであろう。

(3)「神戸・瀬戸内」学とは

これまでの議論から、「神戸」と「瀬戸内」をそれぞれ「最大公約数」的、「最小公倍数」的に考えると、以下の表のようになる。

表1-1　神戸・瀬戸内学の概念的整理

	「最大公約数」的	「最小公倍数」的
神　戸	神戸市の中心地	兵庫県
瀬戸内	瀬戸内海に面する地域	瀬戸内海を含む府県

筆者作成。

さて、これらの「神戸」「瀬戸内」概念が結びつくことによって「神戸・瀬戸内」学が構成されるのであるが、ここでは、「神戸」と「瀬戸内」の関係性について議論しておきたい。

1)「神戸」and「瀬戸内」学

神戸と瀬戸内をなんらかの関係性の持つものとして認識し、それらの関係を議論する。

2)「神戸」or「瀬戸内」学

この考え方では、瀬戸内が、全体ではなく、一部として議論される場合には、神戸とはまったく関係のない事柄が出てくる可能性もある。

神戸は神戸として、瀬戸内は瀬戸内として、議論され、それらの関係性はあまり議論されない。もちろん、神戸とはまったく関係がなくても、瀬戸内のさまざまな事柄を研究する意義はある。しかしながら、「最大公約数」的にも「最

小公倍数」的にも、「神戸」は「瀬戸内」に含まれており、「神戸」「瀬戸内」と複合概念として表記する意味合いがなくなってしまう。したがって、少なくとも「神戸との関係において」あるいは「神戸との関連性を念頭において」の学問であることを含意していると考えるべきであろう。ここでは「神戸との関係において」を表現する言葉として、「神戸を中心とした」と表記しておくことにする。

　以上のように、神戸・瀬戸内学の対象地域として最も狭いのは「神戸市の中心街」についての学問領域ということになり、「神戸を中心とした大阪から大分までの瀬戸内海を含む府県」とするのが最も広い対象ということになる。

(4)「神戸・瀬戸内」学の豊かな成果のために
　「神戸・瀬戸内」学が豊かな成果を残すためには、厳密に対象を限定してしまわないで、広くとることが重要であろう。つまり、対象を限定してしまうことは、学問を矮小化させてしまう危険性があるのである。これらの学問を新たに議論していく意義は、その地域に住む人びと、つまりわれわれのこころや暮らしを豊かにすることが最終的な目的であろう。そのためには、対象を限定することなく、比較的広くとっておくことで、幅広い学問的な成果も期待できるのである。では、「なぜ、このような対象についての議論が必要なのだろうか？」「結局対象を広くとるのであれば、議論する必要もないのではないか？」という疑問が出てくるかもしれない。ここでの議論は、「神戸」や「瀬戸内」といった言葉が、多くの意味や対象を含む非常に多義的な概念であり、したがって非常に多くの学問的な可能性が含まれているということを示すために行なったものである。

2．生活文化としての「神戸・瀬戸内学」

　対象としてのとしての「神戸・瀬戸内」について議論してきたが、これらの地域に関することであれば、さまざまな学問が成立可能である。つまり「何で

もあり」の学問領域なのである。「何でもあり」と言う言葉は、「はっきりしない」「雑多な」「統一性がない」というマイナスのイメージを持つ言葉であるかもしれないが、「総合的に」「包括的に」「融通が利く」という点においては、プラスのイメージになる言葉である。このような広くはあるが共通している1つの対象について、さまざまな学問領域から研究することを「学際的研究（Interdisciplinary study, Interdisciplinary approach）」という。すなわち、「神戸を中心とした瀬戸内」地域を対象とするさまざまな学問を「神戸・瀬戸内学」と呼ぼうというわけである。

さて、筆者の専門領域とするのは社会学であるが、社会学は現実社会のさまざまな現象を「人と人とのつながり」に焦点を合わせて、実証的に研究する学問領域である。「人びとの暮らし」が対象となる。

「人びとの暮らし」について、ここでは「生活文化」として捉えようと考える。実質的な議論に入る前に、「生活文化とは何か」を議論しておきたい。

(1)「生活文化」とは何か

生活文化とは、ここでは「人びとが日々の生活を豊かにするために自ら進んで生活を工夫し、作っていくこと」と定義する。「生活文化」とよく似た言葉に「文化的生活」と言う言葉がある。これらの言葉は非常に良く似ているが、その概念には「人びとをどのように捉えるか」という点において、大きな違いがある。

日本国憲法第25条では以下のように何人にも「文化的生活」が保障されている。

 第25条　すべて国民は、健康で文化的な最低限度の生活を営む権利を有する。
 2　国は、すべての生活部面について、社会福祉、社会保障及び公衆衛生の向上及び増進に努めなければならない。

この日本国憲法第25条は、一般に「人が生きていく」権利である「生存権」を規定していると言われている。人は生まれたからには、「人間として生きていく権利」を有している。国は、人間の「生」を、あらゆる生活面において、保障しなければならない。

「文化的生活」は日本国憲法第25条によれば、その2項が規定しているよう

に「国」が保障すべきものである。つまり「お上から保障されるもの」であって、ここでは人びとは「受動的」であることが含意されている。また、その保障は生活を営む最低限の水準のものである。あくまでも贅沢な生活は保障されない。しかし、「生活文化」は「文化的生活」とは区別され、最低限の水準のものではなく、人びとが自分たちの生活をより豊かにしていこうとする活動すべてをさしている。つまり、そこには豪華で贅沢な生活や（他人から見れば）無駄なように見えるものもある。しかし、自らが進んで生活を豊かにしていこうとする点において、「積極的」な活動であることは共通している。つまり、「お上からではなく、下の庶民から」生活を良くしていこうとするものである。これらの「自らの生活を良くしていこうとする活動の全体」を「生活文化」という言葉で定義するのである。

(2)「消費者」と「生活者」

　これらの議論は、これまでも「消費者」と「生活者」の概念定義においてもなされてきた。「消費者」は「財やサービスを提供される」立場にあり、受動的であると定義されてきた。「生活者」は自らの生活を改善するように能動的に描かれる。しかしながら、近年「消費者」は自らの消費活動に積極的にかかわり、発言するようになってきている。財やサービスに関する苦情や意見を積極的に述べ、それが行過ぎた形で「クレーマー」と呼ばれる例まである。もともと日本においても社会の特徴を「消費」によって捉えようとする「消費社会」論が、1980年代から盛んに議論されてきている。この「消費社会」という言葉は英語では"Consumer Society"であり、日本語に訳すならば定訳となっている「消費社会」ではなく「消費者社会」がより当てはまる。つまり、英語の"Consumer Society"は「消費」という行為だけでなくそれらの行為者たる「消費者」によって社会全体の特徴を捉えようとするものなのである。1960年代の巨大企業に対する弱者として保護されるべき「消費者」は、その後の「消費者保護法」などの法律成立などもあいまって、立場が改善されてきている。近年では、「東芝クレーマー事件」[3]などに見られるように、一消費者が巨大企業に異議申し立てを行なったり対抗することができるよう

になってきている。

　つまり、「消費者」の「受動的」特徴は「積極的」に変化し、かつては概念的に区別されていた「生活者」としての特徴を持つようになってきている。「生活者」と「消費者」は区別できなくなってきているといってもよいであろう。すなわち、生活文化を担う人びとを「生活者」とするならば、生活文化を担う人たちは「消費者」といってもよいということになる。そのように考えるならば、消費者が担い、これまで区別されてきた「消費文化」と「生活文化」も重なり合う部分が大きくなってきたということである。

（3）観光地ではない「神戸」
　つぎに、「観光」と「生活文化」の関係について考えてみたい。
　「観光」とは「光を観る」ことである。「光」とは「国の宝」すなわち「優れたもの」を意味するわけであるから、「優れたものを見に行くこと」となる。「優れたもの」が観光地にはあるということになる。「優れたもの」を見ることによって、人びとの暮らしは豊かになるかもしれない。しかし、一方で「物見遊山」や「観光気分」といったように、その土地の当事者ではなく、傍観者として、マイナスのイメージで用いられる場合がある。
　たとえば、沖縄を対象とした『観光コースでない沖縄』[4]という文献がある。多くの観光客が訪れる沖縄では、観光客は名所、旧跡や絶景の景観を求めて観光地を回るのであるが、沖縄の人たちにとっては観光のために沖縄があるわけではなく、生活の場である。その日々の生活の結果として、生活を豊かにしていこうという活動、すなわち「沖縄の生活文化」を反映した「観光地としての沖縄」があるのである[5]。したがって、「生活文化」と「観光」は非常に密接に関連している。

3.「神戸学」の事例

　ここでは「神戸に実際に住む人びとの暮らし」について、2つの事例を取り上げながら、実質的な「神戸学」を考えてみたい。

(1)「住みコミュニケーションプロジェクト」
　稲荷市場（神戸市兵庫区西出町）は、JR神戸駅の南西に位置する商店街で、かつては近接の造船所の繁栄とともににぎやかな商店街であった。しかし、不況あるいは郊外化に伴い商店街という地域は当時の活気を失っていく。決定的な打撃は1995年1月の阪神・淡路大震災であったようだ[6]。
　多くの商店が店を閉め、シャッターが降りていく中、2003年9月にまず3名の神戸芸術工科大学の学生（当時大学院生）がこの商店街に移り住み、実際に生活をしながら、「稲荷芸術祭」ほかの芸術活動を中心とした活動を行なっている。彼らは、そこの地域住民となり、旧来の地域住民とコミュニケーションをとりながら、主体的に「地域」を作っている[7]。
　それは「社会調査」的にいえば、その地区の状況を調査しているという意味で「フィールドワーク（field work）」であり、住民組織に参加しているという点で「参与観察（participant observation）」である。しかし、彼らは主にその地区を研究しているわけではなく、実際に生活をし、芸術活動を行い、「稲荷市場」あるいは「神戸」という地域を作っている。
　そこには他人事ではなく、自分たちの問題として、その地域や住民集団にコミットし、考えていくという立場の違いがある。もちろん、主体的に考えるということは、某国の元首相のように「自己を客観化できる能力」があればよいのかもしれない[8]。一方では客観化できなくなる可能性もある。しかし、どこに重きを置くかが問題であり、生活のためには客観化よりも「思い入れ」や「こだわり」といった強い主観が必要となる場合もある。

(2) 「下町レトロに首っ丈の会」

　神戸市兵庫区で「淡路屋」を経営されている伊藤由紀さんと建築家の山下香さんは、毎月１回、兵庫区、長田区を中心とした下町ツアーを企画・運営している[9]。

　彼女たちによると「兵庫区、長田区は神戸の観光コースから抜け落ちている」。先の「観光コースでない沖縄」になぞらえると、このツアーは「観光コースでない神戸」を「観光する」ということであろうか。確かに、発行されている神戸に関するガイドブックの多くは、兵庫区、長田区にあまりスペースをとっておらず、これらの区が空白地帯となっている。これらの区の観光資源が少ないということではなく、観光化されていないというべきであろう。先で述べたように、沖縄の人びとの生活が生活文化として観光化されたように、これらの地区には「宝＝優れたもの」がないのではなく、観光化されていない宝、観光化されていない生活文化がたくさん眠っているといったほうがよい。

　現在多くの人びとが観光地として訪れている神戸の有名な地域は、北野町であり、旧居留地であり、ハーバーランドであろうか。しかし、これらの地域でも多くの人びとが日々暮らしているし、これらの地域に残されている建物や町並みは、人びとの暮らしの結果として作り出された生活文化の賜物である。日々人びとが暮らしているという点では、兵庫区、長田区も変わらない。日々、これらの地区でも生活文化が形成されているのである。それらを人びとが観光しないのは、これらの「神戸」が観光のために紹介されていないだけである。逆にいえば、北野町や旧居留地やハーバーランドが観光地として作り上げられているのである。

　筆者は2008年10月に開催された「第４回神戸・新長田鉄板こなもん祭[10]」をめぐる「第21回下町遠足ツアー『レトロな長田☆こなもん祭り編』」に参加したが、そこではこれまで気がつかなかった多くの発見があった。筆者の個人的な事情といえるかもしれないが、新長田はJRも、神戸市営地下鉄も通っている。つまり、交通という点では要所である。しかし、JRと地下鉄の乗換駅ではあるが、そこで多くの乗客が途中下車をして、新長田という町で何かの用事をするというケースは少ないようである。多くの人びとが、三宮、元町、神戸と

いった駅へ移動してしまう[11]。
　同様に、同じ神戸市内でありながら、垂水区、西区、北区などは観光化されておらず、観光ガイドにはあまり記載がない。しかし、そこにも多くの人びとが暮らしており、日々の生活の中で人びとは生活を良くしようとする活動を行なってきている。つまり、そこには生活文化が非常に多く存在する。それらの生活文化を情報として発信しているのが生活雑誌であるが、これらを利用した消費活動も観光につながっていくといえるだろう[12]。

4. おわりに　実質的な「神戸・瀬戸内学」の創造に向かって

　これまでみてきたように、「神戸・瀬戸内」学にはさまざまな対象と、さまざまな内容が含まれるであろう。その学問の目的を「そこに住む多くの人びとの生活が豊かになる」こととすれば、「神戸・瀬戸内」に住むわれわれの生活が豊かになるような学問領域を創造していくことが必要になる。
　『はじめてのDiY』という文献がある[13]。「DiY」とは"Do it yourself"の略であるが、直訳すれば「自ら行うこと」となるこの言葉は、日常的・一般的には「日曜大工」を指すといってよいであろう。しかし、この文献では、この言葉の根底に「人びとが自らの生活を良くしようと、自ら立ち上がる積極性」を見いだし、さまざまな人びとのさまざまな活動を取り上げている。つまり、「神戸・瀬戸内」学においても、われわれが住む「神戸・瀬戸内」をより良い地域にしようとしていく目的がそこにあるのである。
　いずれにせよ、これらの学問領域については始まったばかりであることもあり、学問としての蓄積もあまりない。ひとつひとつの研究成果を蓄えていくことが必要である。それは、われわれの身近な些細な事柄であるかもしれない。しかし、そこにわれわれが暮らしている限り、ある人にとっては些細なこととして片付けることができないものかもしれないそれらの蓄積の一つひとつが、われわれの生活を豊かにしていくのである。

注

1）このとき、灘、葺合、神戸、湊東、湊、湊西、林田、須磨の8区で始まっている。「市政ガイド神戸（平成20年度版）」http://kouhou.city.kobe.jp/shisei_guide/
「資料編　神戸の歴史」http://kouhou.city.kobe.jp/shisei_guide/2008/pdf/guide08_23-24.pdf

2）他の地域にもこの例はある。千葉県にある東京ディズニーリゾート、アメリカ・ニュージャージー州ジャイアンツ・スタジアムに本拠を置くNFL（National Football League）のニューヨーク・ジャイアンツなどである。

3）1999年に起きたこの事件については、前屋毅『全証言 東芝クレーマー事件』小学館文庫、1999年に詳しい。

4）新崎盛暉、松元剛、前泊博盛、仲宗根將二、亀山統一、謝花直美、大田静男（著）『（第四版）観光コースでない沖縄』高文研、2008年

5）もちろん、沖縄の観光を否定するものではない。もとより、沖縄県は観光を振興しており、観光が沖縄の人びとの生活の糧となっている。このことは、新たに沖縄の生活文化を豊かにしているといえるであろう。

6）http://www.kobe-np.co.jp/rensai/200408t_p/05.html

7）http://www.wonderful-o.com/sumicomi/

8）これは皮肉である。退陣表明会見における「あなたとは違うんです」発言は自己を客観的に見た結果とはいえないと考える。

9）http://situationniste.com/citamatiretro.html

10）この祭自体は「食のまち神戸長田」推進委員会（事務局（株）神戸ながたTMO）が主催している。

11）もちろん、多くの人びとが新長田を拠点として生活し、活動している。あくまでも、三宮などの繁華街が多くの消費者を呼んでいることとは対照的に、新長田が生活の場としての特徴を持っていることを示しているに過ぎない。

12）このような今までは注目されてこなかった地域を再評価し、観光資源として活用しようとする、いわゆる「観光化」しようとする活動はさまざまな地域でも行われている。2009年2月19日テレビ大阪放映の『ニュースBiz』では、大阪の商店街での観光ツアーが報道された。

13）毛利嘉孝『はじめてのDiY何でもお金で買えると思うなよ！』ブルース・インターアクションズ、2008年

参考文献

前屋毅『全証言 東芝クレーマー事件』小学館文庫、1999年

毛利嘉孝『はじめてのDiY何でもお金で買えると思うなよ！』ブルース・インターアクションズ、2008年

新崎盛暉、松元剛、前泊博盛、仲宗根將二、亀山統一、謝花直美、大田静男（著）『（第四版）観光コースでない沖縄』高文研、2008 年

参考インターネットサイト
「神戸新聞」http://www.kobe-np.co.jp/rensai/200408t_p/05.html
「市政ガイド神戸（平成 20 年度版）」http://kouhou.city.kobe.jp/shisei_guide/
「下町レトロに首っ丈の会」http://situationniste.com/citamatiretro.html
「資料編　神戸の歴史」http://kouhou.city.kobe.jp/shisei_guide/2008/pdf/guide08_23-24.pdf
「住みコミュニケーションプロジェクト」http://www.wonderful-o.com/sumicomi/

（栗田真樹）

第2章

瀬戸内を歩く
── 五感を研ぎ澄ますスローな旅との出会い ──

1. 歩く旅について

(1) 高度成長期の観光

　戦後、日本が高度経済成長を遂げ、日本人が豊かになっていくのと歩調を合わせ、旅行のしやすい環境が整えられていった。新幹線の開業と延伸、ジャンボジェットの就航による大量輸送、全国総合開発計画の「地域間の均衡ある発展」による高速道路計画の推進など旅のハードインフラの整備が順調に進んだ。それとともに、旅行会社の大量仕入れによる企画商品の販売などにより、旅行は便利にそして普及しやすい価格設定によりマスツーリズムの時代を迎えるのである。また、バブル期の1987(昭和62)年には、総合保養地域整備法（通称リゾート法）の制定により、宮崎のシーガイヤに代表されるように、地方は箱物による観光振興を積極的に推進していった。

　しかしながら、大型投資による箱物型の観光振興は、ゴルフ場の開発など自然環境を破壊するという環境面からの批判やスキー場、ゴルフ場、マリーナやそれらに隣接するリゾートホテルなど画一的な全国一律の「金太郎飴」的開発計画への批判などが重なり、急速な需要の落ち込みで倒産へと追い込まれていく施設が増加の一途をたどったのである。

（2）バブル崩壊後の観光需要の変化

バブル経済の崩壊は観光業界に大きな変化をもたらした。団体向け大型旅館の倒産や既存のメジャーな観光地の落ち込みが目立ってきたのである。これは日本の旅行マーケットがバブルの崩壊をはさんで大きく変化したことに由来する。「旅行形態の個人旅行化」「法人需要から個人需要への変化」「海外旅行と国内旅行の同一市場化」「ニーズの変化への対応を怠った観光施設の衰退」などがその原因としてあげられる。これ以外に国内旅行における旅行者のニーズはどのように変化したのであろうか。

図2-1は旅行者の希望する旅行スタイルの経年での変化を調査した資料である。これをみると、

①効率よく何箇所も周遊をするよりも、のんびりと1〜2か所で滞在をしたい
②旅先で最高級の食事をするよりも、地元の人が普段食事をするレストランで食事をしたい

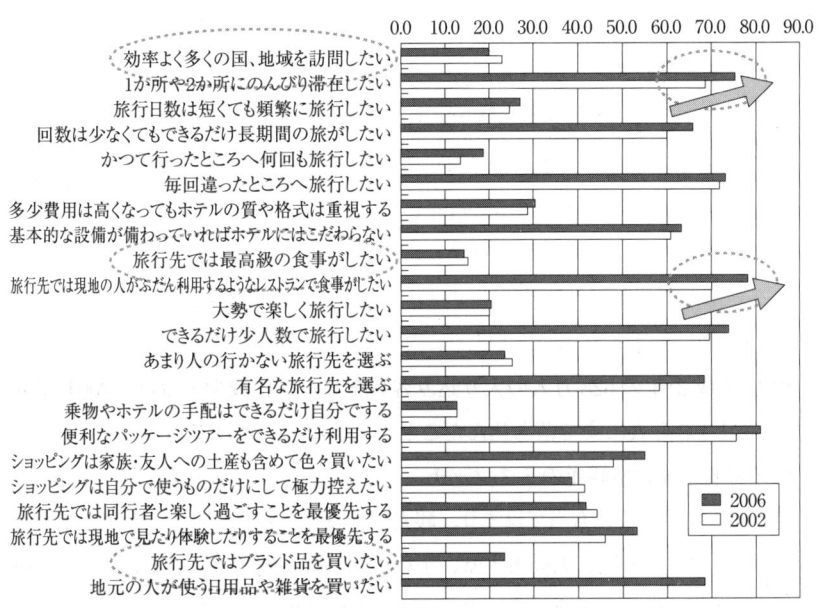

図2-1　希望する旅行スタイルの経年変化
出所：「JTBレポート2007」（株）ツーリズムマーケテイング研究所編より作成

③旅先ではブランド品よりも、地元の人が使う日用品や雑貨を買いたいなどと回答をしている項目が目立っている。すなわち、より高度化した高品質の旅行サービスよりも、地域独自のパーソナリティを感じることを望んでいる旅行者像が浮かび上がってくる。従来のマスツーリズムでは得られない感動を、地域にある観光化されていない「普段」のしつらえや交流に求めていると考えられ、円高時にもてはやされたショッピングツアーなどとは逆の志向が見て取れる。

　こうした消費者ニーズの変化に対応できる旅のあり方として、五感で感じるスローな旅、すなわち「歩く旅」への注目が高まってきている。車で通過するだけとは違い、歩くことで知らない土地への関心が湧き、旅の印象が深まってくることはよく言われることだが、「歩く旅」は訪問した土地をより深く理解するための恰好の旅のスタイルといえよう。

（3）歩く旅の事例―長崎さるく博―
　2006(平成18)年4月に開幕した「長崎さるく博」は「まち歩き」を観光の手段として本格的に取り上げた初めての観光集客イベントである。「日本ではじめてのまち歩き博覧会」と銘打ち、知らなかった長崎の体験と発見を観光客のみならず、市民に向けて提案し、まち歩きの魅力を存分に発揮したイベントである。「さるく」とは、ぶらぶら歩くという意味の長崎弁で、長崎ならではの歴史や風物、隠された謎をたんねんに紹介し、街がこんなに楽しいと気づく、エンタテイメントのまち歩きをコンセプトとして作り上げられた。

　さるく博が開催された経緯としては、以下の3点があげられる。
①長崎観光の衰退
　1990(平成2)年の628万人の入り込み客数をピークに減少を続け、2004(平成16)年には493万人にまで落ち込んだことが大きなきっかけであった。
②観光需要と施設型観光のミスマッチ
　前述のことが長崎にも当てはまり、観光は施設で集客をするものと決めてかかっていた。グラバー園、大浦天主堂、平和祈念公園を観光バスでまわり、次の宿泊先である温泉に向かうというパターンのような提案しかできていなかった。
③観光市場細分化への対応

第2章　瀬戸内を歩く ── 五感を研ぎ澄ますスローな旅との出会い ──

　右肩上がりの集客状況の下では、観光市場を細分化しターゲットを決めてマーケティングを行うということは必要なかったが、バブル期を境に観光需要に大きな変化が出てくると、しっかりとしたマーケティング戦略を構築することが求められるようになる。長崎では団塊の世代を主なターゲットとし、今までと違ったスローなツーリズムの提案としてまち歩き型観光を前面に押し出していくことにした。

　さるく博は、各種のウォーキングコースやまちなかイベントを提供（表2-1参照）するとともに、「観光インフラとしてのまち歩きシステム」として、一休みのための飲食・休憩施設、トイレの借用、お茶の無料サービスによる市民との交流などができるさるく茶屋、さるく休憩所などを市民や商店の協力で設置するなど将来にわたる持続可能な仕組みの構築を目指した。募集によって集まった市民が自らコースづくりに携わり、自分たちが住む町の誇りや語り継ぐべき事象をまち歩きのコースとして創り上げていったのである。

　こうしたさるく博のまち歩きの成果は、

①新たな観光プログラムの創造

　市民がイベントを運営し、受け入れノウハウを習得することにより、新たな観光プログラムとして定着させ、さるく博終了後の観光客受け入れ態勢がまち歩きインフラとして充実した。

表2-1　さるく博の主要イベント

遊さるく（42コース）	長崎さるくマップ（印刷物だけでなくホームページからダウンロードもできる）を片手にまち歩きができ、自由に歩いて1時間半程度でまち歩きができる
通さるく（31コース）	「さるくガイド」が案内。参加者に新たな発見と感動の提供をする。ハンドフリーマイクを利用し、15名以下で行うため案内が聞き取りやすい。2km、2時間程度を基本にしている。
学さるく（74テーマ）	専門家による講座とまち歩きのセット。（例　料亭でのしっぽく文化、料理の味わい、芸者衆からのお座敷遊びの伝授など）
拠点会場での演出	グラバー園、史跡出島、稲佐山、中島川を拠点とした演出（ながさき夢芝居、出島大宴会、カピタンと丸山遊女の祝い酒など）

現地ヒアリングをもとに筆者作成。

②観光客の増加と満足度の向上

　2006(平成18)年に「長崎の新しい楽しみ方」を全国的にアピールすることで観光客の増加につなげるとともに、さるく博を通じて満足度の向上策を講じることで、以後の観光客の満足度およびリピート率の向上に繋がった。
③新たなイメージの形成

　長崎での新たな時間の過ごし方を提案することにより、これまでの施設回遊型では体験できない長崎観光の魅力を発信し、長崎観光の新たなイメージ形成を図ることができた。
などをあげることができる。

　消費者のニーズにあった地域資源を掘り起こし、それにボランティアガイドの活用などでストーリーと仕掛けづくりを行なったことで「歩く旅」が新しい観光需要の創造手段として注目を集めるようになったのである。

(高橋一夫)

2．瀬戸内は歩く旅の原点—四国遍路—

(1) 四国遍路の概要

　旅の原点は聖地や崇拝対象への巡礼にある。旅の語源は「給べ」といわれ、街道や宿が整備されていない時代では、その日の一宿一飯を施してもらうことがなければ旅を続けることなどできなかったであろう。そこまでして旅にでかける動機は、神仏や祖師、聖者への強烈な帰依であったと思われる。西国三十三か所の観音巡礼を始めとして、秩父、坂東の巡礼などの他に、四国では弘法大師（空海）にゆかりの寺院、聖地を巡拝する四国遍路が、平安時代を起源として、今にその歴史を伝えている。

　四国遍路は、徳島の霊山寺を第一番札所とし、札所の順番に四国を右回りで巡礼することを「順打ち[1]」といい、香川の第八十八番札所の大窪寺で結願となる。この間の行程およそ1,200 kmの巡礼道を40〜50日かけて歩く。人は1時間に4 kmほど歩けるが、1日6時間程度歩かないと50日で歩ききれない。八

第2章　瀬戸内を歩く —— 五感を研ぎ澄ますスローな旅との出会い ——　19

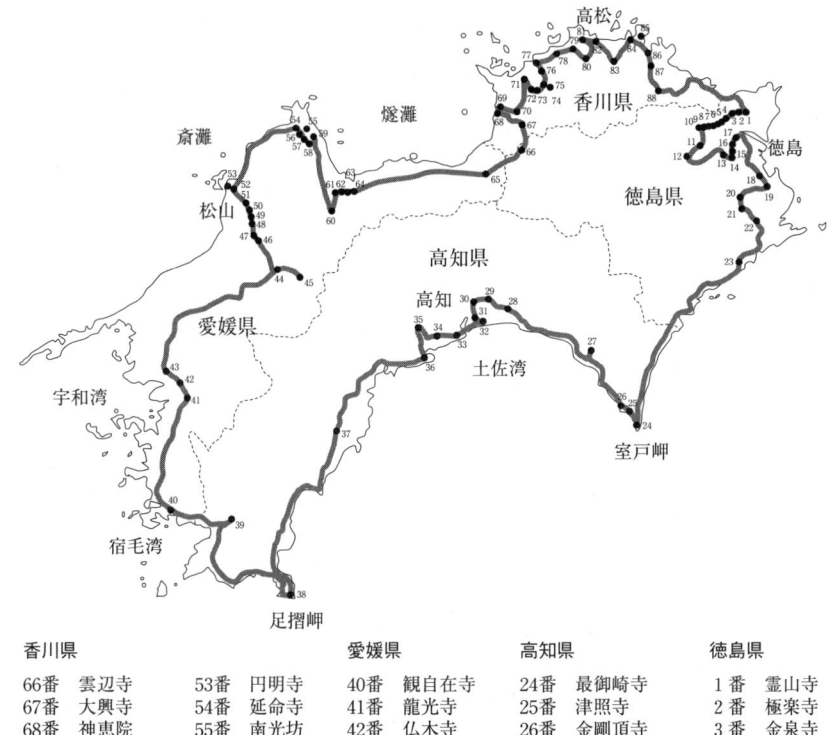

香川県		愛媛県		高知県		徳島県	
66番	雲辺寺	53番	円明寺	40番	観自在寺	24番	最御崎寺	1番	霊山寺
67番	大興寺	54番	延命寺	41番	龍光寺	25番	津照寺	2番	極楽寺
68番	神恵院	55番	南光坊	42番	仏木寺	26番	金剛頂寺	3番	金泉寺
69番	観音寺	56番	泰山寺	43番	明石寺	27番	神峯寺	4番	大日寺
70番	本山寺	57番	栄福寺	44番	大宝寺	28番	大日寺	5番	地蔵寺
71番	弥谷寺	58番	仙遊寺	45番	岩屋寺	29番	土佐国分寺	6番	安楽寺
72番	曼荼羅寺	59番	国分寺	46番	浄瑠璃寺	30番	善楽寺	7番	十楽寺
73番	出釈迦寺	60番	横峰寺	47番	八坂寺	31番	竹林寺	8番	熊谷寺
74番	甲山寺	61番	香園寺	48番	西林寺	32番	禅師峰寺	9番	法輪寺
75番	善通寺	62番	宝寿寺	49番	浄土寺	33番	雪蹊寺	10番	切幡寺
76番	金倉寺	63番	吉祥寺	50番	繁多寺	34番	種間寺	11番	藤井寺
77番	道隆寺	64番	前神寺	51番	石手寺	35番	清滝寺	12番	焼山寺
78番	郷照寺	65番	三角寺	52番	太山寺	36番	青龍寺	13番	大日寺
79番	高照院					37番	岩本寺	14番	常楽寺
80番	国分寺					38番	金剛福寺	15番	国分寺
81番	白峰寺					39番	延光寺	16番	観音寺
82番	根香寺							17番	井戸寺
83番	一宮寺							18番	恩山寺
84番	屋島寺							19番	立江寺
85番	八栗寺							20番	鶴林寺
86番	志度寺							21番	太龍寺
87番	長尾寺							22番	平等寺
88番	大窪寺							23番	薬王寺

図2-2　四国八十八ヶ所霊場と遍路道
出所：徳島県「四国八十八箇所霊場と遍路道」

写真2-1　夏の日差しの中を行く歩き遍路　　写真2-2　白衣を着た老夫婦の遍路（第二番札所）

十八か所の札所（図2-2参照）では、30分～1時間かけて作法にしたがい参拝をする。八十八か所を一気に巡礼することを「通し打ち」というが、この間の50日強い日差し、あるいは風雨に体がさらされることで、五感が研ぎ澄まされ森羅万象に美しさを感じるという。

　交通手段が発達した現代においては、「歩き遍路」だけではなく、バスや自家用車での巡拝も盛んになり、この2つの交通手段を利用して遍路をする人たちの割合が9割近くに達するようになった[2]。特に、1988（昭和63）年の瀬戸大橋の開通（岡山県倉敷市児島と香川県坂出市を結ぶ）、1998（平成10）年の明石海峡大橋の開通（神戸と淡路島を結ぶ）は遍路の増加に大きな影響を与えた。もともと四国遍路を発願する人たちの半数は四国出身者で、近畿・中国地方からの出身者がそれに続いていたが、2本の本四架橋の完成により、近畿・中国地方からの遍路の数が大きく増えたのである。また、1999（平成11）年には3本目の本四架橋であるしまなみ海道（広島県尾道と愛媛県今治を結ぶ）が完成し、瀬戸内海をこれまでの船便にかわり車で往来できるようになった。これらの結果、関西圏・中国圏と四国は大幅に時間が短縮され、旅行会社による日帰りの遍路ツアーが企画されるようになり、遍路の増加に拍車がかかることになったのである。

　また、佐藤は遍路をする目的についても調査している。四国遍路は全行程の長さと地形の険しさから苦行そのものである[3]。しかし、昨今はその目的は強烈な「信仰心にもとづく」ものよりも、「行楽を兼ね」たり「健康増進」のためであっ

第2章　瀬戸内を歩く ── 五感を研ぎ澄ますスローな旅との出会い ──　21

たりと、信仰だけに主眼をおいたものとは趣が違っている。これは、テレビ番組で四国遍路が取り上げられたり、朝日新聞社による「空海のみちウォーク」などのウォーキングイベントとして参加を募ったりと、幅広い層への働きかけが多目的なタイプを生み出していると佐藤は指摘している。

　一方で「精神修養のため」という目的を上げる人たちが増えてきているとも指摘している。日常生活や仕事でのストレスなどを遍路に出て、自然に接することで自らを省みようという思いをもつ人たちが多いということであろう。参議院議員のツルネン・マルティは「静かな山道に入ると生き返って、自然の魂を感じる。足が痛くて辛い日も、痛みをこらえながら歩いているうちに安らかな気持ちになってこのままいつまでも歩いていたいと思う[4]」と、遍路の経験を精神修養にあることを述べている。遍路は僧侶を中心

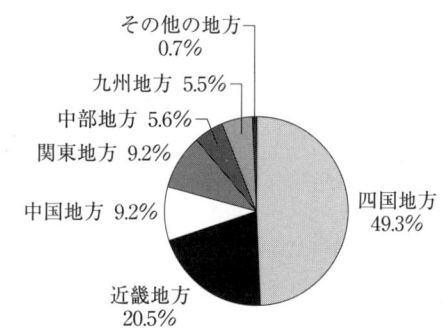

図2-3　地方別の遍路の割合
出所：佐藤久光『遍路と巡礼の社会学』人文書院、2004年、p.215。1996年度の第56番札所・泰山寺での調査による。

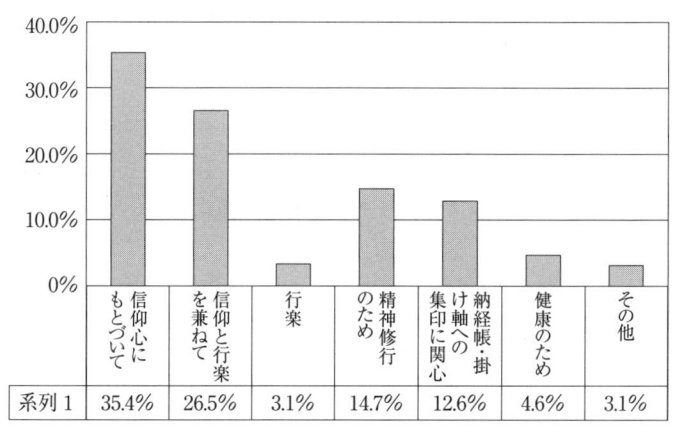

図2-4　遍路の目的別割合
出所：佐藤久光『遍路と巡礼の社会学』人文書院、2004年、p.221

にした修行の旅から、自分自身を見つめ直すきっかけとなる自己再生の旅に変化しているともいえる。

（2）四国遍路の特徴

　四国遍路は、西国巡礼や秩父巡礼とは対照的に、平成期に入っても増加傾向にあるという。その1つの理由として、四国遍路は他の巡礼よりもマスコミに取り上げられることが多いことに気づく。近年でも、NHK[5]がBSやハイビジョンなどの多チャンネル化のコンテンツとして「歩く」ことをテーマにした番組を制作するなかに四国遍路を取り上げたり、江口洋介や三浦友和を登用したドラマで歩き遍路がモチーフとなるなど、視聴者の関心を高めている。

　こうしたマスコミを含めた関心の高さは、四国遍路そのものの特徴にあると思われる。

- 行程が1,200 kmと長いこと、札所が八十八か所と数が多いことがその1つで、資金と体力、時間が揃わないと遍路に出かけることが難しい。
- 昔からの遍路道は自然の中にあり、苦労をして札所をまわることで自己再生につながる機会にもなり、複数回の遍路をする人たちが他の巡礼に比べて多い。
- 遍路の途中で地元の人たちからミカンやお菓子などの接待を受ける機会があり、土地の人たちとの関わりや助けを感じることができる。

これらの特徴が他の巡礼との違いであり、その関心を高めるものとなっている。

　また、上記の接待は地元の人たちだけではなく、和歌山や南大阪、岡山などでは昔から接待講をつくり、一定の時期に遍路への接待に出向く。瀬戸内海をはさんでの交流は、そのホスピタリティとともに連綿と続いているのだ。

（高橋一夫）

第2章 瀬戸内を歩く —— 五感を研ぎ澄ますスローな旅との出会い —— 23

3．瀬戸内まち歩き

(1) 松山市・道後温泉

　松山市は、人口50万人を抱える四国最大規模の都市である。歴史・文化のゆかりの残る道後温泉や松山城エリアを中心に、北条地域を含めた沿岸域エリア、瀬戸内地域のエリアなど自然と都市機能が調和した変化に富んだ顔をもっている。この豊かな地域特性を活かして、松山市が、都市の魅力を発信・保持・育成（時に創造）していくためにどのような取り組みをしているのかについて紹介する。そして、これらの取り組みから、「歩いて楽しいまち」をつくる上で必要な条件について考えてみたい。

1) まちの魅せ方—フィールドミュージアム構想[6]と物語性の活用—

　都市規模が大きくなればなるほど、インパクトの強い一部エリア（もしくは資源）だけがフォーカスされ、「特定エリア（資源）＝都市全体のイメージ」になってしまいがちである。そうなると、高いレベルでのインパクトがないエリ

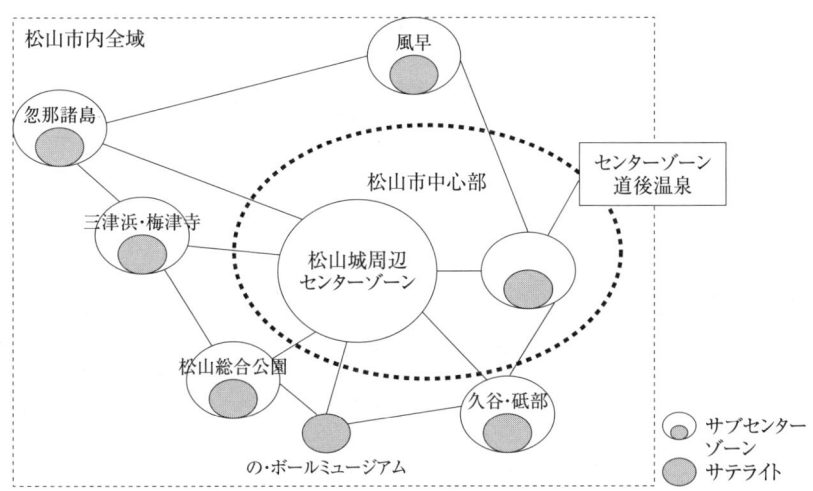

図2-5　松山市の「坂の上の雲」フィールドミュージアム概念図[1]
出所：『市勢要覧松山2008』松山市総合政策部広報課、2008年、p.16の概念図を参考に筆者が一部加筆したもの

アや都市そのものが、他の競合都市の中で埋没してしまう恐れが出てくる。そこで、多種多様なニーズを満たし、滞在価値の高い旅行目的地として認識してもらうためには、改めて地域にある個別資源を①洗い出す、②見直す、③分類する、④魅力的に体系化・統合化をして発信することが求められる。統合化するときに必要となるのが、コンセプトである。コンセプトは、都市のアイデンティティに直結したものでなければならない。

　松山市は、まち全体を「屋根のない博物館（フィールドミュージアム）」というコンセプトをもとに官民一体となったまちづくりを行っている。松山城周辺をセンターゾーン、周辺地域をサブゾーン、サテライトとして位置づけている（図2-5）。そしてこれらのゾーンを結びつける物語に、司馬遼太郎の小説「坂の上の雲」を使っている。「坂の上の雲」は、長い鎖国と幕藩体制の後に明治を迎えた松山市出身の正岡子規と軍人であった秋山兄弟といった青年が、坂の上に浮かぶ雲を目指して前進していく姿を描いた小説である。松山市は、この小説を使って、登場人物となった偉人達ゆかりの地域資源を結ぶだけでなく、先人達の前向きに挑む精神を、都市のアイデンティティとして大切にすることを表明している。

　この他にも、松山市ゆかりの「物語」は地域資源を繋いで歩くルートに活用

表2-2　松山市の「歩く観光」に活用している物語性

大区分	小区分	関連する地域資源例
小説	『坊ちゃん』 『坂の上の雲』	松山中学校跡地、坊ちゃん列車、マドンナバス 坂の上の雲ミュージアム
歴史	日露戦争	ロシア人墓地
偉人 （俳人・文人） （軍人）	正岡子規 高浜虚子、栗田樗堂 夏目漱石 秋山兄弟	句碑、の・ボールミュージアム、子規堂、子規記念博物館 愚陀佛庵、庚申庵など 四十島、坊ちゃんの間、愛松亭跡碑、書簡碑、きどや旅館碑 三津山港、秋山兄弟銅像
都市基盤	城下町	松山城、松山城ロープウエイ
四国遍路	弘法大師	浄瑠璃寺、八坂寺、西林寺、浄土寺、繁多寺、石手寺、太山寺、円明寺

筆者作成。

されている（表2-2）。地域を舞台にした物語性は、観光客が地域資源を繋ぎながら歩き続けるための「理由」づくりに活用されている。

2）地域の人材育成

観光客をもてなすのは、観光事業者だけではない。地域住民も観光客と接する機会がある。また、地域に働く人や暮らす人が、地域の良さを理解し、大切なものを守り続けていくためにも、歴史や文化を学ぶ機会は必要である。

松山市では、商工会議所、松山大学、（財）松山観光コンベンション協会、（社）愛媛県観光協会とともに「松山観光コンシェルジェ講座」を実施している。松山の魅力を案内できる人材育成を目的とし、学生および一般市民を対象に行っている。会場は、松山大学を利用している。全15回講義で構成される講座は、市長を始めとした市内にある大学の教師陣、博物館学芸員、市の職員、NPO団体職員が持ち回りで講師役を務める。また、現地コースを観光ガイドの案内のもと実踏する機会もある。一定回数以上の出席をすると「松山観光文化コンシェルジェ（中級）認定証」が授与され、「松山観光ボランティアガイド」への登録申請ができる。1講座100名が受講していることから、1度に100名のガイド登録者が誕生する。また、受講料を無料にしていることが参加しやすくしている（テキスト代は、1,050円）。

全国各地にある観光ボランティアガイド組織の抱える悩みは、人手不足とガイドの高齢化問題である。産官学協働で行う松山市の取り組みは、他地域の手本となるであろう。

3）歩く観光のための基盤づくり－道後温泉－

3,000年の歴史のある日本最古の名湯として知られる道後温泉は、古来より多くの偉人や文人墨客に愛され続けてきた。道後温泉の中で、歴史的文化的空間を創りだしている象徴的建築物が、道後温泉本館である。木造三層楼造りのこの建物は、1894(明治27)年に建築された。舶来製のギヤマン（ガラス）を使い、骨組みに西洋の工法を取り入れるといった造りは、風格のある和風建築にどこかモダンな感じを漂わせている。夜になると、建物の天辺にある振鷺閣の赤いギヤマンが、より一層魅惑的な空間を演出してくれる。2007(平成19)年にフランスのミシュランガイドに3つ星等級（最高評価）観光資源として掲出されて

から、外国人観光客の数も増加している。

　この道後温泉街が昼夜問わず歩いて楽しい街になるようにと、官民一体となったまちづくりを推進している。その活動内容から、「歩く観光」に必要な基盤について項目をあげる。

①「楽しさ」の演出と「安心」の提供のための景観整備

　以前、道後温泉本館前は、車の交通量も多く観光客が安心して歩けるような環境ではなかった。しかし、現在は南と東側道路の拡幅を行い、西側と北側道路を石畳の歩行者用広場に変貌させた。これによって、情緒ある建築物周辺を安心して楽しむことができるようになった。

　また、本館周辺の建造物、看板の大きさや色などにガイドラインを設けるほか、自動販売機の撤去、デザイン変更などの働きかけを行っている。同様に、道後温泉の玄関口である道後温泉駅周辺も温泉情緒を阻害するようなものに対し、市の協力を得ながらファサード整備を進めている。

②歩くための魅力（仕掛け）づくり

　駅前と道後温泉本館を結ぶメインストリートとして、ハイカラ通り商店街がある。通常の温泉街と比べ、夜の9時、10時まで空いている店も多く、夜のそぞろ歩きも楽しめる。店先には、ベンチを設置しているところも多い。歩く人がちょっとひと休みしたり語り合ったりする場をごく自然に提供している。また、旅行会社とタイアップして商店街の買物券を発行し、観光客が商店街へ足を運んでもらうための仕掛けを作っている。

　道後温泉とその周辺にある観光資源を歩いて回ってもらおうと「道後村めぐり」というスタンプ帳の発行・発売（250円）も行なっている。「道後村」は、地図上には存在せず、昔ながらの風情を残す道後界隈につけられた愛称だという。この「道後村めぐり」では、村の中に第1番から第30番までのポイントを網羅するコースが設けられている。各ポイントに行けば、記念の俳句スタンプを押すことができる。すべてのスタンプを押し終えると、「道後村名誉村民証」と道後温泉本館の入浴券、記念品をもらえるという仕組みになっている。

③情緒的演出

　温泉街には「湯煙」が似合う。古くから、道後温泉には本館を中心とした外湯

の文化はあったが、街の中で「湯煙」を見ることはできなかった。そこで、温泉情緒の演出を目的として、2001(平成13)年から旅館の玄関先や駅前のからくり時計など市営を含め9つの足湯・手湯を設置した。現在も継続して数を増やしていく計画がある[7]。

写真2-3　道後温泉駅と坊ちゃん鉄道

街全体に統一したテーマ性をもたせることによって、観光客が旅先に求める「異日常性」を提供する取り組みもしている。ここでは、松山にゆかりのある夏目漱石の小説「坊ちゃん」をテーマにおいている。松山駅から道後温泉駅までの移動手段として利用される路面交通には、「坊ちゃん列車」の運行を開始した(2001年10月)。観光客は、松山駅からこの列車に乗って移動をしながら、あるいは列車そのものの姿から、小説「坊ちゃん」の世界を楽しむことができる。

観光客と接する人たちにも配慮をする。小説「坊ちゃん」に登場する人物やマドンナの姿をした街角案内人を設置するほか、坊ちゃん列車乗務員、旅館・ホテルのフロントスタッフといった人たちにも同様の衣装で接客をしてもらうようにする。そうした街ぐるみの統一性が、まるでテーマパークの中にいるかのような雰囲気を作り上げている。

街の雰囲気を作るのは、温泉街で働く人だけでない。そこに集まる観光客も同様である。各旅館では、道後温泉本館入浴客に対してタオルと石鹸の入った湯篭を無料貸出している。浴衣姿で湯篭を持って歩く観光客は、街の中に温泉街の風情を漂わしている。

④横断的なまちづくり組織の設置

道後温泉では、1992(平成4)年に「道後温泉誇れるまちづくり推進協議会」を設置している。会員には、旅館や商店街の業界関係者だけでなく市民も参加しているのが特徴だ。協議会設立趣旨には、「地域の観光産業と生活環境や文化の向上の調和ある発展が図られ、湯の街情緒豊かで賑わいとやすらぎのある全国に誇れる魅力的な温泉郷をつくるため」と記されている。つまり、観光と市民

の生活との「調和」を考えながら、事業者・住民・地域が一体となって文化の向上と発展を目指す活動をしているのである。

　2006(平成18)年には、「道後温泉歴史漂う景観まちづくり宣言『道後百年の"景"』[8]」を行なった。100年先の道後温泉を見据え、魅力ある景観を守り受け継いでいこうといった意識の共有と具体的活動を宣言している。このように、事業者・住民・地域がまちづくりの意識を共有化し、責任と自覚を持って活動をし続けることが、「歩いて魅力のあるまち」を支えている。

(2) 美しい町並み景観の残る町(内子町)

　愛媛県内子町は、県の中央部に位置し、松山市から約40 kmの地点にある。2005(平成17)年の合併により、重要伝統的建造物群保存地区に選定された八日市護国の町並み保存地区のある旧内子町、手すき和紙など伝統産業の町旧五十崎町や、山や川、棚田といった農村景観の残る旧小田町が1つになり、美しい町並みと風光明媚な景観を持つ町となった。今回は、八日市護国の町並み保存地区を取り上げ、町並みを歩く魅力について考える。

1) 町並みの美しさ

　八日市護国の町並みは、約600 mの通りに約120棟の家々が連続して建ち並ぶ。その内の約90棟が伝統的な家屋を残している。浅黄色と白漆喰で塗られた重厚な大壁や袖壁、うだつ、なまこ壁、虫籠窓など一軒一軒工夫を凝らした造形の美しさを楽しむことができる。

写真2-4　八日市護国の町並み　　　　　写真2-5　伝統的な外壁

この地区は、1982(昭和57)年に国の重要伝統的建造物群保存地区に選定されている。さらに、地区内には国の重要文化財や重要有形民俗文化財に指定された家屋が点在する。まさに、町並みそのものが生きた博物館である。観光客は、視界に映る町並みから江戸時代から明治時代の世界へと誘われる。

「町並み」を歩く楽しさを伝えるきっかけとなったのが、2004(平成16)年の春から秋にかけて開催された「えひめ町並博」である。このイベントでは、美しい「町並み」の残る地区を中心に、愛媛県南予地域全体を会場として展開された。「町並み」そのものを舞台に、地域の「暮らし」や「物語」、「景観」を素材として地域住民とともに「遊ぶ」「観る」「探す」ことを楽しませるといったこの企画は、これまでの「ハコもの」イベントにはない発想である。八日市護国の町並みも会場となり、たくさんの観光客に知られる機会となった。このイベントがきっかけとなり、「えひめ町並博」開催年（2004年）の旧内子町入込観光客合計（日帰りと宿泊客数の合計）61万2,252人に対し、2006(平成18)年には84万2,499人と増加している[9]。また、内子町の調査（2005年）によると、観光客の内43％がリピーターであった。「町並み」の美しさには、人びとを魅了し、また訪れたいと思わせる力のあることを証明している。

2) 路地裏の魅力

路地裏という「小さな空間」は、町の魅力に奥行きと深みをもたせてくれる。芦原は、著書[10]の中で「小さな空間」の魅力と必要性を論じている。

> 都市が巨大化し雑踏化すればするほど、小さな静かな空間が必要となる。（中省略）小さいことによってのみ、積極的に実現される価値を認めることであり、空間が大きいために実現されない内密の豊かさを『小さな空間』の中に見出すことなのである。

また、「小さな空間」と「大きな空間（大都市空間）」との違いについて、表2-3のように比較している。

路地裏が作りだす「小さな空間」は、そこに暮らす人や観光客にとって、個別に、想像的であり詩的な想いに浸らせてくれる魅力がある。それは、日常の生活圏からしばし離れることのできるひっそりとした「癒し」の場と時を提供する。

表2-3 「大きな空間（大都市空間）」と「小さな空間」の比較

大きな空間（大都市空間）	小さな空間
匿名的 ←→	パーソナル
喧騒 ←→	静寂
現実的 ←→	想像的・詩的
非人間的 ←→	人間的

出所：芦原義信『街並みの美学』岩波現代文庫、2001年、p.158を筆者が表に作成したもの

3)「暮らし」「生活文化」を感じることのできる空間
①伝統の技
　町並みを歩いていると、伝統の技と職人の思いのこもった工芸品に出会う。和ろうそくや棕櫚（しゅろ）細工、和傘、桐下駄など日常生活であまり見ることのなくなったものばかりである。だからこそ、貴重な体験であり興味深い。また、木蝋で栄えていた時代の面影ある町並みが、本物の素晴らしさも伝えてくれる。こうした町並みを歩きながら工芸品に出会うと、もっと観てみたい、知りたい、あるいは土産品として買いたいという思いをより一層強くさせる。
②伝統（古さ）とモダン（新しさ）の融合
　伝統的な建物を改築し、喫茶店やレストランとして営業する店舗が増えている。これらの店舗には、個性的な魅力がある。町家の持つ伝統の中にモダンなセンスをとりいれて、観光客に心地よい空間を提供している。また、こうした個性的な店舗の存在が、モダンテイストを程よく町並みに足すこととなり、アクセントになっている。観光客が、懐かしさとともに魅力的だと感じている根底には、伝統（古さ）の中にモダン（新しさ）をうまく融合させていることも影響しているのだろう。
③そこに暮らす人がいる
　保存地区では、地元小学生が集団下校する様子や近所の人同士が世間話を楽しむ姿を目にする。軒先に、干し柿をつるしている家屋もある。こうした暮らす人の生活を感じることのできる空間には、温かみがある。そして、この人間的な温かみも、町を歩きたくなる魅力要素の1つである。

（3）島を結ぶ・めぐるサイクリングの旅（瀬戸内しまなみ海道）

　瀬戸内ならではの魅力を五感を使って存分に体感できる最大のルートが、「瀬戸内しまなみ海道」である。正式名称は、西瀬戸自動車道という。1999（平成11）年5月に開通し、広島県尾道市から愛媛県今治市までの区間約60 kmを結ぶ。この海道には、瀬戸内海に浮かぶ島をつなぐ個性的で美しい10本の橋が架けられている。

　美しい海に浮かぶ島を結ぶ道路そのものが、世界的に人気の観光資源となっているところがある。アメリカのフロリダにあるキーウェストである。島から島へと延々と続く国道US-1号線が、珊瑚礁の海の上を走ることから「オーバーシーズハイウェイ」と呼ばれ、アメリカで最も美しいハイウェイと称されている。日本の旅行会社のパンフレットやカレンダー等に、海の上をまっすぐに伸びるハイウェイが掲載され、誰しも思わずドライブしてみたいと憧れを抱く。

　しまなみ海道のドライブも、キーウェストのオーバーシーズハイウェイに負けない風景を楽しませてくれる。橋を通過しようとする瞬間や、海道を走りながら両サイドに見渡せるどこまでも広がる海とそこに浮かぶ島々を渡っていく時の爽快感は、日本中でここでしか味わうことができない。

　島の高台には、瀬戸内に浮かぶ島々と橋を一望できる展望台がある。展望台から見渡す風景は、格別である。穏やかで雄大な海とそこに浮かぶ緑の島々、島を結ぶ橋、さらに、気象条件が創りだす光や影、空の色、朝昼晩の表情といった全てが芸術的で神聖な演出効果を加え、言葉では表現できない自然美を体

写真2-6　亀老山展望台からみた来島海峡　　　　写真2-7　亀老山展望台

いっぱいに享受することができる。特に、大島にある亀老山展望台はしまなみ海道有数のビューポイントである。ここでは、世界初三連吊橋である来島海峡大橋を一望できる。この展望台そのものも、自然との調和を意識して設計された。構造体を地中に埋めその上に樹木を植えるようにしているため、外からは見えない造りにすることにより亀老山の景観も守っている。

1) しまなみ海道流サイクリングの旅

ドライブに最適なしまなみ海道ではあるが、全線を通じてウォーキングやサイクリングを楽しむことができるように、自転車歩行者専用道路（約80 km）も設置されている。通行料は、歩行者は無料、自転車で通行する場合は1区間10〜200円程度の料金がかかる。道路の入り口に無人の料金箱が設置され、通行する際に投入する形式をとっている。

サイクリングの旅をサポートするための仕組みとして、広島県尾道市と愛媛県今治市が連携してレンタサイクル事業を運営している。13か所のレンタサイクルターミナルと返却のみの乗り捨てポイント（今治市内のみ：JR今治駅、指定の旅館・ホテル、今治港、今治市役所前）を設置し、どこでも自転車を借りたり乗り捨てたりすることが可能だ。約600台の自転車を保有して運営している。

レンタサイクルの運用は、次のようになっている。利用希望者は、ターミナルに行き1台使用料500円（大人）を支払う。その際に、1,000円を保証金として支払うが、同一のターミナルに自転車を返却すれば保証金は返却される。別

写真2-8 自転車・歩行者専用道路標示　　写真2-9 自転車・歩行者用料金所

のターミナルに乗り捨てる場合は、保証金は返却しないというルールになっている。各ターミナルの台数は、乗り捨てられた自転車をまとめてトラック輸送することによって調整されている。

2）生口島（広島県尾道市瀬戸田地区）での島めぐり体験

ウォーキングやサイクリングでのスローな旅は、よりいっそう五感を研ぎ澄まし、豊かな時間と経験価値を提供してくれる。生口島でレンタサイクルを利用し、実際に島内を巡ってみることにした。

生口島では、島全体をギャラリーに見立てた「島ごと美術館」という取り組みをしている。島内を巡ると、いたるところに個性的でモダンな野外彫刻を発見することができる。作品数は、隣接する高根島とあわせて17点ある。著名な美術評論家から推薦された作家が、自分の意思で自由に場所を選び、その風景からイメージした作品を設置している。地図を片手に1点ずつ作品を見つけ、景色との調和や作者の創りだした世界観をゆったりと感じる心地よさがそこにある。

自転車を漕ぎながら、車では見過ごしてしまうものを見つける楽しさもある。例えば、廃校になった学校の校舎に足を止める。正面玄関口には、古い建物にはあまり似つかわしくない真っ青なライオンの頭が壁にかけられていた。多々羅大橋の入り口では、「1袋100円」と手書きで書かれた小さな無人のみかん販売ボックスを見つけた。坂をあがり終えた場所に設置されているため、ちょっとした給水所の役割として置いてみたのだろうかと考えてみたりする。そうした、小さな発見が色々なことを考えるきっかけになる。

写真2-10　「島ごと美術館」作品例　　　写真2-11　ミカンと多々羅大橋

写真2-12 「多々羅鳴き龍」の音が降り注ぐ　　　写真2-13 多々羅大橋

　また、道の傾斜や鳥のさえずり、潮風の香り、海と反対側の山の斜面に植えられた柑橘系の果物の香りを感じることができる。頬にあたる潮風を感じながら、ただひた向きにペダルを漕いでいると生きている実感を味わえる。
　多々羅大橋の自転車歩行者専用道路だけしか聞くことのできない音がある。「多々羅鳴き龍」である。鳴き龍というと、京都の相国寺、天竜寺、妙心寺など天井に龍の絵が描かれたお堂で聞くことができる。この特殊な音は、2つの平面が平行した空間で発生する。平面の間を何度も往復し、反射することによって微妙に重なり合って音の波が生まれる。これがあたかも鳴き声のように聞こえるのである。鳴き龍の音の聞けるポイントに行き、設置してある拍子木を叩いて橋の天井を見上げてみる。龍の鳴く音は、澄んだ青い空から降り注いでくるかのように感じられる（写真2-12参照）。
　多々羅大橋に近づけば近づくほど、視界に収まる風景が刻々と変化をしていく。橋の見え方も、角度によってまったく違う表情を見せてくれる。また、高台から見下ろしてみると、島の地形や造船の町であることを知ることができる。
　出会いもあった。自転車に乗った観光客は、すれ違うときに挨拶をしていく。挨拶をする表情は皆、すがすがしい。多々羅大橋の手前では、熟年夫婦の観光客に出会う。ご夫婦からみかんを分けていただいた。そうした、交流が心を温かくしてくれる。
　昼時に5km程自転車で走ると、さすがにお腹も空く。商店街の中にあるすし屋に入って地元名物料理の1つである「浜子鍋」を注文した。「浜子鍋」とは、塩田で働く「浜子」達が、好んで食べていた名物鍋である。カキやタコ、あな

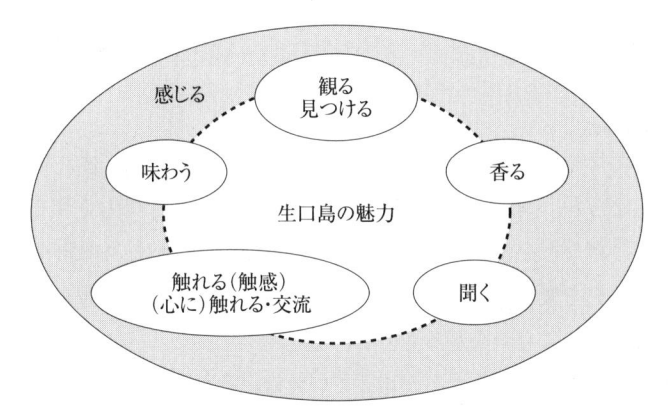

第2章　瀬戸内を歩く —— 五感を研ぎ澄ますスローな旅との出会い ——　35

図2-6　生口島のスローな旅でめぐる魅力要素
出所：筆者作成

ごなど旬の魚介類や、たまねぎ、ナスなどの野菜を味噌仕立てで煮込んでいる。炎天下の塩田作業はかなりの重労働だったため、過酷な仕事をこなすための生活の知恵から生まれた料理なのだろう。名物料理を味わいながら、この地域が塩田で栄えた町であったことを改めて知った。

3）スローな旅でめぐる島の魅力要素のまとめ

　生口島（広島県尾道市瀬戸田地区）での島めぐり体験から、スローな旅で体感できる魅力要素について図で表すと次のようになる。

　それぞれの要素に繋がるエピソードは、2）に記載したとおりである。「観る」には、単に「見る」だけでなく、「眺める」「遥かに見る」「細かに見る」「広く見る」といった視覚的な意味合いや「しめす」「みせる」といった地域の意思や思いに繋がる意味がこめられている。こうした五感（観る・香る・聞く・触れる・味わう）に、地域ならではの表現で語りかけることのできる町こそが、スローな旅に相応しい場である。

（柏木千春）

4. おわりに

　長崎さるく博を例にとれば、地域観光の魅力の1つとして、また観光まちづくりの視点からも、「歩く旅」はこれからのツーリズムとして力を注ぐべき分野だといえる。車などを使い駆け足でまわるのではなく、個性ある町や通りの文化や景観、歴史を楽しみ豊かな時間を過ごすことは、地域への滞在時間を増やし経済効果の向上にもつながるものである。

　また、四国遍路をする人たちが増えているが、その目的は「行楽」や「行楽と信仰を兼ねて」あるいは「精神修養のため」が多くなってきていた。こうした傾向は「キリスト教三大巡礼」の1つサンチャゴ・デ・コンポステーラと同じ状況であるという[11]。しかし、その目的が行楽であったとしても、強い日差しや風雨も含め自然の中を歩き通す巡礼にあっては、参加者は自ずから五感が研ぎ澄まされて、心の豊かさを実感するものになるだろう。

　一方、事例として紹介をしたしまなみ海道や瀬戸内のまちは、見る、聞く、食べる、触る、香るなどの五感で楽しむことができるまちであり「歩く旅」に相応しい。まち歩きが楽しめるところはまち並みに個性があり、新しい建物もあるが、古い建物も残り文化の奥行きが感じられる。

　ジェーン・ジェイコブスは『アメリカ大都市の死と生』の中で、住みやすく、快適な都市の条件として、

- ●混用地域の必要性：都市の各地区は住宅地やオフィス街などといった単一の用途しか持たないのではなく、2つ以上の機能を持っていること
- ●小規模ブロックの必要性：道は狭く、折れ曲がっていることでいくつものルートが利用でき、そのつど新しい発見がある
- ●古い建物の必要性：新しい建物ばかりでなく、都市の各地区には古い建物が残っている方がよい
- ●集中の必要性：人口密度が高く、子ども・高齢者・学生・サラリーマン・企業家・芸術家など多様な人たちが住んでいること

が必要だと述べている[12]。これらの原則は、まちは人間的な魅力を備えること、

過去から現代までの文化を積み重ねることが魅力のあるまちだということを示している。事例で紹介をしたまちは、ジェイコブズが指摘した多様な魅力をもっている。

　歩いて楽しいまちは、都市の表情が豊かで、多様性があり、伝統文化がしっかりと根付いているとともに新興文化も生気に満ち、「文化の重層性[13]」がみられるまちである。巡礼と同様、五感を研ぎ澄ませて楽しめるまちである。

注
1）四国を左回りに巡礼するのを「逆打ち」といい、四国を修行して歩いている弘法大師と巡り会えるという言い伝えがある。しかし、道しるべや案内図などは順打ちに則って標示されていることが多いため、歩き条件が悪くなる。
2）佐藤久光『遍路と巡礼の社会学』人文書院、2004 年、p.228
3）佐藤久光『遍路と巡礼の社会学』人文書院、2004 年
4）サライ（2007 年 4 月 19 日号）p.48
5）「街道てくてく旅」という番組に 2008（平成 20）年の春・秋の 2 回に分けて四国遍路を取り上げている。また、2006（平成 18）年には「ウォーカーズ　迷える大人たち」で歩き遍路がモチーフとなった。
6）松山市総合政策部広報課『市勢要覧松山 2008』2008 年、p.16
7）道後温泉誇れるまちづくり推進協議会『JATA 国内旅行委員会意見交換会 資料』2008 年
8）道後温泉誇れるまちづくり推進協議会『道後百年の"景"道後温泉歴史漂う景観まちづくり宣言』2006 年
9）愛媛県内子町観光協会・内子町『愛媛県内子町観光交流計画書』2007 年、p.73、p.77
10）芦原義信『街並みの美学』岩波現代文庫、2001 年、p.157 〜 158
11）中山和久『巡礼・遍路がわかる事典』日本実業出版社、2004 年、p.221
12）ジェイコブズ『アメリカ大都市の死と生』鹿島出版会、1977 年、p.172
13）米浪信男「都市再生と都市観光」『経済経営論集』第 27 巻第 1 号、神戸国際大学学術研究会、2007 年、p.25

（高橋一夫）

第3章

瀬戸内 —— 万葉の旅 ——

1. 瀬戸内の旅

(1) 交通路としての瀬戸内

　『万葉集』には、瀬戸内の地を詠んだ歌が数多く残されている。それは、瀬戸内が、奈良の都から九州への主要な交通路であったからである。

　九州北部は、古くから大陸との交流の玄関口であり、九州全体を統轄する行政機関である大宰府（現在の福岡県太宰府市にその遺跡がある）が設立されていた。大宰府にはさまざまな部署が置かれ、その様相はさながら朝廷のミニチュアのようで、万葉歌に「遠の朝廷」とも詠まれている。九州北部は、日本の軍事・外交・貿易の重要な拠点であったのである。

　その九州北部との往来のため、瀬戸内は陸路・海路ともに特に交通が盛んであった。奈良時代には、東海道・東山道・北陸道・山陰道・山陽道・南海道・西海道と7つの幹線道路が全国に整備され、往来の重要度と頻度から大路・中路・小路に分けられていたが、山陽道だけを大路としていることからも、そのことがわかるだろう。山陽道は、中路（東海道・東山道）の4倍、小路（山陰道など4道）の8倍の輸送能力を持ち、幅10m以上、直線的で石敷きの堂々たる道であったといわれる。

(2) 奈良時代の旅

　奈良時代の人びとも盛んに旅をした。ただし、それは律令政治の施行・運営の中で営まれた公的な旅であって、官人の出張や赴任、租庸調の税などに関係するものが大部分であった。もちろん、貴族の楽しみや僧侶・商人の往来など、私的な旅もみられたが、公的なものにくらべれば少なく、『万葉集』に収められている旅の歌も、官人や防人などが務めとしての旅で詠んだものがほとんどである。

　楽しみではなく仕事のためであった上に、交通機関の発達していなかった当時の旅は大変だったようであり、次のような歌が残されている。

　　旅とへど真旅になりぬ家の妹が着せし衣に垢付きにかり（巻20・4388）
　　（旅と簡単にいうが本当の長旅になった。家の妻が着せてくれた衣に垢がついてきた）

　作者は占部虫麻呂で、下総国（現在の千葉県北部と茨城県南西部）からの防人である。防人は、海外からの侵略に備え、九州北部の防衛に当たった兵士で、多くは東国から集められた。「真旅」というのは、つらく長い旅を意味し、単なる旅とは区別している。関東から九州への旅は、距離が長いというだけではなく、妻を残しての兵役のための旅であり、精神的にもつらいものであったのだろう。なお、「付きにかり」は「付きにけり」の東国訛りである。

　このような防人の旅にくらべると、官人たちの旅は、大変であったとはいえ比較的恵まれていた。全国の主要な道路には、30里（約16km）ごとに公用の旅や通信のための施設である駅家を設置するよう定められており、そこで食事や馬が与えられるほか、宿泊もできたのである。

　ただし、公用の旅は、気ままな私用の旅と違い、距離に応じて日数が定められていた。平安時代初期のものであるが『延喜式』（主計式）には次のように記されている。

　　淡路　　上4日　　下2日　　海路6日
　　阿波　　上9日　　下5日　　海路11日
　　讃岐　　上12日　　下6日　　海路12日
　　伊予　　上16日　　下8日　　海路14日
　　播磨　　上5日　　下3日　　海路8日

美作	上7日	下4日	
備前	上8日	下4日	海路9日
備中	上9日	下5日	海路12日
備後	上11日	下6日	海路15日
安芸	上14日	下7日	海路18日
周防	上19日	下10日	
長門	上21日	下11日	海路23日
大宰府	上27日	下14日	海路30日

　これは、税である調物などを運搬するための上京・下国の行程である。平安時代のものなので、到着地は奈良の平城京ではなく京都の平安京であるが、一応の目安になろう。上は往路、下は帰路の行程であり、帰路は食料だけで貨物がないから日程は短い。海路は往復の日程で、米など重い貨物の輸送に用いられた。

（3）海路の旅

　瀬戸内は、陸路とともに海上交通も発達していた。そして、海上の旅は、官人たちにとって、陸路より旅愁のまさるものであったらしく、『万葉集』には山陽道沿いの海路での歌が多くみられる。

　　天離る鄙の長道ゆ恋ひ来れば明石の門より大和島見ゆ（巻3・255）
　　（〈天離る〉遠く都を離れた地からの道のりを、都を恋しく思いながらやって来ると、
　　明石の海峡から大和の山々が見える）

　「天離る」は枕詞。「明石の門」は明石海峡のことで、兵庫県明石市付近の明石海岸と淡路島の北端との間にある海峡である。作者の柿本人麻呂は、『万葉集』だけでなく、和歌史上屈指の歌人といわれており、紀貫之が『古今和歌集』の仮名序に「柿本人麻呂なむ歌の聖なりける」と記している。ただし、その経歴は明らかではなく、朝廷に仕えた官人であったものの低い官位で終わったようだ。この歌は、遠く西方より都への旅をしてきた作者が、明石海峡から奈良の山々が見えたことの喜びを詠んだものである。この山々というのは、生駒・葛城の山であるといわれる。

しかし、その山々が見えたのが、たまたま明石海峡であったというのではない。明石は畿内と呼ばれる中央地域の西の境界であった。つまり、明石海峡まで来たことは、中央官人である作者にとって、ようやく異郷である畿外から帰って来たことを意味する。その明石海峡から見えた奈良の山々だからこそ喜びが大きいのである。なお、「大和島」とあるのは、明石海峡の海上からみると、山々が海を隔てた島のように見えたからであろう。

室の浦の瀬戸の崎なる鳴島の磯越す波に濡れにけるかも（巻12・3164）
（室の浦の瀬戸の崎にある鳴島の磯を越す波に濡れてしまった）

「室」は兵庫県たつの市御津町室津。「室の浦」は、その室津の東南にある藻振鼻から相生湾口の金ヶ崎にかけての湾入部にあたるといわれる。「瀬戸」は潮流の速い海峡を意味しており、「瀬戸の崎」とは金ヶ崎のことをさしている。そして、「鳴島」はその金ヶ崎の南約300mにある小島、君島の古名である。

作者不明の歌であるが、「鳴島」に「泣き島」の意味をもたせ、その島の磯を越す波を「鳴島」の涙と見ているのである。「鳴島」が妻を恋い慕って泣いている。その涙に濡れたというのは、作者も妻を思って泣いていることを暗示する歌なのであるといわれる。

金ヶ崎は現在「万葉の岬」と称され、この地で詠まれた山部赤人の歌（巻3・357、巻6・942、943、944、945）やこの歌の歌碑が立てられている。そして、「瀬戸」と歌われた海峡を挟んで君島があり、当時と変わらぬであろう情景を今に残している。

磯の間ゆ激つ山川絶えずあらばまたも相見む秋かたまけて（巻15・3619）
（岸辺の岩の間から激しく流れるこの山川が絶え間なく流れるように、ずっと無事でいられたら、また来て見よう。秋になって）

天平8(736)年の遣新羅使が、安芸国長門の島（現在の広島県呉市倉橋島）の磯辺に停泊した時に作られた歌5首中の1首である。6月12日の作と推測されている。作者は、新羅へ派遣された使人の1人であるが、名前は記されていない。

倉橋町本浦の東、宮の浦川が海に流れ込んでいる桂が浜の辺りを詠んだものといわれる。現在、桂が浜は砂浜となっているが、当時は浜辺より少し上の、

岩石のある辺りで海に注いでいたようである。この遣新羅使は、前年の天平7年、新羅からの使者を追い返したことにる両国の関係悪化を修復するのが目的だったといわれている。しかし、新羅が使いの旨を受け入れず、目的は達せられなかった。『続日本紀』によれば、翌年の天平9年1月27日に帰京しているが、大使は対馬で病死。途中で病に冒された副使らが帰京できたのは3月28日のことである。作者は、秋のうちに帰国し、美しい景観をもう一度眺めようと歌っているのであるが、その願いはかなえられなかった。

　なお、この歌が詠まれた桂が浜には、倉橋歴史民俗資料館と長門の造船歴史館があり、遣新羅使の資料や実物大に復元された遣唐使船（長さ25 m、幅7 m、帆柱の高さ17 m）が展示されている。遣新羅使の船も、この遣唐使船と同様のものだったと思われるが、船内の見学も可能で、当時の船旅を偲ぶことができる。

2．大宰府長官の帰京の旅

（1）大宰帥大伴旅人

　大宰府の長官は大宰帥と称され、中央から派遣されるのが常であった。大伴旅人は、神亀4(727)年頃、大宰帥に任命され九州に赴任した人物で、63歳であったと考えられる。家柄及び実戦・外交経験からの人事であったが、藤原氏隆盛の中での遠国下向は、名門大伴氏の長であった旅人に割り切れぬ思いを抱かせたようである。そして、天平2(730)年に大納言に任ぜられ、大宰帥兼任のまま帰京するが、翌天平3年7月25日に没した。『万葉集』には、その京への旅で詠まれた旅人の歌が残されている。

（2）出　発
　　大和道の吉備の児島を過ぎて行かば筑紫の児島思ほえむかも　（巻6・967）
　　（大和への道中にある吉備の児島を通り過ぎて行く時には、筑紫の児島のことが思いだされることだろうね）

　この歌の前には2首の歌があり、次のような説明が付されている。大宰帥大

伴卿が、大納言を兼任することになり、京に向かって帰途についた。その日、馬を水城に止めて、大宰府の館を振り返って見た。その時、卿を見送る大宰府の官人たちに交じって、遊行女婦がいた。その名を児島という。さて、その女性は、別れがあっけないことを悲しみ、再び逢うことが困難なことを嘆いて、涙を拭きながら袖振る歌を吟じた。

　967は、旅人がその歌に答えて詠んだ2首の中の1首であり、「奈良へ帰る途中で吉備の児島を見るでしょうが、その時には、同じ児島の名をもつあなたを思い出すでしょうね」と返した歌なのである。「吉備」は備前・備中（共に現在の岡山県）と備後（現在の広島県）の総称。「児島」は岡山市南方の児島半島である。児島半島は、1600年頃、高梁川の堆積によって陸地とつながる以前は島であった。彼女の児島という名は、吉備の児島出身であったためかもしれない。「筑紫」は筑前・筑後（合わせて現在の福岡県の大部分に当たる）をさすが、元来、九州全体の古称でもあった。

　「遊行女婦」は「うかれめ」と訓み、諸所を遊行して、貴賓の宴席などに侍り、歌舞音曲などにたずさわった女性であるが、『万葉集』では、官人に伍して歌を詠んだり、楽器に合わせて古歌を披露したりして、高い教養を備えている場合が多く、後世の遊女と同一視することはできない。児島は、在任中の旅人たちを接待した女性で、遊行女婦たちの筆頭格であったのだろう。

　なお、「水城」は天智3(664)年、大宰府防衛のために造られた土塁で、現在、太宰府市水城にその一部が残っている。

(3) 鞆の浦にて

　　我妹子が見し鞆の浦のむろの木は常世にあれど見し人そなき（巻3・446）
　　（我が妻が見た鞆の浦のむろの木は、今も変わらずにあるが、これを見た人はもういない）

　　鞆の浦の磯のむろの木見むごとに相見し妹は忘らえめやも（巻3・447）
　　（鞆の浦の磯辺に生えているむろの木を見るたびに、共に見た妻が思い出されて忘れられないだろうよ）

　　磯の上に根延ふむろの木見し人をいづらと問はば語り告げむか（巻3・448）

（磯の上に根を張っているむろの木に、かつて見た人はどうしているかと尋ねたら、語り聞かせてくれるだろうか）

　天平2年冬12月、大宰帥大伴卿が都に向かって上る時に作った歌と記している5首の中の3首であり、鞆の浦を通り過ぎた日に作った歌という説明が付されている。

　「鞆の浦」は広島県福山市鞆町の海岸。「むろの木」は、一般にヒノキ科の常緑低木ネズといわれる。地を這うハイネズもあるが、ここは高さ10mにもなる立木の方か。当時、鞆の浦には、特に人の目を引く立派な「むろの木」があったのであろう。そして、九州への往路では、旅人は妻と共にその木を眺めたのである。しかし、奈良への帰路で再び同じ木を見ることができた時、共に見た妻はもういなかった。その嘆きを歌に詠んだのである。

　旅人の3首は、むろの木を中心に詠んでいるが、鞆の浦は、鞆港の東側にある仙酔島・弁天島などが絶景であるといわれる。それは奈良時代も同様であったようで、次のような歌がある。

　　ま幸くてまたかへり見むますらをの手に巻き持てる鞆の浦廻を（巻7・1183）
　　（無事でいてまた戻って来て見よう。ますらおが手に巻いて持つ鞆と同じ名の鞆の浦のあたりを）

　「ますらをの手に巻き持てる」は序詞で、序詞は、ある語句を導き出すための前置きとして用いる修飾語句である。「ますらを」は強く勇ましい男子の意。「鞆」は、弓を射た時に弦が跳ね返って腕を傷つけないよう、左手首に巻き付ける防具である。

　歌は、鞆の浦の美しい景観をもう1度見たいと賛美しているもので、旅人と妻の2人も、往路では鞆の浦全体の美しさを楽しんだのであろう。「むろの木」はその景物の1つであったと思われる。しかし、妻を亡くし、1人で鞆の浦の景観を見ることになった時、心引かれたのは「むろの木」であった。

　「むろの木」は、一説に、高さ30mにも達し、庭園などにも植えられることの多いイブキではないかというが、備後地方では、ネズの木をモロキと呼び、寿命をつかさどる木と見なしているという。旅人が亡くなった妻と対比させていることを思えば、ネズの木のことであったと考えるのが自然だろう。

また、「鞆の浦のむろの木」のことは、天平8年の遣新羅使たちも歌に詠んでいる。

 離磯に立てるむろの木うたがたも久しき時を過ぎにけるかも（巻15・3600）
 （離れ島の磯に立っているあのむろの木は、きっと長い年月を経てきたものだ）
 しましくもひとりありうるものにあれや島のむろの木離れてあるらむ（巻15・3601）
 （しばらくでも独りでいられるものなのであろうか。島のむろの木がぽつんと離れているとは）

歌に「鞆の浦」の地名はないが、この2首の前の歌に「神島」が詠まれており、「神島」は、広島県福山市西部の神島町芦田川西岸にある小丘とされる。当時は、福山市街の大部分が水面下に没していたので、この小丘が島の状態にあり、「神島」と呼ばれていたと考えられる。ここから約10km南に鞆の浦があるのである。2首に詠まれた「むろの木」は「鞆の浦」にあったものと考えてよいであろう。旅人が歌に詠んでから6年後のことであるが、旅人の見た「むろの木」と同じ木であったかもしれない。

(4) 妻の死

 旅人の妻は、夫と共に遠く九州まで下ってきた。しかし、到着後しばらくして亡くなってしまっていたのである。
 九州大宰府への赴任後、旅人は都からの使者により、ある訃報を受け取った。その時、神亀5(728)年6月23日の日付で「不幸が重なります」と記し、次のような歌を書き残している。

 世の中は空しきものと知る時しいよよますます悲しかりけり（巻5・793）
 （世の中とは空しいものだと思い知った今、いよいよ益々悲しく思われる）

都からの訃報は、弟であり異母妹の夫でもある大伴宿奈麻呂が亡くなったという知らせであったといわれている。そして、重なった不幸のもう一つが妻の他界であった。旅人の友人である山上憶良は、妻を亡くした旅人の立場になって詠んだ長歌1首と反歌5首を「日本挽歌」と称して献上している。

 大君の　遠の朝廷と　しらぬひ　筑紫の国に　泣く子なす　慕ひ来まして　息だにも　いまだ休めず　年月も　いまだあらねば　心ゆも　思はぬ間に　うちなびき　臥

やしぬれ　言はむすべ　せむすべ知らに　石木をも　問ひ放け知らず　家ならば　かたちはあらむを　恨めしき　妹の命の　我をばも　いかにせよとか　にほ鳥の　二人並び居　語らひし　心そむきて　家離りいます（巻5・794）
（大王の遠い政庁だからと〈しらぬひ〉筑紫の国に、泣く子のように慕って来られて、息すら休める間もなく、年月もまだ経っていないのに、夢にも思わない間に、ぐったりと倒れ横たわってしまわれたので、どう言ったらよいのか、どうしたらよいのか方法も分からず、庭の石や木に尋ねることもできない。奈良の家にいたら無事だったろうに、恨めしい妻は、この私にどうしろというのか、鳥のかいつぶりのように2人並んで夫婦の語らいをしたその心に背いて、家を離れて行ってしまわれた）

妹が見し棟の花は散りぬべし我が泣く涙いまだ干なくに（巻5・798）
（妻が見た棟の花はもう散ってしまいそうだ。悲しんで泣く私の涙はまだ乾かないのに）

　798は反歌5首の中の4首目の歌である。反歌は長歌に付された短歌のことで、長歌の内容をまとめたり、補足していたりする。
　「しらぬひ」は枕詞。「家にいたら無事だったろうに」といっているのは、長旅の疲れが原因で倒れてしまったからであろう。また、「棟」はせんだんの木のことで、5月末に白い小花を咲かせ、6月上旬には落花する。旅人の妻は、この花が咲いている頃までは存命だったと思われる。旅人は不幸が重なったといっているが、その6月23日は現在の暦でいえば8月上旬に当たり、2か月ほどの間に妻と弟を亡くしてしまったことになる。

(5) 敏馬の崎にて
　妹と来し敏馬の崎を帰るさにひとりし見れば涙ぐましも（巻3・449）
　（妻と来た敏馬の崎を、帰る時に1人で見ると涙ぐんでしまうことだ）
　行くさには二人我が見しこの崎をひとり過ぐれば心悲しも（巻3・450）
　（行く時には2人で私たちが見たこの崎を、1人で通り過ぎると心が悲しみでいっぱいだ）

　大宰帥大伴卿が都に向かって上る時に作った歌5首の中の2首であり、敏馬の崎を通り過ぎた日に作った歌という説明を付している。「敏馬」は、神戸市灘区岩屋付近の海岸で、神戸港の東方にあたる。阪神電鉄岩屋駅の東南、国道2

号線沿いに敏馬神社があり、ここの高台が「敏馬の崎」であったといわれるが、それより南西の和田岬とみる説もあって、定まっていない。

「鞆の浦のむろの木」と同様に、九州へ行く時には2人で見た「敏馬の崎」を、奈良へ帰る時には1人で見なければならないと嘆いているのであるが、当時の人びとは「敏馬」から「見ぬ女」や「見ぬ妻」(故郷に残した会えない女性や妻) を連想するのが常であった。旅人の妻は亡くなってしまったのであるが、2度と会えない妻の意味を込めて「敏馬の崎」を歌に詠んだのであろう。

(6) 到 着

　　ここにありて筑紫やいづち白雲のたなびく山の方にしあるらし (巻4・574)
　　(ここからだと筑紫はどの方角だろう。白雲のたなびくあの山の方角だろうか)
　　草香江の入江にあさる葦鶴のあなたづたづし友なしにして (巻4・575)
　　(草香江の入江で餌を搜す葦鶴ではないが、ああたづたづしく心細いことだ。語り合える友もいなくて)

旅人が上京した後、九州滞在中の友人であった満誓が歌を贈ってきた。この2首は旅人がそれに答えた歌であるが、奈良の都へ到着した後のものか、難波 (現在の大阪市およびその周辺の地域) で受け取り、その場で詠んだものかは定かでない。「ここにありて」の「ここ」は、前者ならば奈良の都の自宅であり、後者ならば難波の地ということになる。

「草香江の入江にあさる葦鶴の」は、心もとなく不安であることを意味する「たづたづし」を同音で起こす序詞。「草香江」は「難波江」ともいう。

「草香」は東大阪市日下町の辺りであるが、古くは生駒山西麓の寝屋川・摂津・守口・門真・大東・東大阪の各市と大阪市の東半分を占める広大な河内湾があり、山城川 (現在の淀川) と旧大和川 (宝永の流路変更工事以後、大和川は大阪市と堺市との間を流れるようになった) とが流入していた。この河内湾が、海面の低下と土地隆起並びに土砂堆積のために、外海とつながってはいるものの分離した塩湖のようになり、万葉時代には海水と淡水の混合によって低塩分の湖状態にあった。これが草香江である。

難波から奈良に入るには、この草香江を迂回して南下し、大和川に沿って竜

田山を越えるのが一般的であった。旅人たちも草香江の景観を眺めながら、奈良の都に向かったものと思われる。

瀬戸内の旅を終え、無事に帰って来た時、旅人は満誓が贈ってくれた歌を受け取った。そして、もう会うことはできないであろう遠く離れてしまった友のことを思い、歌を返したのである。

なお、旅人の瀬戸内の旅は、海路ではなく陸路であったと思われる。巻17・3890以下10首の歌に付された説明に、大伴卿が帰京する時、従者たちは別途に海路をとったとあるからである。また、『延喜式』（民部式）に大宰大弐（大宰府の次官）以上は陸路をとるべしと記されている。これは、船での旅が天候の影響を受けやすく、転覆等の危険があったためといわれる。

3. 製塩の歌

（1）須磨の製塩

神戸市須磨区にある須磨海水浴場は、関西ではよく知られた海水浴場で、砂浜の幅は約50〜150m、長さは約1,800mに及ぶ。この長く続く白浜は、古く奈良時代からのものと思われ、この須磨の地も『万葉集』の歌に詠まれている。もっとも、当時は須磨の美しい白砂青松よりも、その浜で行われている製塩の方が有名であったらしく、次のような歌が残されている。

　須磨の海人の塩焼き衣のなれなばか一日も君を忘れて思はむ（巻6・947）
　（須磨の海人が塩焼きの作業に着る衣がよれよれになれているように、なれ親しんでしまったら1日でもあなたを忘れることができようか）

この歌は、山部赤人の長歌に付された反歌である。山部赤人は、後世、柿本人麻呂とともに最も高く評価された万葉歌人で、『古今和歌集』の仮名序には「人麻呂は赤人が上に立たむこと難く、赤人は人麻呂が下に立たむこと難くなむありける」と記されている。優れた宮廷歌人であるが、やはり官位は低かったらしく、生没年などの経歴は未詳である。

「須磨の海人の塩焼き衣の」の部分が「なれなばか」を掛詞で起こす序詞と

なっている。「海人」は海村生活者で、製塩や漁労に従事する者をいう。

　この歌の主意は、親しくなってしまった相手を忘れることができないというもので、恋歌なのであるが、相手を「君」といっている。「君」は男性に対して用いる語であるので、作者は女性ということになるが、もちろん山部赤人は男性で、朝廷に仕えた官人であり、今でいう出張旅行の途中であったと思われる。この歌が付されている長歌は次のようなものである。

　　御食向かふ　淡路の島に　直向かふ　敏馬の浦の　沖辺には　深海松採り　浦廻には　なのりそ刈る　深海松の　見まく欲しけど　なのりその　己が名惜しみ　間使いも　遣らずて我は　生けりともなし（巻6・946）
　　（〈御食向かふ〉淡路の島と真向かいの敏馬の浦の沖の方ではフカミルを採り、浦近くではナノリソを刈っている、そのフカミルのその名のように一目見たいとは思うが、ナノリソのその名のように私の名が噂になるのが惜しいので、使いの者も遣らずにいて、私は生きた心地もしない）

　「御食向かふ」は枕詞。また、フカミル、ナノリソは海草の名前であるが、それぞれ「深く見る」、「名告りそ」（名を告げるな）の意味を込めて用いている。「敏馬の浦」は、先述の「敏馬の崎」がどこをさすかによって多少東西にずれるが、作者が船旅であったとするなら、淡路島─作者─敏馬の浦が直線となるような位置から、海人が海草を取る様子を見て歌を作ったのであろう。ただし、自分自身ではなく女性の立場になって詠んでいる。恋人には会いたいが、人の噂になるのは困るという歌は女性に多いのである。

　これは、一般には、敏馬を旅行く同僚の女官の恋心を旅愁として赤人が詠んだものといわれている。しかし、先述のごとく当時の人々は「敏馬」から「見ぬ女」を連想するのが常であった。赤人は、故郷に残した愛する女性に会えない男性の立場という通常の発想に立つことをせず、ひとひねりして、愛する男性に会えない女性の心に主題を求めるという趣向にしたともいわれている。

　947の歌以外に、須磨の地名を詠んだ歌は『万葉集』にもう2首ある。

　　須磨の海人の塩焼き衣の藤衣間遠にしあればいまだ着馴れず（巻3・413）
　　（須磨の海人が塩を焼くときに着る服である藤布の衣は、こわごわで時々身に着けるだけだから、まだ肌になじまない）

須磨人の海辺常去らず焼く塩の辛き恋をも我はするかも（巻17・3932）
　　（須磨の人々が海辺にいつもいて焼く塩、その塩のように辛くせつない恋を私はすることです）

　413の歌は、大網人主が宴会の席で吟じたもので、「譬喩歌」と呼ばれる寓喩の歌である。「藤衣」は、藤の蔓の繊維で織った目の粗い粗末な衣で、麻衣とともに庶民の衣料とされており、ここでは新妻を譬えている。結婚してまだ日が浅いので、お互いにうちとけておらず、つまらないことですという寓意をもっていると思われるが、さらに裏があって、新婚の甘い気分を逆説的にのろけていると考えることもできる。人主が宴席で吟誦したというのは、新婚ののろけ歌として、よく知られていたのかもしれない。

　『古今和歌集』巻15、「恋歌五」に、この歌から出たものと思われる「よみひとしらず」の歌がある。

　　須磨のあまの塩焼き衣をさ粗み間遠にあれや君が来まさぬ（758）
　　（須磨の海人が塩を焼くときに着る衣が、粗末で織り目が粗く隙間があるように、私の家とあの人の家との間が遠いのかしら。あなたは来てくださらない）

　また、3932の歌は、平群氏女郎が越中国守であった大伴家持に贈った歌である。平群氏女郎は、「女郎」が中央氏族出身の女性に用いることが多いことからすれば、平群氏出身の宮廷に仕えていた女性で、家持が平城京に出仕していた時に知り合ったものと思われる。そして、家持が越中国（現在の富山県）の長官として赴任した後、12首の歌を贈った。この歌はその中の2首目である。

　恋人が遠く離れた北陸の地に勤務することとなり、会えなくなったつらさを詠んでいる、いわゆる遠距離恋愛の歌であるが、中央の役人が地方に赴任することは、当時めずらしいことではなかった。大伴家持は、先述の大伴旅人の長男であり、越中国守となったのは29歳のときであったと推測される。しかし、平群氏女郎は、この12首の歌を残すのみで、どのような人物であったかは明らかでなく、年齢も不明である。

　『万葉集』に残されている須磨の歌は3首のみであるが、3首すべてに塩焼きのことが詠まれている。それだけ当時は須磨が製塩の盛んな地として知られていたのであろう。

（2）古代の製塩と万葉歌

　歌では塩を焼くという言い方をしているが、それは岩塩が存在しない日本においては、海水をいったん濃縮した上で火で煮つめ、水分を蒸発させて塩の結晶を得るという独特の製塩法が行われていたからである。

　奈良時代の製塩法は、一般に藻塩焼法と呼ばれるもので、藻を利用し海水を濃縮し、煮沸したと推定されている。しかし、具体的に藻をどのように利用したかについては、塩の付着した乾燥藻を焼き、その灰を海水に混ぜて濃い塩水にする、あるいは、下に器を置き、乾燥藻に海水を注ぐという作業を何度も繰り返して塩分の濃度を高める、などの方法が説かれているが明らかではない。

　そして、次に現れたのが、海藻を利用するかわりに「塩浜」と呼ばれる砂浜を利用して塩分の濃度を高め、それを塩釜で煮沸する塩田法といわれるより大規模な製塩法である。この製塩法は、気候などの条件が有利であった瀬戸内海沿岸で、早くから発達したといわれるが、『万葉集』では、須磨のほか兵庫県沿岸の地の製塩を詠んだ歌が多い。

　　縄の浦に塩焼く火のけ夕されば行き過ぎかねて山にたなびく（巻3・354）
　　（縄の浦で塩を焼いている煙が、夕方になると過ぎ去りかねて、山にまとわりつくようにたなびいている）

　「縄の浦」は、相生市那波の海岸。相生湾の最奥部で、まわりに山がせまっている。作者の日置少老は伝未詳であるが、製塩の煙が山の方に向かって流れ消えて行く夕暮れの風景を歌に詠んだのである。

　　やすみしし　我が大君の　神ながら　高知らせる　印南野の　大海の原の　荒栲の　藤井の浦に　鮪釣ると　海人舟騒き　塩焼くと　人そさはにある　浦を良み　うべも釣はす　浜を良み　うべも塩焼く　あり通ひ　見さくも著し　清き白浜（巻6・938）
　　（〈やすみしし〉我が大王が、神そのままに高々と宮殿を造られている印南野の邑美の原の〈荒栲の〉藤井の浦に、鮪を釣ろうとして海人の舟が入り乱れ、塩を焼こうとして人がいっぱい浜に集まっている。浦がよいので釣りをするのも当然だ。浜がよいので塩を焼くのももっともだ。さればこそ、我が大王はたびたび通ってご覧になるのだな。なんと清らかな白浜であろう）

　「印南野」は明石から加古川付近にかけての平野であり、「大海の原」は「邑

美の原」で明石市西北部大久保町周辺の野、「藤井の浦」は明石市藤江付近とされている。「やすみしし」「荒栲の」は枕詞、「鮪」はサバ科の大型魚であるマグロ・キワダ・ビンナガなどの古名である。魚が豊富で、製塩にも適した美しい浜の光景を褒めたたえたもので、作者は山部赤人である。『続日本紀』には、神亀3(726)年10月に聖武天皇の邑美への行幸が記されている。

　　名寸隅の　船瀬ゆ見ゆる　淡路島　松帆の浦に　朝なぎに　玉藻刈りつつ　夕なぎに　藻塩焼きつつ　海人娘子　ありとは聞けど　見に行かむ　よしのなければ　ますらをの　心はなしに　たわやめの　思ひたわみて　たもとほり　我はそ恋ふる　船梶をなみ（巻6・935）
　　（名寸隅の船着き場から見える淡路島の松帆の浦で、朝なぎのときには海藻を刈ったり、夕なぎのときには藻塩を焼いたりしている美しい海人の娘たちがいるとは聞くが、それを見に行く手段がないので、雄々しい男子の心はなく、たおやかな女性のように思いしおれて、未練がましく私は恋焦がれている。舟も梶もないので）

　神亀3年播磨国（現在の兵庫県）印南野行幸の時の歌とあり、938の山部赤人の歌と同じ行幸の時のものと考えられるが、舟がないといっているところから、船旅ではなく陸路の旅であったことがわかる。作者は笠金村である。金村は伝未詳であるが、赤人などと並ぶ時は必ず最初におかれるところからみて、当時の評価は赤人よりも上だったのではないかといわれる。

　「名寸隅」は、明石市西端の魚住町付近かという。「松帆の浦」は、淡路市淡路町に松帆の地名があり、淡路島北端付近の海岸である。作者は「名寸隅」の船着き場から淡路島の「松帆の浦」を眺め、そこで働く娘たちへの憧れを詠んでいるのである。

　そして、この歌では「藻塩焼き」とあるので、塩浜を用いた塩田法ではなく、より古い藻塩焼法での製塩であったと考えられる。したがって、「朝なぎに玉藻刈りつつ」というのは、食用ではなく、製塩に利用するために海草を採っていることを述べたものであろう。土地の娘への強い関心を詠むのは、『万葉集』の旅の歌によく見られる手法である。しかし、354の歌が夕暮れの製塩の情景を詠んでいたように、海のない奈良の都に住む中央官人にとって、海浜での「塩焼き」の光景はことさら珍しく、旅情を誘うものだったのではなかろうか。

もっとも、実際の製塩は大変な作業であったらしく、次のような歌がある。

　　志賀の海人は海布刈り塩焼き暇なみくしげの小櫛取りも見なくに（巻3・278）
　　（志賀の海人の娘は、海藻を刈ったり塩を焼いたりして暇がないので、櫛箱の小櫛さえ手に取ってみない）

　「志賀」は、福岡県福岡市東区の志賀島。作者は石川君子で、播磨守などを歴任した後、九州の大宰府に赴任した。その時に、激しい労働に追われて身なりを整えるゆとりもない志賀島の女性たちの姿を見て歌に詠んだのであろう。

　なお、兵庫県の塩の産地といえば、「忠臣蔵」でも有名な赤穂市が知られている。赤穂の製塩を詠んだ万葉歌は残されていないが、「塩浜」の遺跡が赤穂市塩屋堂山で発掘されており、当地でも古代から製塩が盛んであったことがわかる。この堂山遺跡をモデルにした揚浜式塩田が、赤穂市御崎の海洋科学館・塩の国に復元されており、ここでは日本の製塩の歴史や世界の製塩を知るだけでなく、「塩焼き」の体験をすることもできる。

参考文献

小島憲之他『新編日本古典文学全集　万葉集』1〜4、小学館、1994〜1996年
下田忠『瀬戸内の万葉』桜楓社、1984年
神野富一『万葉の歌—人と風土—6兵庫』保育社、1986年
田名網宏『古代の交通』新装版、吉川弘文館、1995年

　　　　　　　　　　　　　　　　　　　　　　　　　　　　（上森鉄也）

第4章

瀬戸内 —— 酒と土産 ——

1. 瀬戸内の酒

　ひとくちに酒といっても、日本酒・焼酎・ウイスキー・ワイン等たくさんあるが、本章では種目を日本酒（清酒）に、地域性を瀬戸内に絞り、考察する。

（1）日本酒の歴史
　日本酒がいつから造り始められたかは、はっきりしないが米の歴史とおおいに関連があると考えられる。すなわち水稲が渡来した弥生時代には、米の酒が造られたと推定しても不思議ではない。
　では、酒蔵業の勃興はいつからか、となるとこれも明確な説はなく、戦国期ではないかと考えられる。領土を確保し城を建て城下町ができ商品流通が盛んになったのと同時期であろうと考えるのが自然である。
　この時代に銘酒と呼ばれる酒が各地で生まれ京の都に届けられ愛された。
　一例としては加賀の『菊酒』、備前の『児島酒』、他にも『尾道酒』・『三原酒』等があるが博多の『練貫（ねりぬき）』、河内の『天野酒』は豊臣秀吉公が好んで飲んだとも言われている。
　酒の歴史は、経済政策の促進と一緒になって酒の銘醸地が急速に拡がっていったようである。

（2）日本酒の造り方

日本酒は簡単にいうと米と水だけで作られる酒である。

1）主な原料

米（白米）・水・酵母・こうじ菌

2）造り方

原料米 → 精米 → 洗米・浸漬 → 蒸し → こうじカビをうえる → 米こうじ作り → 酵母を入れる → 水・米・こうじを加えもろみにする → 発酵 → 搾り → 清酒

（3）旨い日本酒のポイント

旨い日本酒を造るにはいろいろな条件があるが、大きなポイントとしては米・水・杜氏・愛情といわれている。

1）米

日本国内では約300種類の米が栽培されているが、日本酒はこれらの国産米で造られている。中でも醸造用玄米と呼ばれる米が、優れた日本酒の原料米である。

①酒造好適米ベスト5[1]

　1位 山田錦　2位 五百万石　3位 美山錦　4位 雄町　5位 八反錦1号

②酒造米による日本酒の特徴

　山田錦系：八頭身美人タイプの淡麗辛口の酒

　八反系：現代的なすっきり美人タイプの酒

　雄町系：グラマーなふっくら美人タイプの酒

　このように例えられる。

③山田錦に関して

日本酒米の代表として灘酒とともに育ってきた最良の酒米といわれている。1923（大正12）年に兵庫県立農業試験場で人工交配を開始。1936（昭和11）年に山田錦と命名された。

米の表面は脂肪・蛋白があり、中に純粋な澱粉があるので磨いて表面を取る場合、粒が大きい方が良い。山田錦は一粒が大きいのが特徴。ただし、食べる

とぱさぱさしており食用には適さない。こしひかりのように蛋白が多い米は、もちもち感があり食用に適している。

温度の寒暖格差が稲の成長に良いといわれ、山間の段段畑などが米の生育に適している。特に六甲山地の北側の三木市（吉川町）、東条町、神戸市北区、社町、中町等が有名な産地である。しかし地球の温暖化に伴い品質の保持がだんだん難しくなってきているのも事実である。また山田錦は背が高く風が吹くと倒れる危険性があり現在改良が研究されている。

例えば広島の酒米「千本錦」は山田錦より10cm丈が短く倒れにくい。また蛋白質の含有量も低く粒のばらつきも少ないといわれている。

④雄町に関して

1908(明治41)年に岡山県の奨励品種に採用された。雄町もまた大粒で心白なので酒造には好適米である。山田錦や五百万石のルーツも雄町であるといわれ、全国48種類の酒造好適米のうち、29品種に雄町の血が受け継がれている。この米も背が高く倒伏しやすく耐病性（いもち病）に弱く収量性が低い。

2) 水

主な水の使い方は「洗米や仕込み」「原酒に加えアルコール分を調整」であるが、良い水であることは重要な条件である。

水の中には鉄が含まれている場合がある（水道水は0.3 ppm以下）が日本酒（清酒）に入ると色を赤褐色に変えたり、香りや味を悪くする。

清酒作りでは鉄分が水道水の10分の1以下の水が使われている。日本にはこのような条件が整った水源が数多く存在するが、中でも有名な水が兵庫県の六甲山系を水源とする宮水である。鉄分が少なくカリウムやリンなどのミネラルが豊富で酵母の増殖を促進するといわれている。灘が日本一の酒どころと呼ばれる大きな要因がこの宮水にある。ただこの地区の表層地下水位は平均海水位とほぼ一致しており、そのため周辺の土木工事や揚水量の増加などの影響を受けやすく酒造用水への影響を懸念し水脈を切らないよう保全に努めている[2]。

3) 杜氏

日本酒の醸造管理方法は極めて複雑かつ繊細であるがこの技術を継承しているのが杜氏である。酒造りをする技術者を総称して酒造技能者と呼ぶが酒蔵の

長を杜氏、その他の人を蔵人として区別している。酒造技能検定で一級技能士を有しているものが多い。杜氏や蔵人の誕生は農・漁業と関連が大きいといわれている。つまり農・漁業の非繁忙期である冬場は日本酒の発酵を制御しやすい時期であり、手が空いた農・漁民の多くが日本酒作りに参加していた、といわれている。

(4) 瀬戸内の米・杜氏

　瀬戸内の酒造米はいろいろな種類があり一歩一歩改良を加えながら進化を遂げている。

　杜氏は日本三大杜氏の1つである丹波杜氏を始め多くの集団が存在している。

表4-1　瀬戸内の米・杜氏

県名	主な米	杜氏
兵庫	山田錦・五百万石・兵庫北錦・愛山・フクノハナ・金南風	丹波・但馬
岡山	雄町・朝日米・山田錦	備中
広島	八反・雄町・千本錦・山田錦・八反錦・こいおまち	広島
山口	山田錦・五百万石・ヤマボウシ・日本晴	大津・熊毛
香川	山田錦・雄町・オオセト	
愛媛	山田錦・五百万石・八反・松山三井	越智・伊方

出所：2002年度農林水産省告示第919号、松崎晴雄『日本酒のテキスト2』

(5) 日本酒の県別データ

　兵庫県は製造場数、出荷量ともに全国1位でありながら消費数量が32位ということは、有名銘柄を多く有し、主に県外へ出荷しているということである。

　製造場数ではベスト10に4県が入っており、出荷量でも2県入っているものの消費量ではベスト10に1県も入っていない。

表4-2 2001・2002年度 県別製造場・課税移出数量・消費量

県	製造場数*1 順位	製造場数*1 数	課税移出数量*2 順位	課税移出数量*2 数量(kl)	課税移出数量*2 シェア(%)	成人1人あたり消費量*3 順位	成人1人あたり消費量*3 数量(升)
兵庫	1	132	1	307,846	31.0	32	8.7
岡山	7	82	23	8,076	0.8	21	9.8
広島	5	87	6	28,500	2.9	13	11.3
山口	8	72	38	4,006	0.4	28	9.4
香川	41	18	37	4,054	0.4	30	9.3
愛媛	13	63	26	6,674	0.7	27	9.5

*1 日本酒製造免許を持つ酒蔵数（2002年）
*2 出荷量（2004年）
*3 消費量（2001年）
出所：松崎晴雄『日本酒のテキスト2』p.23

（6）銘柄別の出荷量ランキング ベスト10

2006年銘柄別出荷量のランキング（表4-3）では全国ベスト10に、兵庫の酒が5銘柄入っている。

なお、ベスト30までを見ると瀬戸内の銘柄、千福（広島／19位）・加茂鶴（広島／21位）・白牡丹（広島／22位）がランキングされている。

表4-3 2006年銘柄別出荷量ランキング表

（単位：石／1石＝約180ℓ）

順位	銘柄	企業名（酒造場）	本社所在地	石
1	白鶴	白鶴酒造㈱	兵庫	347,000
2	月桂冠	月桂冠㈱	京都	300,000
3	松竹梅	宝酒造㈱	京都	259,000
4	大関	大関㈱	兵庫	225,000
5	日本盛	日本盛㈱	兵庫	178,000
6	世界鷹G	㈱小山本家酒造	埼玉	133,000
7	黄桜	黄桜㈱	京都	125,900
8	菊正宗	菊正宗酒造㈱	兵庫	118,000
9	オエノンG	オエノンHD㈱	東京	107,778
10	白雪	小西酒造㈱	兵庫	89,500

出所：財団法人ひろぎん経済研究所「カレントひろしま」2007・6月号、p.12

(7) 各県ごとの酒造りの特徴
 1) 兵庫県
　全国一の酒どころ兵庫県の中でも、今津郷・西宮郷・魚崎郷・御影郷・西郷の5つからなる灘五郷が有名である。全国の3分の1の出荷量を誇る大産地である。
　江戸時代、夙川・芦屋川・住吉川などの六甲山系の水を利用し大量精米を可能としたことが大きいが、冬になると阪神タイガースの応援歌にもなっている「六甲颪(おろし)」が吹き、酒質の向上の一因となった。この灘地区は海岸沿いに位置しているので海上輸送に便利であり、主に江戸に出荷されていたが、味が崩れないことからその名声が全国へと広がっていった。
　前述の酒蔵米「山田錦」や1840(天保11)年に発見された宮水が全国一を誇る決め手であるが、造り手の杜氏集団も特筆できる。丹波・但馬の2つの集団があるが、中でも丹波杜氏は全国三大杜氏（南部・越後・丹波）の1つにあげられている。
　播磨・摂津・丹波・但馬・淡路という5つの国は、寒い北部・平野の広がる中部・温暖な瀬戸内とまさに日本の縮図のような構成で豊かな食文化と一緒に日本酒が育ってきたのである。
 2) 岡山県
　この県の日本酒の鍵を握るのは、酒造米「雄町」の存在といえよう（前述）。米質も柔らかく仕込みの時に米が溶けやすく甘味と酸味を取り込んだしっかりとした味わいになる。
　「雄町」以外にも「山田錦」「朝日」「アケボノ」等が作られ、関東地区へも移出されている。瀬戸内海を望む海岸地区と山間部（高梁市・成羽町）あたりは備中杜氏のふるさとで、淡麗で柔らかい飲み口の良い酒を作っている。
 3) 広島県
　全国6位の出荷量を誇る銘醸地。1907(明治40)年大蔵省醸造試験所が第一回全国清酒品評会を開催。2,000点にも及ぶ酒の中から1位「龍勢」2位「三谷春」が選ばれ、それ以降も1926(大正15)年までに10回開かれた品評会で圧倒的な強さを誇ったという。

この躍進の要因は当時難しいといわれていた「軟水」仕込みの醸造法を確立したことが大きい。この軟水が滑らかな味わいとふくよかで香りの良い酒質の元となっており「吟醸酒発祥の地」といわれる所以である。

酒造米も戦後開発された「八反35号」が有名でこの米を改良した「八反錦」は関東や東北地方にも移出されるほど評判が良い。杜氏も若手の台頭が目立ち若い感覚で従来の広島型の酒を超える軽快で香りの高い酒作りを目指している。

4) 山口県

酒造米には「山田錦」「五百万石」「ヤマボウシ」などがあるが、かつて利用された「穀良都(こくりょうみやこ)」が使われ始めたり「イセヒカリ」という伊勢神宮の神田で発見された「伊勢光」を県内で栽培し酒造米として発売も始めた。

杜氏は萩市周辺の大津杜氏と周南市の熊毛郡一帯の熊毛杜氏がある。山口県は酒好きで有名な俳人「種田山頭火」の故郷でもある。

5) 香川県

酒造米は「山田錦」や「雄町」の他に「オオセト」という大粒で収穫量が多い米もあり、軽くさっぱりとした風味の酒を作っている。戦前の文献には香西杜氏という集団も存在したらしいが今は姿を消し、但馬・大津(山口)・広島あたりから集まってきて多彩な味を醸し出している。

香川の酒は瀬戸内特有の淡麗でやや甘口の酒質が多いが近年は香り・ふくらみの厚い酒が出るなど多様化が進んでいるようだ。広島杜氏の影響もあり酒レベルは高いと評判である。

6) 愛媛県

四国で一番酒蔵が多い県。東予・中予・南予の3つの地域があり瀬戸内の温暖な気候ながらも特徴ある酒作りが行われている。「山田錦」「五百万石」「八反」以外にも「松山三井(みい)」という一般米も、大粒で使い易いところから酒作りに使われている。

杜氏は越智杜氏と伊予杜氏の2つの集団がある。伊予町はみかんの産地で有名で、普段みかん栽培に携わっている人達が酒作りに出掛ける場合が多いので、みかん収穫後出掛ける関係もあり年末から年明けにかけて酒作りが行われている。

(8) 最後に「愛情」
 日本酒造りは極めてデリケートな仕事である。米、水の選別・温度管理・こうじ…。杜氏は面(つら)を見て発酵状態がわかるとまで言われている。日本酒にかける愛情があの肌理細やかな味わいを醸しだしているといえよう。
 ひとくちに瀬戸内といってもこれだけたくさんの酒蔵があり、数多くの日本酒が育っている。しかもそれぞれが違う味わいを持っており極めて奥の深い日本独自の産業である。

2．瀬戸内の土産

 「みやげ」という言葉はどんな語源なのか、日本では土産という風習はいつから生まれたのか、土産はどのようにして大衆の文化として定着したのか。一般的に言われる土産とは、自分の旅行してきた場所の思い出を家族や友人におすそ分けすること。また、土産の目的は日頃の感謝の気持ちを表現する一種のコミュニケーション媒体でもある。
 現在も受け継がれている瀬戸内の土産品、名産品から見た土地柄、瀬戸内の歴史や時代の移り変わり、観光地資源のブランド化や観光地振興の宣伝効果など瀬戸内観光と土産という視点から土産の歴史と特性を考えてみる。

(1) 土産の歴史と文化
 広辞苑で「みやげ」という言葉を調べると、「旅先で求め帰り人に贈る、その土地の産物」「人の家を訪問するときに持っていく贈り物」とある。「土産」の字は「その土地で産まれたもの」と、そのものの意味に解釈される。以下、土産の歴史と瀬戸内の文化について説明する。
 1) 土産の歴史と風習
 みやげの語源はいくつかの説があるが、明確に説明されているものはない。その1つに、「宮笥(みやけ)」説というのがある。神社に参るときに持っていく笥(け)、つまり神饌を入れる器から由来された説である。他にも「屯倉(みやけ)」説がある。大和

朝廷の時代に、朝廷が管理する稲や米の倉を屯倉と呼び、それが転じて地方の産物を都に運んだということで「みやげ」と呼ばれるようになったという説もある。

どちらの説にしても、古代には現代のような「旅行」は楽しむものという趣味の領域ではなく、むしろ「旅」は奉公するような苦痛を伴うものであった。村の中では寺社詣に行く代表者を選び、その勤めは男性の役割とされていた。旅に行けない人は代表者にお賽銭を預け、その際にお礼としてわらじ代を渡した。これが餞別という言葉の由来である。

寺社詣に行く人は、確かにお参りしてきたことを証とするために神社のお守りやお札などの土産を買って帰った。そしてその人は土産を見せながら、村人たちに旅の話を聞かせることになる。村人たちは日頃めったに耳にすることのない他国の話を聞き、知見を広げることを楽しみにした、これが土産話の始まりである。

室町時代では公家が伊勢神宮に参詣した際、木綿や小刀、毛抜き等の日常的な物品を土産物にしている。江戸時代に入って、土産物屋が登場し寺社仏閣参りの興隆と共に土産の習慣は定着するようになった。「土産」という表記が一般化したのは、旅日記や道中案内などの資料にも出てくることから、どうやら江戸中期という説がある。

庶民の間で旅が盛んになった江戸時代に、土産は神社やお寺の門前に売られた。もちやだんご、まんじゅうなどが、後のその土地の名産品になった。徒歩による長旅であるために、土産の要件は軽くて小さくて日持ちがするものである。また、手ごろな価格であることも要件の1つにあげられる。その上、もらって喜ばれるものとなると薬は土産として人気の高い貴重な商品であった。

昨今、飛行機や汽車、新幹線、車の発達によって、歩く旅道中から楽しむ旅行へと移り変わってくると、その土地で新しい特産品が誕生してきた。現代の土産は旅行業者による旅行ツアーや宅配便の普及、ネット販売などの発展によって、日本人特有の儀礼的ムラ社会の風習から、実利的な土産、個性のある土産、産地直送の名産物など、喜ばれるプレゼントへと移り変わってきている。

第4章　瀬戸内 ── 酒と土産 ──　63

2) 土産推進団体の取り組み

　旅行で土産物屋に入ると、いろんな商品が陳列されている。「人気ナンバー1」の表示や、「健康によい」「この地でしか採れないオリジナル」と書かれた宣伝ポップに購買心理が動く。しかし場合によってはその土地のもの、地場産品に直接関係のないものも見られる。では一体、近年の土産事情にはどんな特性があるのだろうか。

　全国観光土産品連盟などの団体は、従来の土産の持つ意味を保護、継承するためにさまざまな活動を行なっている。また、県や市の観光地ごとにも土産振興協会が存在し、特産物の認定証や推奨品のマーク表示により、公正、適正な観光土産品の推進、普及を図っている。

　具体的な例として全国観光土産品連盟は、年1回「全国推奨観光土産品コンテスト」を実施している。このカテゴリーは、菓子の部、食品の部、民芸の部、工芸の部の4つで構成されている。また、その審査基準は、①観光土産品にふさわしい、②郷土色が豊かでデザインが優れている、③品質が優れている、④包装が優れている、⑤携帯または輸送が便利である、⑥衛生的なものである、⑦価格が適正である、という7つの評価基準項目で土産の勝れものを競わせている。

　瀬戸内海には地域を代表する名産物がたくさんある。本章でどれをとり上げるか悩むところであるが、選択方法は瀬戸内代表の6県（兵庫県、岡山県、広島県、香川県、愛媛県）の有名な観光スポット、人気の高い土産、また土産のカテゴリーなど偏らないように考慮した。

3) 瀬戸内海の特性

　瀬戸内海は、本州、九州、四国の3つの島に囲まれ、紀伊水道、豊後水道、響灘で外海に接する閉鎖性海域である。海、山の風光明媚な自然に恵まれ、暖かな気候、美味しい水、海の幸、山の幸のとれる環境にある。観光にも最適であり、多くの旅行者が古くから行き来する地域でもある。瀬戸内海を訪れる観光目的を4つに絞り、観光地と土産を選ぶことにする。

①寺社詣で

　瀬戸内海周辺で寺社参詣の主な目的地となったのは、安芸（広島県）の宮島

と讃岐（香川県）の金毘羅宮である。その他にも四国八十八か所霊場も参詣者を全国各地から集客している観光地の1つである。

②湯治

古代からの温泉地を有する瀬戸内海は、道後温泉（愛媛県松山市）、別府温泉（大分県別府市）、有馬温泉（兵庫県神戸市）が特に有名であり、宿泊目的に多くの観光客を誘致している。

③瀬戸内海の自然・文化遺産

瀬戸内海周辺の世界文化遺産は、姫路城（兵庫県姫路市）、広島平和記念碑（原爆ドーム）、厳島神社（広島県安芸市）の3か所が登録されている。

また、日本三景の自然美は、陸前の松島、丹後の天橋立、そして安芸の宮島を呼び、観光地の名所として賞賛されている。さらに日本の三大名橋は、日本橋（東京都）、眼鏡橋（長崎県）と山口県岩国にある錦帯橋といわれている。

④瀬戸内海周航と海の幸

1880（明治20）年ごろ、世界周遊の隆盛にともなって、日本旅行案内書に瀬戸内海沿岸の観光ルートが紹介された。1934（昭和9）年には、雲仙・霧島とともに日本で最初の国立公園として「瀬戸内海国立公園」の指定を受けた。また、海に面していることから、海の幸はいたって豊富である。広島の牡蠣（かき）、下関のふぐ（現地ではふくといわれる）、明石の蛸（たこ）などは人気の高い土産物であり、産地直送便などを活用して全国各地に送り届けられている。

(2) 瀬戸内海の土産の事例

土産物のカテゴリーと瀬戸内海の特性を基準とし、瀬戸内海における6つの観光地と土産について具体的な事例を紹介する。

1) 有馬温泉と瓦せんべい（兵庫県）

①有馬温泉の歴史

有馬温泉は、日本三古湯の1つであり、林羅山の日本三名泉、また枕草子の三名泉にも数えられる、全国有数の名湯で、瀬戸内海国立公園の区域に隣接する。有馬温泉の歴史は、第34代舒明（じょめい）天皇（593〜641年）、第36代孝徳天皇（596〜654年）の頃からで両天皇の行幸がきっかけとなり有馬の名は一躍有名

になった。日本書紀の「舒明記」には、631(舒明3)年9月19日から12月13日までの86日間舒明天皇が摂津の国有馬(原文は有間)温湯宮に立ち寄り入浴を楽しんだという記述があり、それを裏付けている。

一方、明智光秀の軍を打ち破り、また柴田勝家、織田信孝などをつぎつぎと破って天下統一の地固めに目途がついた1583(天正11)年、豊臣秀吉は有馬を訪れ、長らく続いた戦で疲れた心身を天下に名高い有馬の名湯で癒そうとした。これが記録に残る秀吉入湯の最初である。その後も秀吉は再三有馬を訪れ、有馬に対してさまざまな援助を行なっている。

②瓦せんべい

瓦せんべいは、唐の時代に中国に渡った弘法大師が、皇帝に招かれた席で食したせんべいに感銘を受け、帰国後伝えたのが始まりといわれている。「瓦」というネーミングの由来は、2つの説がある。1つは、神戸にある湊川神社に氏子たちが瓦を寄進した際の記念に売り出されたとする説。他方は源平時代の神戸生田の森(現在の三宮)の合戦での勇者、河原太郎と次郎の姓をとって「河原せんべい」が作られたという説である。

また、瓦せんべい1枚1枚に焼印(ブランド)を押すという由来は、戦国時代に戦場において、家臣の大きな手柄に対し、武将が瓦の破片に紋印を描いて渡し、後でその瓦の数に対し恩賞を授けたという故事から始まったといわれている。瓦せんべいは神戸の地で生まれ、神戸を代表する銘菓として土産の代表格のひとつでもある。

2) 桃太郎伝説ときびだんご(岡山県)

①桃太郎伝説

岡山は「桃太郎伝説」発祥の地である。そして「きびだんご」はこの地で作り継がれてきた産物である。その歴史は、『吉備津神社社記』に記された、孝霊天皇の皇子・吉備津彦命による「温羅退治」。当時、鬼と恐れられた百済の王子・温羅は備中国新山(現在の総社市)に居城「鬼の城」を構え、船を襲うなど、吉備国(岡山)で暴れまわっていた。人びとがその乱暴ぶりを朝廷に訴えたところ、吉備津彦命が大軍とともに派遣され、見事、鬼を征伐。その鬼と戦っている最中、老漁夫が命に「きびだんご」を献上し、それを命は大変喜んだ

とある。また岡山が古くから黍(きび)の産地であったことも「桃太郎話」発祥の地と称されている理由である。

②きびだんご

きびだんごの由来は、池田藩筆頭家老であった伊木三猿斎忠澄（1818〜1886年）が茶道の友人だった武田半蔵に工夫を与え、茶席に向く「きびだんご」を考案させたのが始まりである。しかし全国的に知られたのは1891(明治24)年山陽鉄道が開通し、その後日清、日露の戦争で岡山を通過する兵士たちが「桃太郎のきびだんごとは縁起が良い」といって全国にもちかえり広まっていったと伝えられている。

「きびだんご」の原料のひとつ、黍は、アジア、北アフリカ、南ヨーロッパなどで古くから栽培されていた穀物。その後、日本へ伝来したと考えられている。特に岡山県は収穫量が多く、古代「吉備国」と名付けられたほどである。この黍でつくった団子は短期の保存食や携帯食として重宝され、人びとの生活に密着した食べものだったそうである。「きびだんご」はまさに岡山県の風土が生んだ自然の恵みといえる。

3）宮島と杓文字（広島県）

①宮島（厳島）の歴史

宮島は、平清盛をはじめとする平家一門の厳島信仰により広くその名を知られるようになり、古くから厳島神社を崇敬する幾多の人びとや、戦国時代に形成された門前町の住民に守られ、今日まで「日本三景」の1つと称される美しい景観と豊富な文化財が残されている。

14世紀末から15世紀初頭にかけて宮島には次第に町が形成されるようになった。そして瀬戸内海の要港となり交易も盛んでやがて交通の発達にともない、神社を中心とした観光地として脚光を浴びるようになってきた。厳島神社は、1996(平成8)年12月、世界文化遺産に登録された。

②杓文字(しゃもじ)

杓文字は、飯や汁などをすくう道具のこと。特に、飯をよそう道具、つまり、飯をよそうものが杓文字で、飯をよそうだけでなく汁などをすくうのが杓子(しゃくし)。宮島では、飯をよそう杓文字を杓子と呼んでいる。

宮島杓子の由来は、寛政の頃（1800年頃）、神泉寺の僧・誓真という人が、ある夜、弁財天の夢を見てその琵琶の形の美しい線から杓子を考察し、御山の神木を使って作ることを島の人びとに教えた。この神木の杓子で御飯をいただけば、ご神徳を蒙り福運をまねくという誓真上人の高徳とともに、宮島杓子の名声は世に広く宣伝されている。なお現在では、その伝統を生かして、各種の調理杓子・お玉杓子などが考察されている。

　杓文字の特色は、「必勝」「商売繁盛」などの文字が染め抜かれた飾りしゃもじも工芸品として製作されている。寛政の頃、宮島の光明院の修行僧、誓真が、当時主たる産業がなかった宮島のために、弁天のもつ琵琶と形が似たしゃもじを宮島参拝のみやげとして売り出すことを島民にすすめたことが、その起源といわれている。

4）錦帯橋とかまぼこ（山口県）

①錦帯橋の歴史

　錦帯橋は、清流錦川に架けられたアーチ型5連の木橋であり、栃木県日光の神橋、山梨県大月にある猿橋とともに日本三奇橋の1つに数えられている。

　この橋は、1673（延宝元）年岩国3代藩主吉川広嘉が、錦川の出水のたびに橋梁が流失するので、当時最新の築橋術を用いて架橋したものである。長さは、橋面に沿って210m、直線にして193.3m、幅5m、橋台の高さ6m、アーチ型の最後部から川面までの高さは約12m。組木の技法を最大限効果的に活用したこの橋は、巻金とカスガイのほかは1本の釘も使用していない。

　しかし、歴史的に苦難の連続であった。幾度も架橋がなされたが、増水時の水流の激しさは想像を絶し、橋はことごとく流失してしまう。現在の橋は1953（昭和28）年1月に1億2,000万円の巨費をもって再建されたものである。

②かまぼこ

　日本で生まれたかまぼこ製品は、保存が目的というよりも魚をよりおいしく食べるための画期的な加工技術である。かまぼこ製品がわが国の歴史に初めて登場するのは平安時代初期といわれている。当時の古文書の中に祝いの宴会料理のスケッチがあり、そこにかまぼこが記録されている。実際には、これよりも昔から棒の先に魚肉のすり身を付けて焼いて食べていた。このころのかまぼ

こはちくわに近いものだった。植物の蒲の穂によく似ていることから、「がまのほ」と呼ばれた。また、蒲の穂は鉾のような形だったことから、「蒲」と「鉾」がくっついて「がまほこ」となり、やがて「かまぼこ（蒲鉾）」と呼ばれるようになったと伝えられている。

瀬戸内海に面した山口県は、古くから漁業が盛んで、明治以降ではたいやいわしの漁が行われてきた。現在、この近海での漁がほとんどで、小型の船での底引き網、刺し網漁などが主に行われ、かれい、えそ、さざえ、あさり、えび、いか、なまこなどが多く水揚げされている。また、明治時代の末から、かまぼこやちくわが生産され、えびの加工も盛んに行われている。

最近では、魚の持ち味を生かした新鮮でおいしいかまぼこを製造するために、各地のかまぼこ工場は大幅にオートメ化が進んでいる。特に、加工前にフィルムなどで密封する製法ができてから、より衛生的で日持ちも良くなり、かまぼこは土産物の人気メニューの1つにあげられる。

5）金刀比羅宮と讃岐うどん（香川県）

①金刀比羅宮の歴史

讃岐の「こんぴらさん」の名で親しまれている金刀比羅宮は、琴平山（象頭山）の中腹にある。金刀比羅宮の由緒については2つの説がある。1つは、大物主命が象頭山に行宮を営んだ跡を祭った琴平神社から始まり、中世以降、本地垂迹説により仏教の金毘羅と習合して金毘羅大権現と称したとするものである。もう1つは、もともと象頭山にあった松尾寺に金毘羅が守護神として祀られており、これが金毘羅大権現になったとする。いずれにせよ神仏習合の寺社であった。海の守り神とされるのは、古代には象頭山の麓まで入江が入り込んでいたことに関係があるといわれている。

②讃岐うどん

香川県には、弘法大師空海が唐の国からうどん作りに適した小麦と製麺技術を伝えたという説がある。一方で、麺の伝来は空海の帰朝100年前の遣隋使、遣唐使の時代という通説もある。讃岐うどんに関する最も古い資料は、金刀比羅宮の大祭の様子を描いた「金毘羅祭礼図（元禄時代）」である。この屏風絵の中に3軒のうどん屋が描かれている。空海の時代の麺は、団子をつぶしたよう

な形であったと推察され、江戸時代に今のような細長いうどんの形になったと伝えられている。

　昭和30年代まで、山間部に点在していた昔風のうどん屋はほとんどみられない。中・大型の近代的なうどん店が国道やバイパス道路に沿って開設され、この20年で、うどん店の所在は大きく変わった。かつて3,000件以上もあったうどん店は2005(平成17)年には850店に減少している。

　さぬきうどん研究会によると、「生麺うどん、半生麺うどんは、ほとんどが土産品と贈答品であり、ゆで麺は地場の消費に加えて観光客が主体であり、その伸び分はうどんブームが押し上げているように思われるが、観光客の今後の動向次第で生産量は左右されることは考えられる」と香川県の生産量は圧倒的に日本一のシェアを占めている。

　以上、5つの観光地と土産を紹介してきたが、土産は観光地資源の重要な役割を果たし、また人から人への口コミによって、ブランド化と宣伝効果が高められているのである。

注
1)　食糧庁「2001年度米穀の品種作付け状況」
2)　「宮水保存会」

参考文献および情報提供
『お酒のはなし』酒類総合研究所情報誌、2002年6月21日号
『灘の酒用語集』灘酒研究会、1997年
『灘酒』灘酒研究会、1981年
広島県酒造組合・広島県酒造協同組合ホームページ　http://www.hirosake.or.jp/（2008年10月）
松崎晴雄『日本酒のテキスト2・産地の特徴と造り手たち』同友館、2008年
『カレントひろしま2007年6月号』財団法人ひろぎん経済研究所
大関株式会社　経営企画部部長　農学博士　中村甚七郎氏、2008年10月インタビューにて
浅川泰宏『四国遍路文化論—接待の創造力』シーエーピー出版、2008年
神崎宣武『おみやげ　贈答と旅の日本文化』青弓社、1997年、pp.8-9
崎山昌廣『神戸学』神戸新聞総合出版センター、2006年、pp.110-114

北川宗忠編『観光・旅行用語辞典』ミネルヴァ書房、2008年、pp.226-227
北川建次編『瀬戸内海事典』南々社、2007年
廣榮堂本店「人が創る廣榮堂会社案内」2008年
「宮島の伝統工芸」第一美術、1957年
さぬきうどん編集委員会『新讃岐うどん入門』さぬきうどん研究会、2006年
人文社観光と旅編集部編『山口県郷土資料事典観光と旅』人文社、1989、p.145
株式会社亀の井ホームページ　http://www.kameido.co.jp/（2008年9月）
全国観光土産品連盟ホームページ　http://www.miyagehin.com/（2008年7月）
有馬温泉観光協会ホームページ　http://www.arima-onsen.com/（2008年10月）
全国かまぼこ連合会　ホームページ　http://www.zenkama.com/（2008年10月）

（金田　肇・足立　明）

第5章

瀬戸内流通の足跡

1. はじめに

　瀬戸内海の商品流通は長い歴史があるが、本章では特に江戸時代の瀬戸内流通を取り上げることにしたい。
　江戸時代を選んだのは、この時代の瀬戸内流通が非常に盛んであったからである。その背後には、イメージとは違って、意外なほど高い江戸期日本経済の発展水準と、それに伴う流通発展があった。商品流通を担う商人や、彼らが拠点を構えた港町はそれぞれ個性的であった。現在でも現地に足を運べばその足跡のいくつかを知ることができる。
　以下では歴史を学ぶ意味と歴史学の方法に簡単に触れたのち、瀬戸内海の流通について兵庫県内の港町を中心に述べていく。

2. 歴史を学ぶ意味と歴史学の方法

　歴史は単純にいえば個人と組織からなるものである。個人とは一人ひとりの人間のことである。組織とは家、村、会社、学校といった人の集まりである。そしてこの両者の活動内容と相互関係について、時間の流れに沿って明らかにしたものが歴史である。
　それが何であるかに関わらず、「どのようにして生まれたのか」「これからど

うなるのか」という問題は興味深い。そして、この成り立ちと今後のあり方を考える上で歴史が参考になる。「賢者は歴史に学ぶ」とまでは言わないが、自分の狭い経験を超えて考えてみることは大事である。

　ではどのようにすれば歴史を知ることができるだろうか。

　主として昔の物や書類を利用する。これらを利用すれば昔の様子をある程度知ることができる。

　ただし、昔の物や書類がすべて残っているわけではない。処分されたり、火事・洪水・戦争で失われることも多い。したがって、残された物・書類を活用しなければならない。これは恐竜学者が小さな骨のかけらから恐竜の姿を復元するのとよく似ている。以下の説明の背後にもこうした事情はやはりある。

3．江戸時代経済の到達点

　江戸時代の瀬戸内流通を知る準備として、江戸時代の経済について触れておこう。とはいえ、江戸時代は1603〜1867年に渡る長い時代であるので、ここでは掻い摘んで説明しておく。

　まずは生産である。表5-1は1874(明治7)年に生産額が多かった工産物を示したものである。正確にはこの年にはすでに明治時代になっている。しかし、わずか7年のズレであるから、「ほとんど江戸時代」といって差し支えない。

　では、江戸時代の産業構造はどのようになっていたのだろうか。

　この表から明らかなように、ここには鉄鋼も自動車も上がっていない。上位にあるのは、1つは酒類、醬油、味噌である。いずれも食品工業に分類される。すべて生産に際して発酵が鍵となるという共通点がある。他には織物類、生糸類といった繊維製品が上位を占めている。

　200年以上に渡って成長してきた江戸時代工業の柱は、食品工業と繊維工業なのである。つまり工業は発展途上にあり、それだけ農業や漁業の比率が高

表5-1　1874年の工産物

順位	生産物
1	酒類
2	織物類
3	醬油
4	生糸類
5	味噌

かったことになる。まずはこうした当時の産業構造に注意したい。

では江戸時代の流通はどのようなものだっただろうか。これについても簡単な指摘を行いたい。

下の表5-2は、江戸時代の三大都市、つまり江戸・大阪・京都の呉服店（着物の小売店）の従業員数を示したものである（いずれも18世紀の数字）。もっとも、これらは代表的な呉服店のいくつかであり、ほかにも多数の呉服店があった。また他業種の店舗もあったことは言うまでもない。

一般には「従業員数が多い＝営業規模が大きい」と考えられる。したがって、江戸時代の流通発展を、「どれだけ大規模な小売店舗が展開していたか」という基準で測っていることになる。

表から明らかなように、江戸時代中ごろでも従業員数が数百人に及ぶ呉服店が少なくなかった。しかも、それは江戸だけでなく、大阪、京都にも見られたのである。

そして、これだけの従業員がいる以上、組織作りが重要である。彼らの自由に任せていては経営がうまくいかない。従業員を方向付けながら、やる気を出させる仕組みが必要なのである。

実際、それは整備されていた。例えば個人や店の業績に応じてボーナスが支給されていた。あるいは就業年数や働き振りによって昇進する制度があった。鎖国制度のため海外情報は乏しかったが、優れた従業員制度があったのである。地方ではまったく同じではなかっただろうが、このような発達した流通組織の縮小コピー版が普及していたと考えられる。

表5-2　江戸時代の大型小売店

所在地	店　名	従業員数
江　戸	岩城升屋 三井越後屋 松坂屋 島田恵比須屋	約500人 324人 217人 277人
大　阪	三井越後屋 岩城升屋	248人 235人
京　都	三井越後屋	175人

4. 江戸時代の地域構造

　話を先に進め、江戸時代の日本の中で瀬戸内地方がどのような位置にあったのか確認しよう。
　そもそも江戸時代にはそれ特有の社会の仕組みがあったが、これらには流通を促進するような側面があった。具体的には以下の様なものである。
　①「士農工商」の身分があり、武士は城下町居住を強制された。そのため城下町—農村間の流通が発達した。
　②貿易制限（鎖国制）のため商人は国内市場開拓に力を注いだ。
　③年貢（税金）を米で納めたため、換金用の流通米が増えた。
　④江戸に各地の大名政府が出張所を置いた。その結果、江戸が都市として拡大し、また大名が江戸と地元を往復することにより、江戸—地方間の流通が発展した。
　こうした制度の下で流通は発展を促されたが、その際、日本経済の重心は西に偏り気味であった。現在は東京一極集中と言われることが多い。政治・経済・文化と何かにつけ東京が隔絶した地位を占めている。しかし、江戸時代ははそうではなかったのである。
　一般的にいって、西日本の経済力は東日本に比べて高く、市場性が高い特産物が豊富であった。「東高西低」ではなく、「西高東低」と言ってよいかもしれない。そして、その核になったのが京都や大阪などの諸都市であった。
　西日本において都市として確立していたのは、平安時代からの伝統を持つ京都であった。江戸時代の初めより何十万人に及ぶ人口を抱え、高度な手工業生産品を生み出すことができる技術力を備えていた。それとともに、大商人も多く所在し、江戸時代の初めにおいては日本の最大都市であった。
　その後、大阪が台頭することになる。もともと大阪は、豊臣秀吉による1580年代の大阪城建設が契機となり、大きく発展した。それまでも都市的空間として存在していたが、築城以前に比べると格段に規模が拡大したのである。さらに、江戸時代に入り大阪は京都に対し優勢になっていった。というは、年貢米

第5章　瀬戸内流通の足跡　75

の流通が盛となった江戸時代においては、海に面した大阪の方が有利であったからである。そのため1600年代の半ばになると大阪は京都に対抗する商業都市に成長を遂げ、1700年代に入ると「天下の台所」として確立した。その後、豊臣政権から徳川政権へ移行した後も都市として発展が続いた。人口は最盛期で約40万人に上ったと言われている。

　京阪を核とする西日本は、その経済水準も高かった。下の表5-3は江戸時代初めの各地の特産物数を数え上げたものである。特産物とはある地域特有の生産品で、他地域でも販売できる魅力をもった商品のことである。したがって、「特産物の多さ＝地域経済の強さ」となる。

　ここで1点付け加えておきたい。この表の元になったデータについてであり、このことは先の歴史学の方法に関連する。

　江戸時代の初めごろに今日のような統計や報告書はもちろんない。仮にあったとしても、今日まで無事であることは非常に難しい。

　そこで歴史学の先達は、当時出版された「俳句マニュアル」を用いた。つまり、このマニュアルには俳句に使える各地の特産物がリスト化されていた。それを集計すれば日本全国における特産物の分布状況が分かる。要するに、文学用の書物を経済情報に転用したのである（ちなみに、その正式な書名は『毛吹草』〈松江重頼著〉である。岩波文庫に収められているので、簡単に見ることができる）。

　とはいえ、その情報を信頼できるか不安が残る。しかし、結論的には以下の2つの理由から大きな間違いはなさそうである。

　1つは著者（松江重頼）が京都で旅館経営の経験を持っていたことである。三大都市の1つの京都で地方の宿泊客に接してれば、各地の情報を入手する機会には恵まれていただろう。

　もう1つは本書が好評だったことである。1645年の発売以後、何度か再発売されていたようである。間違いが多ければ評価も得られず、一度きりで終わっていただろう。

　このように、表5-3の元になった情報に大きな

表5-3　特産物の分布

地　域	特産物数
東日本	542
西日本	1,265

誤りや問題はなかったとするのが自然なのである。

歴史学の方法に関わって横道にそれたが、実際に表5-3を見るとどのようなことが分かるだろうか。

はっきりしているのは西日本の特産物の多さである。ここで東日本とは東海地方―北陸地方より東の地域を指しているが、その特産物は西日本に比べてはるかに少ない。それだけ西日本の経済水準が高かったことを示している。

表5-4 大都市特産物

都市名	特産物数
京　都	287
大　阪	36
堺	37
奈　良	41
江　戸	7
長　崎	23

この点をさらに確かめるため、次に表5-4によって主要都市の特産物を比較してみよう。元になった情報は先と同じである。

やはり傾向は予想通りで、かつ明白である。平安時代からの伝統をもつ京都、奈良時代からの伝統をもつ奈良など西日本都市の優勢は明らかである。それに比べて江戸はまったく取るに足らない（江戸・大阪がさほど多くないのは、この江戸時代初期にはまだ新興都市だったため）。いずれにせよ、西日本の圧倒的優位は間違いないところであろう。こうした状態はその後、徐々に変化していくことになるが、その基本構造は江戸時代を通じて本質的には変わらなかったのである。そこで全国の流通の中心となったのが大阪である。

表5-5は1736年に大阪へ販売された商品のうちの上位5品である。右側にはそれぞれの出荷地を記している（なお、こうしたデータが毎年残されているわけではない。出荷地も分かるデータは江戸時代の大阪に関してはこれぐらいしかない、といえるほど貴重である）。またこれらの商品は、いずれも米や材木といった農産物、林産物と紙などの軽工業品である。このことは先に述べた江戸

表5-5　大阪への入荷商品の出荷地（1736年）

順位	商品	東北	関東	中部	近畿	中国	四国	九州
1	米	○		○	○	○	○	○
2	材木	○		○	○	○	○	○
3	紙	○	○	○	○	○	○	○
4	白木綿				○	○	○	○
5	掛木				○		○	○

時代の経済構造から考えても違和感はないだろう。

この表から分かるように、大阪の商圏は非常に広い。とりわけ近畿、中国、四国、九州から出荷されていたことが分かる。

これは瀬戸内海の流通と強く関係する重要な事実である。つまり、西日本各地からの商品は海上を運ばれていたから、瀬戸内海がそのルートになっていたのである。瀬戸内海は「天下の台所」大阪につながる大動脈だったのである。

とはいえ、瀬戸内海がすぐさま大動脈になったわけではなかった。その背後には海路の整備があった。「西廻り航路」の成立である。

江戸時代前期の1670年代、徳川政府は各地の年貢米輸送の安全を図るため海路を整備した。このことが海上輸送の発展を飛躍させた。というのも、当時、米などの重量荷物の輸送は船に頼らざるを得なかったからである。船は沈むと商品がすべて失われ、大損害となる難点がある。徳川政府は実際には委託した河村瑞賢という商人が、輸送船の安全航行のため、海路において目印や避難港を整備し、難船を防ぐ対策を講じたのであった。

こうした中央政府の施策により、日本海側―瀬戸内―大阪の流通経路は大きく変わった。つまり、それまで日本海側の各地の商品は、日本海⇒敦賀・若狭港（現：福井県）⇒琵琶湖⇒京都・大阪という、本州横断経路を通っていた。この場合、途中で何度も商品の積み下ろしをしなければならず、そのたびに痛みと費用が発生して割高になった。それでも海路が危険だったため、やむを得ずこの本州横断ルートが選択されていたのである。しかし、西廻り航路が整備されて以降、日本海⇒瀬戸内海⇒大阪という、距離的には長いが単純かつ安全な輸送路が利用可能となったのである。

こうした経路の変化は港町に大きな影響を与えた。すなわち、それ以前の敦賀・若狭は地の利を活かし、商品の積み替え港として栄えていた。しかし、西廻り航路の発達で商品は素通りしがちになった。その結果、取り扱い量が激減することとなった。このことは敦賀商人と敦賀という町の衰退を引き起こした。

他方、商品輸送量が増えた瀬戸内海はその後も発展を遂げた。江戸時代の後半に入ると「天下の台所」大阪への大動脈であるだけでなく、大阪を脅かすほど成長が見られた。

表5-6 大阪市場への入荷量の変化

商　品	移入量	対1804～30
年貢米	150万石	減　少
塩	99万俵	減　少
炭	182万俵	減　少
木綿	300万反	減　少
蝋	6万丸	減　少
紙	8万丸	減　少
藍	4万丸	増　加

　それを確認するため、まず表5-6を見よう。これは1840年の大阪への主要商品入荷量を示している。米、塩、炭などは生活必需品である。また衣料素材の木綿と染料の原料の藍や、紙なども消費生活と関係が深い商品である。
　ここでは大阪入荷量の長期的な傾向を見よう。そのため、1804～1830年の入荷量と比べた時の増減を右の欄に記した（1736年のデータと同様に、これらの数字も毎年あるわけではない。研究者による調査の結果発見されたものである）。
　ここに明らかなのは大阪入荷量の減少である。「天下の台所」大阪は江戸時代の終わりごろになると衰えを見せ始めていたのである。
　徳川政権はこの大阪の衰退に頭を悩ませていた。というのは、江戸に拠点を持つ徳川政権としては大阪⇒江戸というルートを確保することで江戸の消費生活が保てる。それができなければ社会不安が生じ、政権が揺らぐのである。
　そこで徳川政権ではその原因を探るため調査を行った。1842年に報告書が作成されている。その中で瀬戸内の流通にも次のように触れられている（現代語抄訳）。

① 大阪は全国第一の取引場所である。大阪商人は全国から商品を購入し、全国に販売している。大阪は扇の要の位置を占めており、大阪の商品価格が全国の基準になっている。
② しかし大阪向け商品を瀬戸内商人たちが途中で買い取り始めた。こうしたことが大阪から遠く離れた瀬戸内海西端だけでなく、大阪近辺の港でも行われている。瀬戸内商人たちは大阪商人に対抗するため高値を付けている。そのため自然に大阪の価格が上昇し、さらに全国の価格も高騰している。
③ 今後は大阪向け商品の途中の買い取りは禁止すべきである。必ず大阪商人に販売し、大阪商人から購入するようにすべきである。そうすれば大阪向け商品が増加して大阪価格が下がり、全国の価格も下がることになるだろう。

　つまり、瀬戸内商人の活動が大阪商人に打撃を与え、このことは全国経済へ

も影響を与えたのである。そのため徳川政権は瀬戸内商人の活動を抑えるよう動かざるを得なかった。江戸時代の後半になると、瀬戸内商人たちは大きく成長し、資金・輸送船・情報といった商品取引に必要な条件をかなりの程度そなえるようになっていた。それぞれが拠点を置いた港町もそれに対応した形で発展したと考えられるのである。

　以上で見てきたように、江戸時代には工業化は発展途上だったが、流通は発達していた。全国流通の中心の大阪に集まる商品の多くが瀬戸内海経由で運ばれていた。そして、江戸時代の終わりごろになると、瀬戸内海は単なる通路ではなく、大阪の脅威となるような商人が活躍する空間となったのである。

5．瀬戸内地域の港町—兵庫県を中心に—

　兵庫県には瀬戸内流通の足跡を示す港町が少なくない。栄枯盛衰の結果、これらの中には現在では余り目立たなくなっている地域もあるが、それらもとりあげることにしよう。

1）兵庫（現：神戸市兵庫区）

　江戸時代の兵庫の町は現在の神戸市兵庫区にあたる。歴史的には元町や三宮がある中央区よりも兵庫区の方に重みがあった。

　兵庫の強みはやはりその港にあり、大阪にも負けていなかった。というのも、大阪の港は大河川が運ぶ砂が堆積し水深が浅かったため、大型船の入港が難しかったからである。沖で一旦小船に積み替えなければならなかった。それなら兵庫で小船に積み替えてもさほど変わらなかった。そうなると自然と兵庫にも商品が集まるようになる。

　このことは比較的簡単に知ることができる。兵庫の和田神社には1854年に造られた石灯籠（石製の照明器具）がある（図5-1参照、眞野修「和田神社の石灯籠」『歴史と神戸』196号、1996年）。これを協力して奉納した人たちの居住地と名前が石灯籠に彫られており、それらは地元の兵庫商人のほか、江戸商人や尾州（現：愛知県）船主、浦賀（現：神奈川県）商人からなっていた。

また船人が尊崇する金毘羅山（香川県）の玉垣（石製のかこい）も兵庫商人の商圏を示している。すなわち、紀州（現：和歌山県）・勢州（現：三重県）・江戸・大阪商人らと共に玉垣を寄付しているのである。このことは兵庫商人の重要な取引相手がこうした地域に広がっていた事実を示しているのである。

そうしたこともあり兵庫の人口はかなり多かった。17世紀の半ばごろで約1万3,000人だった。その後はほぼ2万人で推移している。

住民の構成はどうのようになっていたか。1720年代ごろのデータがあるので、表5-7によって兵庫の町の特徴を確認してみよう（ただし、このデータは兵庫住民の一部でしかない点は注意されたい）。

まず目に付くのは2,000人以上に上る水主（水夫）の存在であろう。そして船大工も多い。それだけ兵庫にとって海上輸送が重要であったことが分かる。これらより人数はずっと少ないが、より重要なのが船問屋である。船持ちと問屋の兼業と考えられる彼らこそが兵庫の流通の中核であった（百姓の数字が上がっているのは、周縁部に農村的な地域があったため）。

これらの他に酒屋と樽屋、旅籠屋なども少なくない。このことから、商品だけでなく、人の往来も頻繁だったようである。実際1790年代には『摂津名所図会』という旅行ガイドブックが好評だった。なお本書は「摂津」（およそ大阪から兵庫までの地域）の名所や名産を紹介したものである。

他に旅行日記も旅先の様子が記されていて資料価値が高い。地元の人がいちいち記録しないことでも、旅人は詳細にその見聞を記すからである。

たとえば江戸から長崎に向かったある画家（司馬江漢）も旅行日記をつけていた（『江漢西遊日記』）。1788年のことで、途中で兵庫にも立ち寄っている。

その旅行日記から、当時の兵庫の観光名所が分かる。実

表5-7　兵庫の住民構成（人）

百　姓	230	漁　師	210	水　主	2,393	木　挽	36
屋大工	63	船大工	162	鍛　冶	66	樽　屋	50
船問屋	76	酒　屋	40	旅籠屋	31	本　陣	5

図5-1

際彼は兵庫の宿を足場にして、清盛塚（平清盛の供養のため1286年に立てられた）や楠寺（広厳寺の俗称、楠木氏の伝承が多い）、かつて平清盛が防波堤として築造した人工島（「経の島」）などを見物している（いずれも神戸市兵庫区）。そのほか布引の滝（新神戸駅北、平安時代から名所として歌に詠まれた。神戸市中央区）や五色塚（300年代〜400年代の兵庫県最大の前方後円墳、神戸市垂水区）などへも足を伸ばしている。

もう1つ旅行日記を紹介しておこう。こちらはある佐渡島（現：新潟県）の商人が1813年に兵庫を訪れた際のものである。先の画家と同じく寺院見物のほか街中も巡っている。以下はその際の記述である（原文を現代語抄訳した）。

> 兵庫の鍛冶町へ行くと、大きな問屋があった。建物も非常に大きく、賑やかに見える。常に船乗りやそのお客さんが居て忙しそうで、問屋の従業員も息つく暇が無い様子である。

佐渡出身の商人にとっては賑わう問屋の店先さえも物珍しかったようである。外に、先の役人と同じく清盛塚、人工島、布引の滝を見物している。なお案内役を買って出た少年は、お客の彼を置いて布引の滝の滝つぼで滝に打たれたり、泳いだりしていたことも記されている。

このように兵庫が流通拠点であると同時に、定番の観光スポットを持つ行楽地でもあった。旅行者は由緒ある寺院や史跡のほか、自然や店舗の賑わいを楽しんだのである。兵庫の都市としての成熟振りを窺うことができる。

2) 高砂（現在高砂市）

高砂は加古川の右岸河尻の港町として栄えた。中心部に東西約700 m、南北約650 mの市街地を持っていた。

図5-2から分かるように、町の中心部分は計画的に沿って内部が碁盤目状に区分けされている。17世紀末の時点で29の町があった。図5-2の右側の東浜町や今津町は「物流センター」で、ここには船着場や荷上場、倉庫などがあった。そこから内部に入った北本町・南本町に一般商人の多くが集まっていた。彼らは商店街を形作っていた。この2つの地域を基本に、少し南に下がると漁師の猟師町、西へ行くと職人の細工町などがあった。このようにそれぞれ特徴を持った地域がまとまって高砂の町を構成していたのである。

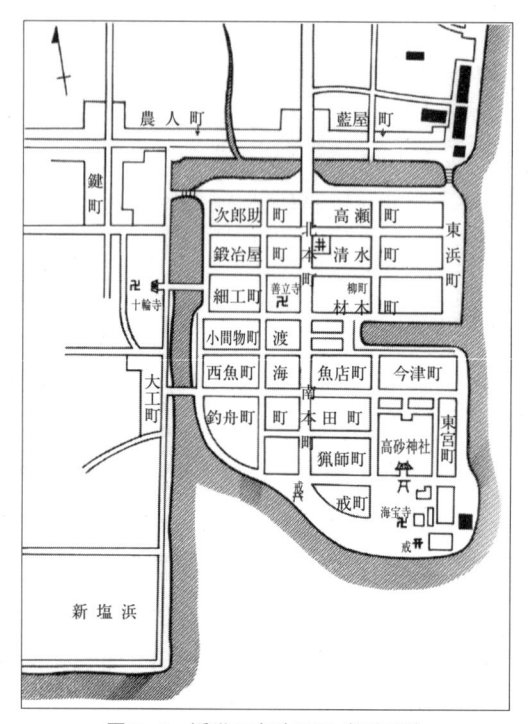

図5-2 近世の高砂町図（元禄期）
（出所：山本徹也『近世の高砂』高砂市教育委員会、1971年、p.7）

　次の表5-8には1773（安永2）年の高砂の戸数を職業別に分けて示している。この年の高砂の人口は合計8,097人（男4,261人、女3,836人）、戸数は約2,000軒であった。

　その内訳から高砂の特徴が分かる。まず目を引くのが船持や「水主（船頭）」などの海運関係者である。実際、高砂の船主の所有船は合計で405艘とかなりの数である。これは船を所有できる富裕層が町にいたことの証拠である。彼らが町でお金を使うことで町全体が潤ったであろう。ほかに商人が190人、職人が163人とかなり多数に上っている点も見逃すことができない（この職

表5-8　職業別戸数（1773年）

船 持	303	漁 師	115
百 姓	192	船 員	96
商 人	190	医 師	14
職 人	163	合 計	1,072

※店借864

人のうち半分近くは船大工だった)。他方、漁師も少なくない。このことから、高砂は漁港としての性格ももっていたことがうかがえる。他に「店借」が864軒もいるが、これは家を借りて住んでいた庶民層である。恐らく港で船荷の上げ下ろしの作業に従事する労働者などであろう。港町である高砂に「百姓」がいるのはやや不思議に思えるが、これは高砂の周縁部が農村的な部分であったことによるものである。

つまり高砂の町は商業港、漁港、農村という3つの顔を持ちながら、港町として存在していたのである。

兵庫県最長の河川である加古川と高砂は結ばれており、さまざまな商品が運ばれてきた。

上流からの商品としては米が多かった。これらは年貢米であり、大阪などへ船で運ばれ売却されることが多かった。

しかし、地元で売却されることもあった。当時、高級酒の産地だった伊丹の業者が購入することもあった。恐らく酒米として使用されたのであろう。米以外の荷物には材木や炭などの林産物、木綿などの農産物があった。材木の中には奈良の神社に用いられるものなどもあった。

高砂から上流へ向かっては塩や肥料が運ばれた。塩は生活必需品であり、上流では生産できない。肥料は木綿などを生産するさいに必要とされていた。ほかには農具・海産物などがあった。

高砂の商圏はさらに広かった。このことは意外なものを通じて、簡単に知ることができる。

写真5-1は高砂神社(図5-2参照)の玉垣である。神社の周りにはこのように石製の囲いがめぐらされている。それぞれには寄付をした人物の居住地と名前が刻まれている。風雨で痛んだものも少なくないが、読み取れるものもある。それらは例えば以下の通りである。

　　大阪―大津屋安太夫、大阪天満市場―森伊助、大阪堺筋―錫屋五兵衛、京都―鵜飼重兵衛、和州(和歌山県)―神谷氏、尾道(広島県)―木頭屋貞四郎、予州(愛媛県)―小松屋長右衛門、平戸早岐浦(長崎県)―加布里屋与次平、羽州(山形県・秋田県)―渡辺五平、津軽(青森県)―藤林源右衛門

年代は正確には分からないが、恐らく江戸時代であろう。寄付は大阪など関西のほか、中国・四国・九州や東北からも行われていた。なぜこれほど遠方から寄付があったのだろうか。

例えば最後に挙げている津軽の藤林源右衛門は船主と荷主の間を取り

写真5-1

次ぐ船問屋であった。同時に徳川政府の函館出張所や弘前藩の出入の商人でもあった。恐らく他の人物もそれぞれ地元の有力商人であろう。きっと彼らは高砂の「お得意さん」であっただろう。それは基本的には取引関係にあったと考えられる。つまり上の寄付者は高砂商人の取引先だったのであり、高砂の商圏はこのように非常に広大なものであったことになる。

3) 室津 (現：たつの市)

室津はかつて御津町の一部であったが、平成の大合併で今はたつの市である。地形的には三方を山に囲まれた入江の中は波静かで、江戸時代の帆船にとっては好都合であった。まさに700年代初頭の書物には「室（家）のように風を防いでくれる港（津）」と記された通りである。

江戸時代以前から港町として栄えていた。江戸時代になると、家臣と共に江戸へ向かう大名が海路から陸路へ代える場所となった（いわゆる「参勤交代」、一行が1,000人を超えることもあった）。1700年代初め頃の家数は558軒、人口が3,470人であった。

交通の要衝であった室津には海外の使節が訪れることもあった。オランダ商館の医師シーボルトが1826年に室津に滞在した際、その港について次のように記している。

　室の港は、東北に入り曲がっているせまい入江からなり、その背後に小さい室の町が広がっている…（その）小さいが暴風にさらされない港に、五〇隻以上の船が並んで停泊していた。

またその町の部分については以下のように述べている。

第 5 章　瀬戸内流通の足跡　85

室の通りはたいへん清潔というほどではないが、それはたくさんの皮革工場・酒の醸造、それからそこらをぶらついている多数の舟乗りたちのせいだと思う。これらがこの土地の主要な産業部門である。特別な組合の人が作る室の皮革と皮細工は、全国で有名である。

　室津は小さな町であるが、かつては地域に10余りあったそうである。この地域の商人たちがそれだけの経済力をもっていたのである。しかし、明治時代以降の変化が大きな痛手となった。それは新しい輸送手段である鉄道の路線から外れたことと、参勤交代の廃止である。これらにより港町としての重要性はかなり減じてしまった。とはいえ、写真5-2にあるように現在も港は生きており、たくさんの漁船が停泊している。
　ただし、こうした立ち遅れも悪いことばかりではない。時代の波に晒されることが少なかったため、江戸時代の全盛期の雰囲気がよく残されている。
　左の写真5-3は「魚屋」の屋号をもった室津の豪商の屋敷跡である。江戸時代には町人ながら苗字帯刀を許された特権商人であった。
　この屋敷跡は兵庫県の指定文化財でもある。現在は「たつの市立室津民俗館」として再生されている。ここでは室津の歴史や民俗に関連した資料の展示を見ることができる。このように活用しうる古い町並みが保存されていること自体重要であろう。

写真5-2　　　　　　　　　　　写真5-3

4) 坂越（現：赤穂市）

　室津から約7km西にもう1つの港町坂越がある。背後には千種川が流れており、その川べりには船着場があった。そこから500mほどの緩やかな「坂を越える」と坂越の港に出る。

　坂越も西廻り航路の整備をきっかけに寄港地として発展を遂げた。1600年代末において人口は2,000人であった。そして注目されるのは、この程度の人口2,000人の町に大型廻船が31艘もあったことである。これらは西廻り航路用の船で、外に小船が82艘に上った。江戸時代の前期から坂越が港町として確立していたことがわかる。

　また遠方から多くの廻船がやって来た。時期は離れるが、1776(安永5)年の4月12～21日の10日間の坂越への入船数は91艘に上った。その内訳は表5-9に示したとおりである。ごく短い期間にもかかわらず、四国・中国のほか九州からの入船も多い点が目を引く。また東海や山陰といった遠方からの入船もあったのである。

　こうした町の繁栄を支えたのが廻船問屋たちであった。そのうちの1軒が奥藤家である。1601(慶長6)年に清酒の製造を始め、その後は金融業や廻船業へと多角化を図った。1700年代初めには坂越を代表する廻船業者となった。

　同家の経営は非常に柔軟で躍動的であった。金融業では肥前地方（現：佐賀県）の大名へ貸し付けを行っていた。廻船業では、姫路で仕入れられた木綿を日本海側で販売し、帰り荷として米を購入して大阪や堺などで販売した。また日本海側へ向かう途中でも安い商品があれば急遽仕入れを行うなど臨機応変に対応していた。

表5-9　入船状況（1776年4月12～21日）

東海	1	四国	24
近畿	11	九州	24
中国	24	不明	5
山陰	2	合計	91

写真5-4　赤穂市坂越の町並み

奥藤家は創業から400年以上たった現在も坂越で清酒の製造業を営んでいる。坂越の町の入り口から海までを結ぶ坂越大道には同家の酒蔵の白壁など昔の面影が残されている。それと同時に、こうした地域の歴史遺産を活かすため町並みの整備が行われている（写真5-4参照）。

6．おわりに

　本章では瀬戸内海の港町の中で、兵庫県内に所在するものを取り上げた。まずは江戸時代の経済全体の構造について略述し、それを踏まえて各々に説明を加えた。
　いずれの地域も江戸時代には港町として個性を発揮していた。時代が変わり、今日では港町としての意味合いは薄れている場合が多い。しかし、その歴史遺産を活かしながら、地域の魅力を発揮するための工夫を重ねている。こうした地元の人たちの努力もあり、歴史について、本や映像で学ぶだけでなく、現地に足を運ぶことでより深く理解できるのである。

関係施設（最寄り駅・参考URL）
兵庫県：兵庫県立歴史博物館（JR姫路駅・http://www.hyogo-c.ed.jp）
兵庫：神戸市立博物館（JR三宮駅ほか・http://www.city.kobe.jp）
高砂：高砂市教育センター歴史民俗資料室（JR曽根駅・http://www.city.takasago.hyogo.jp）
室津：たつの市立室津海駅館・室津民俗館（山陽網干駅からバスで約20分・大浦停留所下車・http://www.muro-shimaya.jp）
坂越：坂越まち並み館・旧坂越浦会所・奥藤酒造郷土館（JR坂越駅・http://www.ako-sakoshi.org）

参考文献
流通史全般：
『大阪市史　第五』大阪市参事会編・発行、1911年
豊田武・児玉幸多編『大系日本史叢書　流通史Ⅰ』山川出版社、1969年

山口和雄『日本経済史』筑摩書房、1988年
石井寛治『日本経済史』東京大学出版会、1991年
石井寛治『日本流通史』有斐閣、2003年
桜井英治・中西聡編『新体系日本史12　流通経済史』山川出版、2002年
兵庫県：
『兵庫県史　第4巻』、『同　第5巻』兵庫県、1979年、1980年
神戸新聞出版センター編・制作『兵庫県大百科事典』神戸新聞出版センター、1983年
兵庫：
『新修神戸市史　歴史編Ⅲ近世』神戸市、1992年
斎藤善之『日本史リブレット47　海の道、川の道』山川出版、2003年
『ひょうごの港めぐり』兵庫県立歴史博物館、2009年
高砂：
山本徹也『近世の高砂―中継港としての性格と機能』高砂市教育委員会、1971年
室津：
『御津町史　第一巻』、『同　第三巻』御津町、2001年、2003年
ジーボルト著・斎藤信訳『江戸参府紀行』平凡社、1967年
佐藤利夫編『海陸道順達日記』法政大学出版局、1991年
坂越：
『赤穂市史　第二巻』赤穂市、1983年

（加藤慶一郎）

第6章

瀬戸内 —— 映画の舞台を訪ねて ——

1. 瀬戸内地域のフィルムコミッションとフィルム・ツーリズム

　「瀬戸内野球少年団」や「二十四の瞳」をはじめ、瀬戸内地域を舞台にした映画は古くから製作されてきた。2000(平成12)年からは、日本各地で映画やテレビドラマなどの撮影を支援するフィルムコミッションが設立され、瀬戸内地域における撮影も増えている。それに伴い、映像作品のロケ地を観光客が訪れるフィルム・ツーリズム（ロケ・ツーリズム、ロケ地観光）も注目されるようになった。

（1）フィルムコミッションの役割と目的
　フィルムコミッションとは、映画やテレビドラマ、旅番組、情報番組、コマーシャルなどの撮影を誘致し、支援活動を行う非営利組織のことである。フィルムコミッションのほとんどは県や市などの自治体、観光協会やコンベンション・ビューローなどの外郭団体、あるいは商工会議所や青年会議所などの団体の中に設置されている。
　フィルムコミッションは、製作者が探しているロケ地の情報や、撮影の際に必要となるさまざまな情報を提供する。撮影にどんな許認可が必要なのか、それはどこへ申請する必要があるのか、撮影する場合にどんな条件や制限があるのか、使用料が発生するのか、使用料はいくらなのか、ロケ地の近くにロケバスや機材車を駐車する場所はあるのか、周辺に宿泊施設はあるのか、移動時間

はどのくらいかかるのか。こうした情報は、その地域の関係者にしか分からないものが多い。

　さらに、撮影を支援するためにロケの候補地である施設の管理者との交渉、地域の住民への協力要請、ロケーション・ハンティング（ロケハン）や撮影の立ち会い、市民エキストラの登録管理まで行なっているフィルムコミッションもある。

　フィルムコミッションがこうしたサービスを無料で提供する目的は、ひとことでいえば「地域振興」である。製作者が長期に渡って滞在すると、宿泊や飲食などの経済効果がある上に、風景や街並みが映像に映れば、情報発信ができる。また、作品がヒットすれば、大勢の観光客がロケ地を訪れる可能性がある。ほかにも、映像文化の振興、雇用の創出、住民の地元に対する誇りの醸成など、さまざまな効果が期待できるといえる。

（2）瀬戸内地域のフィルムコミッション

　2009（平成21）年現在、日本には北海道から沖縄まで、100以上のフィルムコミッションがある。瀬戸内海に面した地域だけでも20以上のフィルムコミッションおよび同様のサービスを提供している民間企業があるが、本章ではその中の、兵庫県、岡山県、広島県、愛媛県、香川県を対象とする（図6-1参照）。

（3）フィルムコミッションと観光

　フィルムコミッションの母体の多くが観光関連の団体や部署であることからも分かるように、フィルムコミッションは支援した映像作品のロケ地を新たな観光資源と位置づけて、集客に活用している。観光施設がない場所であっても、映画やドラマのロケ地という付加価値がつくことによって、たとえば単なる「美しい風景」から「特別な意味を持つ美しい場所」へと変わり、フィルム・ツーリズムの対象になるのである。

第 6 章　瀬戸内 —— 映画の舞台を訪ねて —— *91*

せとうちフィルムコミッション
岡山県フィルムコミッション連絡協議会
倉敷フィルム・コミッション
笠岡諸島フィルムコミッション
ふくやまフィルムコミッション
おのみちフィルム・コミッション
フィルム・コミッションみはら
呉地域フィルムコミッション
広島フィルム・コミッション

播州赤穂フィルムコミッション
姫路フィルムコミッション

香川フィルム・コミッション
淡路島フィルムオフィス
わかやまフィルム・コミッション
ひょうごロケ支援Net
神戸フィルムオフィス
JR本四高速ロケーションサービス
今治地方フィルム・コミッション
えひめフィルム・コミッション

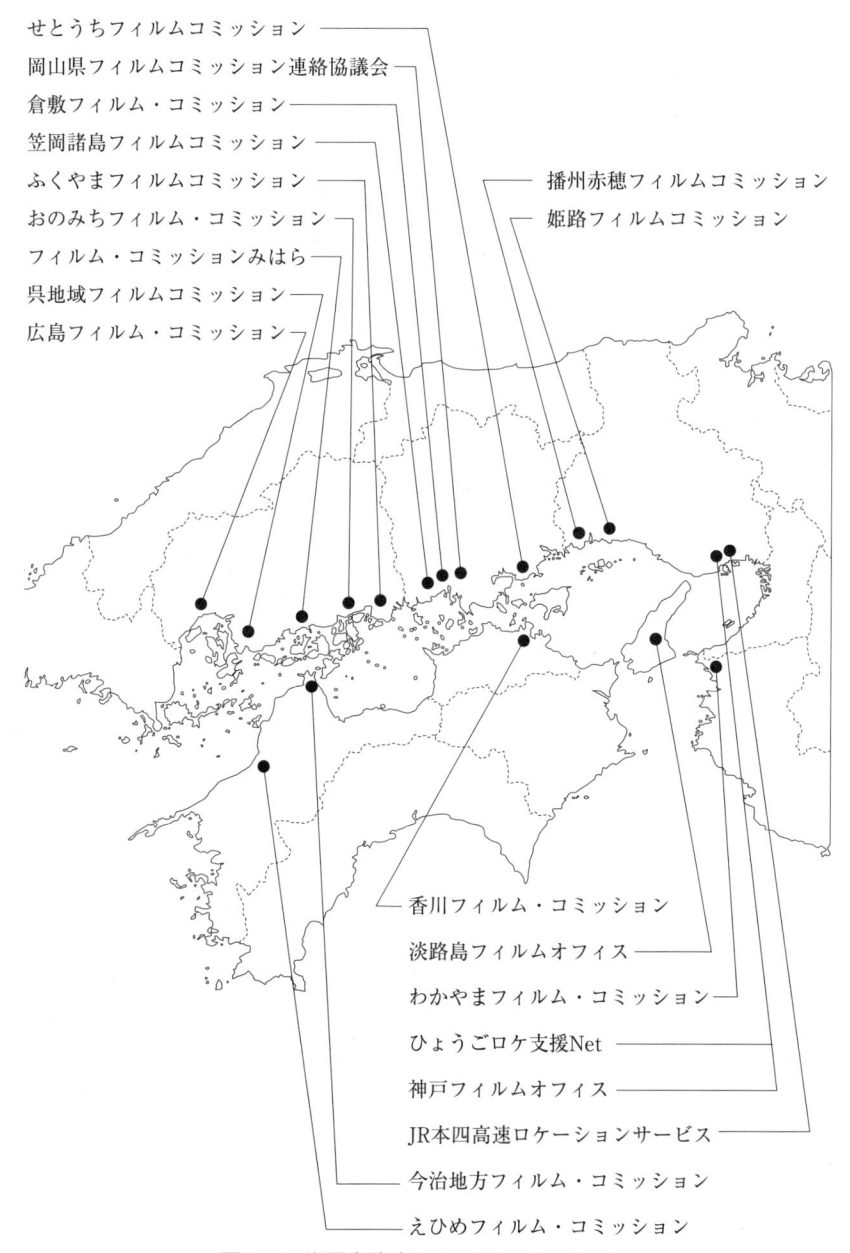

図 6-1　瀬戸内地域のフィルムコミッション

2. 瀬戸内地域で撮影された映画

わが国ではじめてフィルムコミッションが誕生した2000(平成12)年以降、瀬戸内地域においても、数多くの映画が撮影されている。

(1) 兵庫県で撮影された映画

兵庫県には、神戸フィルムオフィス、姫路フィルムコミッション、きのさきフィルムコミッション、淡路島フィルムオフィス、丹波篠山フィルム・コミッション、播州赤穂フィルムコミッション、三木フィルムコミッション、ひょう

表6-1　兵庫県の瀬戸内地域のフィルムコミッションと主な映画

地域	フィルムコミッション	主な映画
兵庫県	ひょうごロケ支援Net	「クローズZERO」「神様のパズル」「僕の彼女はサイボーグ」「火垂るの墓」「悲しいボーイフレンド」
兵庫県神戸市	神戸フィルムオフィス	「走れ！イチロー」「GO」「リターナー」「きょうのできごと」「あずみ」「ゴジラFinal Wars」「あずみ2」「交渉人真下正義」「陽気なギャングが地球を回す」「呉清源」「ありがとう」「ハリヨの夏」「天使の卵」「ウルトラマンメビウス&ウルトラ兄弟」「初雪の恋〜ヴァージン・スノー」「おばちゃんチップス」「ALWAYS続・三丁目の夕日」「クローズZERO」「神様のパズル」「僕の彼女はサイボーグ」「Sweet Rain 死神の精度」「火垂るの墓」「新宿インシデント」
兵庫県姫路市	姫路フィルムコミッション	「リターナー」「ラストサムライ」「風のファイター」「隠し剣鬼の爪」「透光の樹」「大奥」
兵庫県淡路島	淡路島フィルムオフィス	「花の袋」「火垂るの墓」「火天の城」
兵庫県赤穂市	播州赤穂フィルムコミッション	「BALLAD」

ごロケ支援Netの8つのフィルムコミッションがある。このうち、ひょうごロケ支援Netは、県内の7つのフィルムコミッションおよび35の市町、JB本四高速ロケーションサービス、加古川FC設立準備会、(社)ひょうごツーリズム協会で構成されるネットワークであり、兵庫県産業労働部観光・国際局の観光振興室に事務局がある。

　瀬戸内海に面した地域にある兵庫県内のフィルムコミッションは、ひょうごロケ支援Netを含めて5つ。合わせてこれまでに30本以上の映画の撮影を支援してきた（表6-1参照）。

　たとえば、兵庫県内で全編を制作した映画「火垂るの墓」では西脇市の秋谷池および西脇小学校と倉庫、加東市の滝野工業団地、姫路市の清瀬元国会議員生家、加西市の神戸大学農学部付属食資源教育研究センター、加古川市のニッケ社宅、南あわじ市の吹上浜、三木市の民家、宝塚市の旧松本邸、そして神戸市の旧二葉小学校と神戸大学武道場で撮影が行われた（図6-2参照）。

　作品の設定は1945年の神戸市と西宮市で、当時の街並みはほとんど残っていないものの、当時から残っている家屋や施設が県内の他市にあったことで全編兵庫ロケが実現した。また、ひょうごロケ支援Netは、映画の公開とキャンペーンに合わせて県内各所にて映画のパネル展を開催。試写会や映画公開日の監督およびキャストによる舞台挨拶も行われた。

　県内で最も多く映画が撮影されているのは神戸市だが、古い建物が多く保存されていること、大都市であること、アクセスが良いこと、街並みがおしゃれで美しいこと、須磨海岸や六甲山など自然が豊富であることに加えて、警察や市などが協力的であること、市民の撮影に対する理解度が高いことなどが、多数のロケを誘致できた理由である。神戸フィルムオフィスでは、2000年の設立以来、50本以上の映画やテレビドラマの撮影を支援しているが、主な作品の内容とロケ地を紹介している「神戸ロケ地ガイド」（図6-3参照）を作成し、映像文化の振興と神戸の魅力のPRに役立てている。

　神戸で撮影された映画で特に話題になったのは、市の中心街の道路と交差点を封鎖して大々的な撮影が行われた「僕の彼女はサイボーグ」（写真6-1参照）、神戸市中央卸売市場本場や長田区内の商店街の全面協力を得て撮影された「ク

図6-2 「火垂るの墓」ロケ地マップ

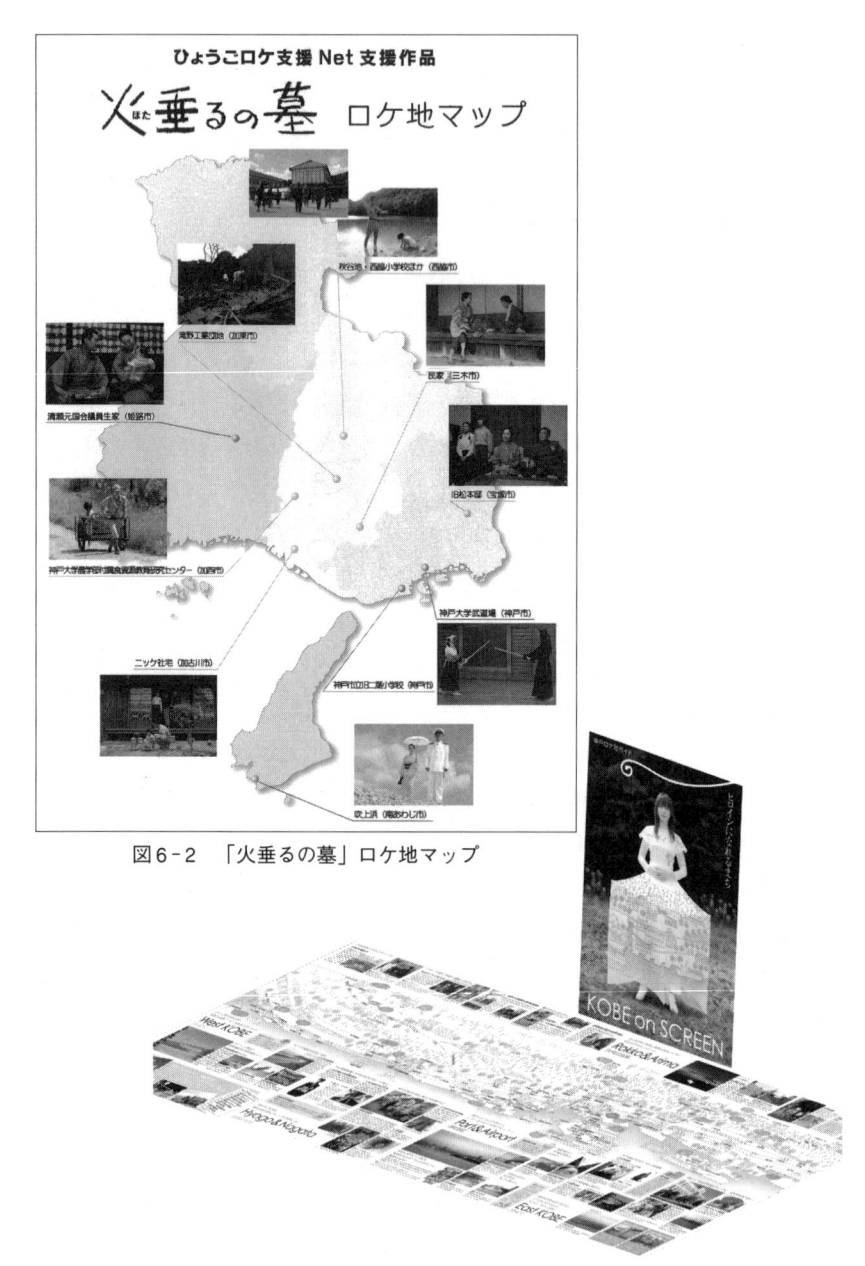

図6-3 神戸ロケ地ガイド

第6章　瀬戸内 —— 映画の舞台を訪ねて ——　95

ローズZERO」、市街地で連日雨降らしのシーンを撮影した「Sweet Rain 死神の精度」など。最近では、ジャッキー・チェン主演の映画「新宿インシデント」の約3割が神戸で撮影されて話題になった（写真6-2参照）。

　わが国ではじめて地下鉄の線路内での撮影を実現した「GO」や、約2週間に渡って深夜に地下鉄の車両やホーム、さらに車両基地を使って撮影された「交渉人 真下正義」もフィルムコミッションなしでは撮影不可能だったと高い評価を得ている。

写真6-1　神戸市旧居留地での「僕の彼女はサイボーグ」の撮影風景

写真6-2　神戸市ハーバーランドでの「新宿インシデント」の撮影風景

写真6-3　姫路市書写山円教寺での「ラストサムライ」の撮影風景

　市街地での撮影に定評のある神戸だが、港町ということで、映画とテレビドラマの撮影件数を合わせると、やはり港での撮影が最も多い。天然の砂浜が続く須磨海岸も人気があり、「ホームレス中学生」や「ハリヨの夏」といった映画が撮影された。

　一方、姫路市では、ハリウッド映画「ラストサムライ」の一部が書写山の円教寺で撮影されて話題になった（写真6-3参照）。直接経済効果も1億円以上あり、ハリウッド映画のスケールの大きさを見せつけた。また、世界遺産であり、国宝・重要文化財でもある姫路城で撮影ができることから、「大奥」をはじめとする時代劇の支援も多い。

　ほかにも、淡路島で「火天の城」のオープンセットが建設されて撮影が行われたり、赤穂市で「BALLAD」の撮影が有年大池と長谷池の周辺で行われるなど、兵庫県内での映画撮影は増加している。

（2）岡山県で撮影された映画

　岡山県には、笠岡諸島フィルムコミッション、倉敷フィルムコミッション、たかはしフィルム・コミッション、にいみフィルム・コミッション、みまさかフィルム・コミッション、瀬戸内フィルム・コミッション、そうじゃフィルムコミッション、そして岡山県フィルムコミッション連絡協議会の8つのフィル

第6章　瀬戸内 ── 映画の舞台を訪ねて ── 97

ムコミッションが設立されているが、このうち、瀬戸内海に面している地域のフィルムコミッションは4つである。

　岡山県内で撮影された主な映画は、「釣りバカ日誌18ハマちゃんスーさん瀬戸の約束」「バッテリー」(写真6-4参照)、「DIVE!!」(写真6-5参照)、「ぼくとママの黄色い自転車」(写真6-6参照)など。岡山県フィルムコミッション連絡協議会が発行した「岡山ロケ地マップ」(図6-4参照)では、県内で撮影された映画やテレビドラマが地図と共に詳しく紹介されている。

写真6-4　高梁市役所駐車場での「バッテリー」の撮影風景

写真6-5　倉敷市児島マリンプールでの「DIVE!!」の撮影風景

写真6-6　岡山市新岡山港での「ぼくとママの黄色い自転車」の撮影風景

図6-4　岡山ロケ地マップ

(3) 広島県で撮影された映画

　広島県には、瀬戸内海に面しているおのみちフィルム・コミッション、呉地域フィルムコミッション、ふくやまフィルムコミッション、フィルム・コミッションみはら、そして広島フィルム・コミッションの5つのフィルムコミッションと、少し内陸に位置する備後ふちゅうフィルム・コミッションの合わせて

6つのフィルムコミッションがある。

　尾道は小津安二郎監督の「東京物語」をはじめ、大林宣彦監督の尾道三部作、「転校生」「時をかける少女」「さびしんぼう」などが撮影されたことで、以前から映画の街として有名であったが、おのみちフィルムコミッションが設立されてからも、「男たちの大和／YAMATO」や「石内尋常高等小学校　花は散れども」といった作品が撮影されている。

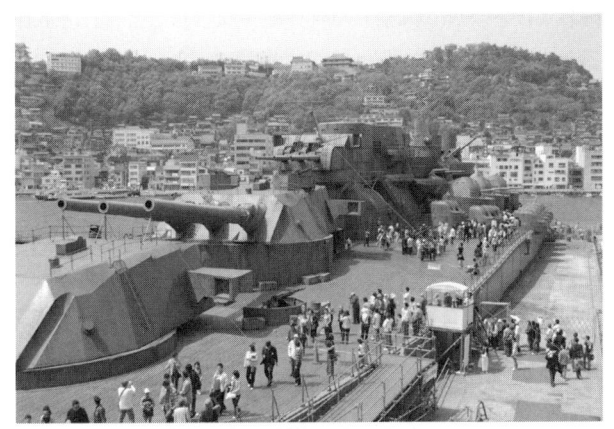

写真6-7　尾道市で一般公開された「男たちの大和／YAMATO」のロケセット

写真6-8　呉市アレイからすこじまでの「男たちの大和／YAMATO」の撮影風景

特に「男たちの大和／YAMATO」では、実物大の戦艦大和の前半分部分を再現した全長約190ｍ、幅約40ｍのロケセットが、撮影終了後に一般公開されて話題になった（写真6-7参照）。2005（平成17）年7月から約10か月の間にロケセットを訪れた観光客は、約100万人。大きな集客効果をもたらした。

呉市でも、映画「男たちの大和／YAMATO」の撮影が大和ミュージアム、長迫公園（旧海軍基地）、アレイからすこじまなどで行われた（写真6-8参照）。

また、映画およびドラマ「海猿」のロケ地となったことで、海上保安大学校、両城の200階段（写真6-9参照）、呉中央桟橋ターミナルなども人気スポットになっている。

広島市では、多数の賞を受賞している漫画を映画化した「夕凪の街 桜の国」（写真6-10参照）をはじめ、「天然コケッコー」「父と暮らせば」「石内尋常高等小学校」など、多くの作品が広島フィルムコミッションの支援を受けて撮影されており、市内で観光客を対象に行ったアンケートでは、約10％が「映像を見て訪れた」と答えている。

写真6-9　「海猿」の撮影が行われた呉市両城の200階段

第6章 瀬戸内 —— 映画の舞台を訪ねて —— 101

写真6-10 原爆ドームを背に相生橋を渡る田中麗奈さん、中越典子さん、「夕凪の街 桜の国」製作委員会

　また、福山市では、映画「大帝の剣」がふくやまフィルムコミッションの支援を受けて撮影されているほか、もともと映画「座頭市」の宿場町シーンの撮影のために作られたオープンセットが残されている「みろくの里セット村」で映画「あずみ」などが撮影されている。

(4) 愛媛県で撮影された映画
　愛媛県には、えひめフィルムコミッションと今治地方フィルムコミッションがある。映画「船を降りたら彼女の島」（写真6-11参照）は、愛媛県と県内主要企業などが出資して愛媛県内で作った作品で、ロケ地となった「大三島ふるさと憩いの家」には、撮影時のセットが残されているほか、資料も展示されている（写真6-12参照）。
　香川県で撮影された映画というと、「二十四の瞳」が有名であり、小豆島の「二十四の瞳映画村」は観光地として知られているが、高松市庵治町を中心に撮影された映画「世界の中心で、愛をさけぶ」は、観客動員数620万人を記録。映画公開直後から日本中の若いカップルが王の下沖防波堤（写真6-13参照）をはじめとするロケ地を訪れ、香川県高松市に大きなフィルム・ツーリズムをもたらした。高松市ではガイドマップを作成し、市内各所に看板を立てただけで

写真6-11　松山市野忽那島の皿山での「船を降りたら彼女の島」の撮影風景

写真6-12　今治市の「大三島ふるさと憩いの家」に残されている「船を降りたら彼女の島」のセット

なく、写真館のロケセットも庵治文化館の管理棟として復元（写真6-14参照）。現在も多くの観光客が訪れている。

　映画「UDON」も大部分が香川県で撮影されており、丸亀市にある宮池のオープンセット跡にはロケ記念柱が立っている（写真6-15参照）。また、丸亀市内のレジャーランド「NEWレオマワールド」には、「UDONミュージアム」があり、撮影セットが再現されている。

第6章　瀬戸内 —— 映画の舞台を訪ねて —— 103

写真6-13　映画「世界の中心で、愛をさけぶ」が撮影された高松市の王の下沖防波堤

写真6-14　写真館のロケセットを復元した高松市の庵治文化館

写真6-15　丸亀市の映画「UDON」オープンセット跡

3. 今後の課題

　毎年約400本の邦画が公開されているが、制作者や俳優のほとんどが首都圏に住んでいるため、撮影は関東で行われることが多い。地方に撮影を誘致するためには、作品に合ったロケ地があるだけでなく、撮影環境が整っていることが重要である。アクセスが良く、地域の協力があり、低価格の宿泊施設があるなど、複数の条件を満たせるようになれば、瀬戸内地域における映画の撮影も増えていくと思われる。

（田中まこ）

第7章

瀬戸内の地域活性化と地域産業

1. 企業活動と地域の関わりについて

　本章では、われわれが豊かな瀬戸内を次代に承継する枠組みを、地域産業との関わりで述べていきたい。

　「豊かさ」を論じるとき、色々な視点がある。一般的な豊かさは経済的な側面から語られる場合が多いが、個人レベルまで落とし込めば、おそらくは人間の数だけ豊かさの定義があるだろう。この小論では「豊かさ」を経済的な面と非経済的な面にわけたうえで、主として経済的な面からの考察を行う。

　もっとも経済的な豊かさと非経済的な豊かさが両立しないわけではない。一般的には経済的な豊かさが実現できれば非経済的な豊かさの実現も容易になるといわれる。よく言われる「衣食足りて礼節を知る」という考えである。しかし、経済的な面と非経済的な面を総合して考察を行うことは、筆者の能力を大きく超える。よって本小論では経済的豊かさ実現に向けての考察を中心に行いたい。

　さて、1人の人間が経済的な豊かさを実現するには何が必要だろうか。よほどの資産家でもない限り、生活のための収入が必要である。収入を得るためには仕事に就かなければならない。仕事に就くためには、労働力を必要とする組織（企業）との出会いが不可欠である。近くに雇ってくれる企業が存在しなければ、そのような企業がある場所に居を移すか、自ら会社を起こすことが必要である。どんな形であり、雇用の存在が大前提となる。

ここで、雇用を提供する企業に目を向けてみよう。日本全国には420万社程度の企業がある[1]といわれている。それらの企業を活動の主体性、すなわち経営活動における重要な意思決定を行う際の自由度という点から分類すると、自らを取り巻く環境から影響を受けずに経営を行っている企業と、環境に従属的な経営を行わざるをえない企業に分けることができるだろう。2つに分類された企業を企業立地という観点から見るとそれぞれどのような行動をとるか考察しよう。

　前者の企業は世界のどこでも経営を行うことができる。すなわち、立地の影響が無いか、あるいは極めて少ない。顧客からの要望でコンピュータソフトの制作を行っている個人事業者（技術者）がこれに相当する。ソフトの仕様が決まれば、端末と通信回線があれば仕事はできる。これらの企業は「たまたま」現在の立地を取っているわけであり、環境変化に影響を受けるようになった段階で立地を変更する可能性がある。また、他社の追随を許さない、圧倒的に強い企業も前者の事例にあたるが、長期間にわたってそのような地位を維持することが困難なことは歴史が示している。

　後者の企業は現在の立地を離れて経営を行うことが難しい企業である。代表的な企業は観光旅館である。景勝地にある旅館は、その立地ゆえに存在価値がある。その景勝地を訪れたいと思う人が多いうちの経営は安泰だろうが、景勝地の魅力が低下すればダメージを受ける。ましてもともと魅力の薄い観光地に立地する旅館の経営は苦しいものだろう。

　特定企業の協力会社もこれにあたる。ある企業において特定企業との継続的取引が可能となる背景には色々な理由が考えられるが、重要な要因の1つに地理的な利便性がある。そのような状況で取引先企業が全面的な移転を行うという決定を下した場合は協力企業の経営は厳しいものになる場合が多くなるだろう。

　後者にあたる企業には少し違うタイプのものがある。複数の企業がある地域に立地することで、総合的な優位性を作り上げているタイプである。つまり、ある地域に立地する企業が、協力しつつ競争力のある商品を作り上げている場合である。アメリカのシリコンバレーにおけるIT産業や、北イタリアのファッション産業などがこれにあたる。そのような地域では、その地に立地する企業

が時には競い合い、ある時には協力し合うことで、地域としての特定の産業における競争力を高めている。このような場合、当該産業において存続を試みる限りは、その立地を放棄することは企業にとって大きな損失につながる場合が多い。

　整理してみよう。ある地域が経済的な豊かさを実現するためには、環境には従属しないが地域に存在する「強い企業」、地域に根ざしつつ優位性を発揮する産業、そしてその産業のメンバーである企業のいずれかあるいは複数が存在し、地域に必要な経済力を創出すればいいということになる。大切なことは、企業や産業を注意深く観察し、地域の発展にどのような役割を果たしてもらうかを、動態的に考えることにある。すなわち、ある時点での企業や産業の姿および地域産業における役割を固定的なものとはとらえずに、それぞれの企業や産業の発展と歩調を合わせながら地域への貢献を期待するという態度である。

　具体的に考えよう。多くの企業は利害関係者の要望に応えるために利潤を追求する。そのような企業の活動が地域にとってはマイナスに作用する場合がある。例えば、コスト低減を実現するために、従前は地元の協力企業に依頼していた仕事を海外調達に切り替えるかもしれない。人件費の製造コストに占める割合が多ければ多いほど、そのような可能性が高まる。仕事が海外に移れば協力企業は多大な影響を受けることになる。さらに、一部の仕事を海外に移転するだけではコスト削減が十分でない場合、その企業自体が海外進出を志向するかもしれない。またコスト削減のみならず進出先での市場での製品販売を目指す場合も海外進出を企図するかもしれない。いずれの場合も、その企業に勤務していた人材の多くは職場を失うであろう。企業の中核人材以外は海外現地で雇い入れることになるからである。これは地域にとって大きな経済的損失につながっていく。しかし、視点を変えれば上記のような過程で発生した余剰能力や人的能力を他の分野に振り向けることで、地域としては総合的には対応できる可能性があるはずである。重要なのは、仕事を失った人たちを受け入れる産業や企業を持続的に創り出すことである。

　具体例を地場産業で考えよう。前述の通り、わが国の地場産業の多くは途上国とのコスト競争に直面している。この状況は複雑な問題を含む。地場産業の

主要メンバーとしては、製造業者と卸売業者が存在するが、この両者で利害が異なる場合がある。例えば、卸売業者が従来の製造業者との取引を減少あるいは解消し、海外からの調達に切り替える場合があるのだ。この段階になると、従来は一蓮托生であった地場産業のメンバー間に亀裂が入る。また卸売業者間あるいは製造業者間でも、対応の方法に違いが出てくる。品質面に注力する製造業者は、従来型の企業とは別の市場を獲得できるかもしれない。その場合、従来の卸売業者との取引にこだわらない発展を遂げることができるかも知れない。また卸売業者も、情報収集能力や企画提案能力を向上させ、製造業者との連携のもとで高付加価値市場を獲得できるかもしれない。いずれにしても変化に対応できない企業の存続は危うい。また変化に果敢に対応する企業においても、そのための人材が不可欠な場合が多い。ここでは、対応しきれなくなった企業から溢れ出る人材を吸収する企業や産業の存在が待たれることになる。

　以上のような大きな枠組みを念頭に瀬戸内の繁栄を考えよう。そのためには、将来を考える上での理論的枠組みを明確にする必要がある。さらに経済的豊かさを形成する上でのエンジンとなる企業および産業の現状を理解する必要がある。以下、それぞれについて考察を加える。

2. 地域産業を軸にした地域活性化を考える理論的枠組み

　特定の産業が特定の地域に集積することは古くから知られていた。経済学者であるマーシャルは、「特定の地域に集中された産業は、十分に正確な表現とはおそらくいえないと思われるが、通常地域化された産業とよばれている[2]」と指摘した。そして産業が地域化するきっかけとして、自然的条件と宮廷による庇護をあげた。

　瀬戸内からは離れるが、兵庫県の豊岡地域について考えよう。同地域に鞄産業が生まれたのは、その地を流れる兵庫県第一の大河である円山川の河岸に自生するコリヤナギが柳行李の材料として存在したからである。同じく兵庫県北播磨地域の地域産業である播州織は、同地域に存在した3本の河川と軟水と性

格を持った地下水の存在が染色に適した環境をもたらしたものであった。神戸港が良港として認められたのは、壮年期の六甲山系から瀬戸内へと転がり込む急峻な地形であった。以上は地域産業の存在が自然環境によって支えられている例である。

　一方、姫路に和菓子が発展したのは、天下の名城である姫路城を中心とした政治活動であった。姫路城を中心とした政治経済活動の場において、姫路の和菓子は潤滑油の役割を果たしたわけである。先ほど紹介した豊岡鞄の産地に近い出石のそばが地域に根付いたのは、施政者が信州からそば職人を連れてきたことに端を発する。山間の村に生活の糧を構築したいという施政者の思いであろう。自然環境のところで事例とした豊岡鞄についても、鞄の前身である柳行李が全国に広められたのは京極藩の産業振興策によるところが大きかったという。その時に構築された全国への販売チャネルが、のちの豊岡鞄隆盛の礎となったのである。西脇に播州織をもたらしたのは、京都に宮大工として赴いた飛田安兵衛が西陣織の技術を持ち帰ったことに遡るという。

　このように偶然あるいは意図を持って始まった地域の産業は、徐々にその地域に根を下ろす。その過程で、地域には種々の蓄積がなされていく。技術上の蓄積、人材の育成、そして地域産業を構成する事業者ごとのネットワークである。このような要素は、いったん地域に根付くと簡単に他の地域が模倣できるようなものではなくなる。マーシャルがいうところの「雰囲気」である[3]。結果として地域が産出する製品は競争上の優位性を持ち、地域は繁栄を謳歌する。地域の繁栄はさらなる集積を生む。このような過程を通じ、ウィリアムスンが展開した取引コストの概念が機能するわけである[4]。

　瀬戸内においても、神戸の機械工業に関わる集積はその1つであろう。重厚長大の巨大企業が産業の主役であった神戸においては、その急激な発展を支える裾のであるところも中小企業群が必要であった。広島地域においては地域の核となる自動車産業が集積を作り上げている。いずれの地域においても地域の中小企業が大企業のリスクを担うことで、地域全体としての飛躍的な発展を実現した。この点、巨大企業がすべてを自社で行う米国企業の経営と比較すると、その違いは顕著である。マーシャルやウィリアムスンの理論が機能している好

例であるといえよう。

　経営戦略で知られるポーターは、地域産業の競争力を考察する上でダイヤモンド・システムを提唱した[5]。すなわちポーターは要素条件、需要条件、関連・支援産業、企業の戦略・ライバル関係といった4つ（ダイヤモンドの4角）が、地域産業の優位性を決定するとした。この理論の底流には、企業が持続的優位性を獲得するために構築した価値連鎖理論が存在する。すなわち、企業活動は顧客へ商品・サービスを提供する活動である主活動と、主活動を高度化するために行われる支援活動の2つの活動からなり、それぞれの活動が生み出す付加価値の総和が企業の付加価値となるという考え方である[6]。

　ダイヤモンド・システムは、当初は国家の競争優位を考察する枠組みとして提案されたが、その後ポーターはクラスター論として拡大展開させる。すなわち、国家という単位を地域という単位に置き換えで考え、その地域が特定産業において優位性を発揮する状況を説明した。具体的な事例として、米国カリフォルニアのワイン産業や、イタリアにおけるファッション産業が示されている[7]。

　さて、以上の枠組みは、どちらかというと分析的であり静態的である。この章で問いたいのは地域の未来である。そのような視点から見れば、地域を物理的および時間的両面で、動態的に考察する枠組みが必要となる。そこで登場するのがポートフォリオの枠組みである[8]。ポートフォリオは経営戦略の検討の際によく使われる。代表的なものとして、アンゾフの考案した製品市場マトリックスがある。また、ボストンコンサルティンググループが提案したPPMも著名である。マッキンゼーは対象をビジネスに広げ、ビジネス・スクリーンを考案した。

　ポートフォリオは分析の手法であるとともに目標設定の手法でもある。すなわち、研究対象の現状をポートフォリオ分析で把握するとともに、その将来像をポートフォリオでイメージするのである。この過程において、現在と将来のポートフォリオに横たわるギャップが明確化される。明確化されたギャップをいかに解消するかが、次の段階で検討されることとなる。このように動態的な志向という点から見れば、ポートフォリオは優れたツールとなりうるものである。

　以上、次節以下の考察の前提となる理論を概観した。次節から本章の主要テ

ーマである地域産業と地域活性化を論ずる際には、これらの理論および枠組みを多面的に利用する。具体的には次のようになる。

まず、ポートフォリオで、瀬戸内に存在する地域産業の過去から現在をポートフォリオ的思考方法で考察したのち、将来の瀬戸内の地域産業をポートフォリオで描く。そして、その背景にある状況を確認する際に、ポーターのダイヤモンド・システム、クラスター論、そして価値連鎖理論を適用する。価値連鎖理論に落とし込む段階で、地域産業と地域活性化を結びつける要素が見えるはずである。あわせてクルーグマンの「収穫逓増」の概念を織り込み[9]、瀬戸内の地域産業が地域活性化においてどのような位置づけをしめるべきかを考えていく。この考察の前提として、次節において瀬戸内の地域産業をざっくりと検討しよう。

3. 瀬戸内の地域産業の展望

瀬戸内にはどのような産業が存在するのだろうか。一般的な産業分類にこだわらず、次のような分類を考えた。
　①重厚長大型製造業
　②ファッション型製造業
　③システム型流通業
　④ヒューマンタッチ型流通業
　⑤従来型サービス業
　⑥ニューサービス業
　⑦農林水産業
それぞれについて、歴史と現状を概観する。
①重厚長大型製造業
　　この分類に属するのは、瀬戸内沿岸に立地する大企業を中心とした重化学工業を業とする製造業者である。これらの製造業者は日本の高度成長期を支えた企業である。明治維新以降の工業化社会を首都圏と共に支えたといって

よいだろう。

　業種としては、造船業、製鉄業、電気機器製造業、石油化学工業、運搬機器製造業などがある。これらの産業は多くの協力企業を組織化する。よって、大企業の操業度が高ければ、関係する協力企業の業況も好調である。

　この分類に属する企業および産業の現状を見てみよう。造船業は諸外国とのコスト競争を勝ち抜き優位性を維持している。製鉄業は業界の再編成を通じて企業体質を引き締め、さらに中国の旺盛な需要をテコに好調を維持している。運搬機器製造業は、企業ごとに好不調の差が激しいが、基本的には堅調である。一方石油化学工業は典型的な装置産業であり、規模の優位性が重要となる。そのため、ファインケミカル分野を除くと競争力が低く、厳しい状況が続く。電気機器製造業も運搬機器製造業と同様に企業ごとの差が激しいが、基本的に堅調である。なお、以上のような状況は2008(平成20)年秋に米国を起点とした金融危機以前の状況である。

②ファッション型産業

　ファッション型業には、いくつかのグループを見ることができる。1つは、素材製造業であり、今ひとつは製品製造業である。さらに、それらの製品の流通に関わる企業が存在する。この分類に属する企業は、それらのいずれかあるいは複数に属する。例えば、大手アパレル企業は、製品製造と流通に関わることになる。

　瀬戸内には繊維原糸の産地が存在する一方、内陸にはいると生地製造の一大産地が存在する。製品の産地としては、倉敷地域には制服の産地が存在するとともに、わが国のファッション発信基地ともいえる神戸が存在する。

　ファッション型産業はいわゆる軽工業に属する。よって発展途上国との競争が激しい分野である。途上国との競争に対抗するために国内企業が開発輸入による事業展開を展開する中で、かつて存在した産地における一蓮托生の関係が瓦解する場合が見られる。

　このような中、産業全体の取り組みよりも、個別企業あるいは特定地域の試みがクローズアップされているのがファッション型産業の特徴といえよう。

　神戸には、わが国を代表するアパレル企業が複数存在する。倉敷では従来

型の制服産業の製造拠点は海外に移行しつつある一方、付加価値の高い分野に特化した企業（オーダーメイドのデニム）が現れている。また一時期、播州織を通じて日本経済の発展に大きく貢献した西脇地域では、播州織をブランド化する試みを通じて、より付加価値の高い織物の創出に地域ぐるみで取り組んでいる[10]。瀬戸内とは言い難いが、豊岡地域の鞄製造業者においても、一定の基準をクリアーした商品をブランド化し、ナショナルブランド商品や輸入品とは異なったポジショニングを獲得しようとしている[11]。一方、芦屋には欧州王侯貴族が認めた宝石ブランドが存在する。

　一方、神戸という都市ブランドを旗印として2002（平成14）年から開催されている「神戸コレクション」は確実に定着したといえよう。他のファッションショーが著名デザイナーの新作発表をメインとした催事であるのに対し、神戸コレクションはリアル・クローズをメインとした開かれた場であるといわれている。このような機会を通じ、ファッション関連企業にとっては、従来の枠を超えた展開が可能になる素地はあるといえる。

　以上のように、企業規模に関係なく、それぞれの企業の努力が結実しやすいのがファッションの特色であろう。グローバルな競争のなかで独自のポジションを獲得できる企業がどの程度存在するかは難しいところであるが、一定の規模を有しながら地域活性化を担う企業の存在を期待することができる分野であると思われる。

③システム型流通業

　システム型流通業とは、いわゆるチェーン型流通業である。百貨店、大規模量販店、大型専門（食品、家電、家具等）店、ディスカウントストアー、コンビニエンスストアーなどが具体的な業態である。これらの業態は、瀬戸内に限らず、わが国のあらゆる地域に存在する。モータリゼーションの発展に代表される消費者行動の変化とともに、これらのシステム型流通業は繁栄した。

　これらの業態は、業態間競争を繰り返している。従来は価格訴求が中心であったが、その後種々の特色を備えた業態が生まれた。その過程で従来型の流通業態は苦境に追いやられるという状態の繰り返しであった。

システム型流通業は地域の生活者が物質的な豊かさを体現する産業である。業態間競争は激しいであろうが、それぞれの業態が役割を果たしながら、地域に貢献することが期待できる。もちろん、雇用創出を通じて地域の経済的な豊かさに貢献するであろう。

④ヒューマンタッチ型流通業

システム型とは対照的に、生業に近い形で商店を経営するのがこの分野である。かつて栄えた近隣の商店街およびその構成店舗が具体的な事例である。

これらの業態は、基本的に苦しい状況である。まず、システム型流通業の強力な顧客吸引力の前に業績が不振となり、その存続が危ぶまれている。従来型の商店街で経営をしていた商人のうち成長意欲が高い商人は、職住一体であった商店街の将来に対して見切りをつけ、システム型流通業を核店舗とする商業集積あるいは中心地に存在する広域型商店街へ移動する。そのようななかで従来型の商店街は、いわゆる「歯抜け」状態となり魅力が低下するという逆スパイラル状況に陥る。このような結果、いわゆる近隣型の商店街は衰退していく。このような状況は瀬戸内でも同様である。商業の中心が郊外型の大型店舗へと移動する中で、従来型の商業集積は苦しい状況に追いやられる。

では、今後の見通しはどうなのだろうか。高齢社会が進展するなかで、近隣型商店街の機能を見直すという選択肢はないだろうか。また視点を変えて、近隣型商店街の顧客を広域化することは難しいだろうか。すなわち、近隣型商店街を後述する観光資源の一要素として位置づけることは難しいのだろうか。

従来は経済合理性の前に衰退を余儀なくされた近隣型商店街であったが、それらを今後どのように位置づけるかは、自然の流れではなく、我々の意思であると位置づけるべきではないだろうか。近隣型の商店主が企業家精神を発揮することが望まれているのが今日であるといえよう。

⑤従来型サービス業

ここでは、観光に目を向ける。瀬戸内には多くの観光地が存在する。それぞれの観光地には観光客を吸引する特徴がある。具体的には、自然の景観、

人工的景観（建物や町並み）、温泉、食、買い物、テーマ・パーク、歴史的あるいは文化的なイベント等々である。それぞれが単独で機能する場合もあれば、相乗的に機能する場合もある。魅力的なものは多くの観光客を呼び、地元に対する経済効果は大きい。

　神戸は種々のイベントで観光客を呼び込む。観光客は都心のホテルで宿泊する場合もあれば、六甲を越えて有馬温泉で疲れを癒す場合もある。おみやげ物に神戸を冠した食べ物を持ち帰る観光客は多いだろうし、ファッションセンスを磨くためにブランドショップを訪れる場合もあるだろう。

　倉敷には美観地区が存在する。繊維工場の跡地を観光施設に転換し、多くの観光客を引きつけている。一方で、欧州のブランド力を頼った倉敷駅前のアミューズメント施設は苦戦を強いられて、撤退した。

　その他、地域ごとに種々の試みがなされている。一部では地域間の連携もなされつつあるというのが現状であろう。

⑥ニューサービス業

　わが国は、インバウンドの増加を目指して、種々の動きを始めている。その象徴は2008（平成20）年10月の観光庁の設置である。今後はわが国の特徴を総動員し、観光をキーワードとした産業活性化を図ることになる。

　さて、観光は極めて地域密着である。また、観光地の核となる資源は当然のことながら移転することができないものである。瀬戸大橋は児島と坂出間にしか存在しない。日本創世の場として知られる沼島は、淡路島の南にしか存在しない。そこにあるから価値があるのである。

　一方、わが国のようにそれほど大きくない国土においては、それぞれの観光地が連携し、観光客の日本国内での滞留時間を高めることが望まれる。そこで前述の従来型の観光のみならず、ニューサービス型観光業の出現が待たれる。ここでのキーワードは、複合型、滞在型、連携型、そしてリピート率であろう。

　複合型とは、顧客から魅力あるサービスを提供するために、従来型の観光サービスを組み合わせたサービスを志向することである。2008（平成20）年で25周年を迎える「SLやまぐち号」キャンペーンは、この具体的な事例であ

る。温泉、自然景観、歴史的史跡、建築構造物に恵まれた山口であるが、それらの点を、郷愁を誘う「蒸気機関車」で結ぶことで多くの観光客を呼び寄せることに成功した。

複合型が魅力あるものとなれば、結果として顧客は滞在を望むようになる。1か所あるいは近隣地域で滞在しながら豊かな経験が期待できれば、長期の滞在も望むことができるだろう。

連携型とは、各地域の観光地が密接な関係を持ちつつ総合的な魅力を備え、インバウンドを高める動きをすることである。連携には色々はタイプが考えられるが、基本パターンは2つであろう。すなわち、同種類の組み合わせであり、もう1つは異種類の組み合わせである。前者の代表は温泉地巡りであり、後者の代表は温泉地とリゾートの組み合わせであろう。このような展開の結果、顧客が魅力を感じることで、再度その地を訪れたいと考えるようになる。これがリピート率の向上である。リピート率の向上は安定的な稼働を実現するだけではなく、口コミによる新規顧客の開拓につながる場合が多い。また、リピート客に新たな驚きを与えようと種々の工夫が検討されることで、観光産業は活性化することが期待される。

⑦農林水産業および食に関わる産業

瀬戸内は温暖な気候に恵まれた地域である。また、瀬戸内そのものが豊かな水産資源をもたらしてきた。天然の農林水産物に恵まれることから、自然と食に関わる産業も開花した。

瀬戸内のあらゆる地域には、日本を代表する食の名品が存在する。瀬戸内は海の幸の宝庫であり、自然のままの食材としても、加工食品の原材料としても最高級の位置づけにあるものが多い。また、神戸港が海外に大きく門戸を開いたことから神戸からは洋菓子のメッカとなっている。多くの著名なパティシエが神戸に工房を構えている。近年、食品の安全性に対する議論が活発になっている。瀬戸内の食品関連企業が、より安全でおいしい食品を提供できる能力を有するのであれば、発展の余地は大いにある。

このような中、食と観光のシナジーが期待されることはいうまでもない。とくに団塊の世代を中心とした、金銭的に余裕のある熟年夫婦やファミリー

においては、景勝地を訪れることと共に食は旅行の大きな楽しみの1つである。観光産業のリピート需要を喚起する要素として、食の位置づけは重要である。

4．地域産業を核とした瀬戸内活性化のシナリオ

　以上、地域活性化における地域産業の重要性を確認し、地域産業に関わる理論的な枠組みの展望を行なった上で、瀬戸内に関わる産業を確認した。この節では、これまでの考察をもとに、瀬戸内の今後を考察したい。

　この問題を考える際には、産業のライフ・サイクルという視点が重要となる。ある産業の世の中に誕生し、社会に受け入れられ大きく発展し、やがて新しく生まれた産業に置き換わっていくという考え方である。これは人間のコミュニケーション手段が、狼煙から電報、そして電話へと変わっていったことと同じである。

　わが国は明治維新以降、欧米の経済体制をモデルとして、ひたすらキャッチアップを目指してきた。これは1945(昭和20)年の敗戦を経ても、基本的には変化がなかった。その後、欧米諸国との差異は徐々に狭まったが、バブルの形成と崩壊により、わが国経済は再び混乱を迎えている。そして、バブル崩壊の修復に費やされた天文学的な財政支出への対応がわれわれの子供や孫に委ねられようとしている。この傾向は2008(平成20)年秋に米国を震源地として発生した金融危機により、さらに不透明さを増している。

　以下、今後の活性化シナリオを検討する。このテーマ自体が多様なものであるため、本章のみで十分な検討をすることは難しいし、十分な議論に耐えるだけの準備が筆者にはできていないことも事実である。今後の研究課題という意味を込めて、ここでは活性化の方向性を列挙するということに止めることをご寛恕いただきたい。具体的には次の5つである。

　①地域を支える経済主体の変化（産業から企業および企業集団へ）
　②地域経済を牽引する産業の多様化

③リーディング企業の活躍と地域経済の担い手の併存
④諸外国との連携の中での共存共栄
⑤豊かな日常を支える地域産業の醸成
以下、それぞれについて詳述する。
①地域を支える経済主体の変化（産業から企業および企業集団へ）
　地域活性化を検討する際の基本的な視点である。従来は地域経済を牽引する産業というものが存在した。それは鉄鋼業であり、造船業であり、繊維産業であった。しかし状況は変化している。日本経済が世界経済におけるフロントランナーの一員となったいま、日本のあらゆる産業はグローバルな競争環境におかれている。そのような競争においての主体は企業であり企業集団である。グローバルな競争に対応できる企業および企業集団を有することができるか否かが、地域活性化のカギを握るといえよう。
②地域経済を牽引する産業の多様化
　高度経済成長時代においては、地域経済を支える産業および企業が存在した。いわゆる企業城下町である。しかし①で述べたとおり、同じ産業に属している企業でも、繁栄の程度は異なる。結果として、特定産業に属する特定企業だけでは地域経済を支えることが難しくなる。そこで、多様な産業に属する複数企業によって地域経済が構成される必要がでてくるわけである。そのような状況を構築できない地域経済は、地盤沈下が避けられなくなる。
③リーディング企業の活躍と地域経済の担い手の併存
　グローバル競争において高い地位を占める企業が存在したとしても、その企業の経済活動で地域経済のすべてが成立する場合はまれである。多くの企業は自らの経済的利益を実現するための経営戦略の一環として海外進出を企図する。よって、繁栄する企業の活動のすべてが地域に果実をもたらすとは限らない。そこで、地域経済を支える別の存在が必要となる。そこで従来型の地場産業や、流通業や個人向け流通業に代表される、あらゆる地域に存在する地域産業の位置づけがクローズアップされることになる。
　一方、多くの地場産業の競争力は、途上国等の成長とともに低下しているのが現状である。そのような現実の中で、地場産業の存在価値を探る努力が

④諸外国との連携の中での共存共栄

　企業活動がグローバル化すると海外企業との関係は不可欠になる。もっともよく知られる例としては、相対的に賃金コストが低い国家に労働集約的な機能を移転させることである。この戦略を遂行することで低コスト製品を生産し、その製品を逆輸入することで急成長した企業の存在は良く知られている。

　このような活動は確かに国内企業の活動に打撃を与えるものではあるが、そのような活動をおさえることは困難である。また一時的に政策的な対応でおさえることができたとしても、未来永劫そのような状況を続けることは難しいだろう。そこで考えられるのは諸外国との共存共栄の道を探ることである。

　大企業の多くは経営戦略遂行の中で実現していることではあるが、地場産業の構成員である中小企業では、そのような構造を構築できている場合はまれでる。商品分野の面や機能分担という道を探ることで、共存共栄の道を模索する必要があることは論を待たないであろう。そのときの基本的な方向性は、産業全体としての高付加価値化であり多様化である。

　たとえば、流通機能を有する企業は付加価値の低い商品を海外から調達することで、そのような分野の需要を獲得することができるかもしれない。当該企業はそのような活動に要する雇用等を通じて地域に貢献するだろう。製造機能を有する企業は、海外企業では実現できない高付加価値製品を提供することで、ニッチなマーケットを獲得できるかもしれない。

　ここでの問題は、以上の前提として産業およびその構成員のリストラクチャリングが不可欠であるという点である。地域としてはリストラクチャリングを通じて発生する失業等に対応する必要があり、より健全な姿としては、それらを受け入れる産業を配置することにある。

⑤豊かな日常を支える地域産業の醸成

　地域の住民が日々の生活を送るためには、その糧を提供する産業が必要である。食品や衣料品を提供する流通業がもっとも身近な例であろう。前節で

検討したとおり、この分野においてはシステム型の業態が全盛であり、従来型の流通業は苦戦を強いられている。

ただここでも、システム型の流通業とヒューマンタッチ型の流通業が共存共栄する場を作る試みが必要とされる時代ではないだろうか。前述の通り、商人の企業家精神に期待したい部分である。その期待は必ずしも現在の商人のみに託されるものではない。場合によっては、地域産業のリストラクチャリングによって発生する人材が、その役割を担うかもしれない。

以上、5つの視点から地域活性化を実現するために、地域産業にどのような課題が与えられているかを概観した。5つの課題はそれぞれが独立したものである一方、相互に関連が深いものである。それぞれの現状をより詳細に把握した上で、相互の関連を意識しながら、将来の方向性を検討する必要がある。

その際、筆者は「地域の住民の意思」がきわめて重要であると考える。地域住民の意思自体が多様であり、それを収斂させるためには多大な時間と労力が必要なことは論を待たない。そのため、行政が方向性を決めてしまう場合が多い。この場合、調整役としての行政の機能はきわめて重要ではあるが、意思決定においては地域住民の意向が十分に考慮されることが必要だろう。それも形式的な意味ではなく実質的な意味で、ということである。

地域に住まう人は、地域の長い歴史を背負っている。そして、次の世代にその歴史を託していく。長い歴史の中で、ある一定の期間だけを過ごす者の都合で将来が決められてはいけない。そのためにも十分な議論が必要不可欠であると考える。

おわりに

筆者が瀬戸内の美しさを体感し始めたのは20歳になる少し前のことだった。自動車運転免許の受験のために西宮から明石へと電車に揺られて行ったのだが、その帰りに塩屋から須磨へ向かう海沿いの風景を見て、初めて瀬戸内の美しさに気づいた。瀬戸内海って、こんなにきれいだったのかと。恥ずかしながら、

それまで瀬戸内海を美しいと思ったことはなかった。中学、高校、大学の校歌には瀬戸内の美しさが歌われていたにもかかわらず、である。

瀬戸内は東洋のエーゲ海といわれる（我々からみれば、エーゲ海が西洋の瀬戸内である）。実際、その多島美は実に見事なものである。以前、山口県の周防大島の対岸にあるJR大畠駅から広島駅まで、ローカル線に揺られてのんびりと移動したことがある。電車での移動は睡眠に充てるのが筆者のライフスタイルなのだが、そのときばかりは車窓から飛び込む瀬戸内の景観に時間を忘れた。線路間際にまで迫る白砂の海岸、そして青い海。思わず、「瀬戸は　日暮れて　夕なみ小波…」と口ずさんだものだった。これが瀬戸内海なのだと、美しいと言われる瀬戸内海がこれなのだと、心揺さぶられるひとときであった。

その一方で、工業地帯としての無機的な姿も見せる、それも瀬戸内海である。美しい海が続いたあと、岩国をあたりから風景は一変する。いわゆる、臨海工業地帯が広がる。空も騒がしくなる。岩国基地である。

やがて広島県に入り、世界遺産である宮島を遠くに眺めて心を豊かにしたあと、海岸線は広島西部の卸売団地へとつながっていく。このコントラストも瀬戸内である。

山陽新幹線で西へ移動する機会も多いが、徳山周辺の重化学工業地帯は圧倒的である。夜遅くの移動で徳山駅を通過するときに見るコンビナートに点灯する電飾は星空のごとくの美しさであるが、同じ場所を昼間に通過したときの風景も、また表現しがたいものである。一方、その背後には、豊かな緑の島が点在する。これもまた瀬戸内海である。

筆者にとって瀬戸内海というと工業基地というイメージが強かった。小学校や中学校でも、そのように教わってきた。製鉄会社、造船や石油化学会社に火力発電所が並ぶ瀬戸内海。実際、筆者が住んでいた西宮を含む阪神工業地帯は、日本を代表する重化学工業地帯であった。小学・中学生時代を過ごした西宮には酒造会社を除けばそれほど多くの工場はなかったが、東の尼崎や、西に進んで東神戸のあたりには巨大な工場が並んでいた。その頃の空の色や海の色は、あまり記憶にない。夏休みには小学生時代に友人と海浜まで自転車を走らせたものが、そこには決して足を踏み入れたいと思わない風景が広がっていた。少

なくとも、青くはなかった。興味本位で水に入ったところスリッパを流され、泣きべそをかきながら海に入って取り戻した記憶がある。地獄に引き込まれるかと感じた。その後の何ともいえない、ヌルヌルとした足の感触と風呂場でこすっても消えないにおいだけは、今も五感に残っている。

　このように、瀬戸内は世界有数の景勝地であるとともに、日本の産業を支える一大産業集積なのである。瀬戸内は2つの顔を持っている。そのどちらかが真の姿というのではなく、どちらもが真の姿なのである。そして、本章で筆者が主に描いたのは、日本という国を支えるという意味での瀬戸内である。それは産業を支える瀬戸内である。

　瀬戸内に広がる工業地帯はわが国経済の発展に大きく寄与した。それは大企業中心の経済モデルではあったが、大企業との取引を通じて成長する中小企業にも果実をもたらすものであった。しかし、時代の流れとともにその幸せな構図は崩れつつある。一方、わが国の将来を考えれば、次の世代に瀬戸内を継承していく義務と責任がある。

　敗戦後の荒廃したわが国を世界第一級の経済大国へと育てた戦後世代の努力の果実を、我々は時代へと継承する義務がある。戦後間もない世代の活動は、その投資活動の回収を我々の世代に託すものであったが、現状のまま推移するとその投資活動は埋没コストとして次の世代への大きな負担となりかねない。その形は変えてよいし、変えるべきである。従来の産業の競争力を活かしつつ、戦後世代がなしえなかった、世界に誇る瀬戸内の多島美を活かす道を考えるのが我々に与えられた課題なのではないだろうか、と強く思う。

注
1）中小企業庁編『中小企業白書』ぎょうせい、2008年、p.351
2）マーシャル、A.著、永澤越郎訳『経済学原理』第2分冊、岩波ブックサービスセンター、1985年、p.196
3）マーシャル、A.著、永澤越郎訳『経済学原理』第2分冊、岩波ブックサービスセンター、1985年、p.200
4）ウィリアムソン、O.著、浅沼萬里・岩崎晃訳『市場と企業組織』日本評論社、1980年

5）ポーター、M. 著、竹内弘高訳『競争戦略論Ⅱ』ダイヤモンド社、1999年（b）
6）ポーター、M. 著、竹内弘高訳『競争戦略論Ⅰ』ダイヤモンド社、1999年（a）
7）ポーター、M. 著、竹内弘高訳『競争戦略論Ⅱ』ダイヤモンド社、1999年（b）
8）アーカー、D. 著、野中郁次郎、北洞　忠宏、嶋口　充輝、石井淳蔵他訳『戦略市場経営』ダイヤモンド社、1986年
9）クルーグマン、P. 著、北村行伸・高橋亘・妹尾美起訳『脱「国境」の経済学』東洋経済新報社、1994年
10）播州織産元協同組合、兵庫県繊維染色協同組合、播州織工業組合は「播州織」を地域団体商標として、特許庁に登録した。
11）兵庫県鞄工業組合は、2006（平成18）年10月に「豊岡鞄」を地域団体商標として、特許庁に登録した。

参考文献
石井淳蔵著『商人家族と市場社会』有斐閣、1996年
矢田俊文／松原宏編著『現代経済地理学』ミネルヴァ書房、2000年

（井上芳郎）

第8章

地域主軸の観光政策

1. 観光立国の実現を目指して

　「地域と産業の活性化に観光を活かせないか」、今日、観光が注目されている。2008(平成20)年10月には、国土交通省に観光庁が設置され(「庁」の発足は2001(平成13)年の省庁再編以来である)、観光立国の実現を目指す体制が強化された。全国各地で観光の取り組みが活発化している。

図8-1　国土交通大臣（右）と観光庁長官（左）　　図8-2　シンボルマーク

（1）観光の現状

　観光は、旅行業、宿泊業、輸送業、飲食業、土産品業等極めて裾野の広い産業である。また、その経済効果は極めて大きく、2007(平成19)年において、二次的な経済波及効果を含む生産効果は、国内生産額949兆1,000億円の5.6％の53.1兆円、雇用効果は総雇用6,425万人の6.9％の441万人と推計されている。

旅行消費額 23.5兆円（国内産業への直接効果 22.9兆円）

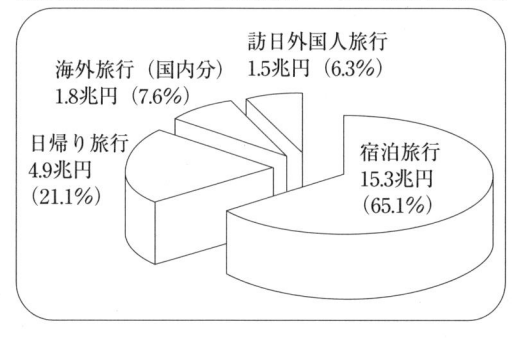

```
海外旅行（国内分）    訪日外国人旅行
1.8兆円（7.6%）       1.5兆円（6.3%）
日帰り旅行            宿泊旅行
4.9兆円               15.3兆円
（21.1%）             （65.1%）
```

直接効果
付加価値
　11.8兆円（GDPの2.3%）
雇用
　211万人（全雇用の3.3%）
税収
　2.0兆円（全税収の2.1%）

波及効果

生産波及効果	53.1兆円	… 5.6%	（対産業連関表国内生産額）
付加価値誘発効果	28.5兆円	… 5.5%	（対名目GDP）
雇用誘発効果	441万人	… 6.9%	（対全国就業者数）
税収効果	5.1兆円	… 5.4%	（対国税＋地方税）

図8-3

　このように、観光は、わが国の経済、人びとの雇用、地域の活性化に大きな影響を及ぼすものであり、21世紀のリーディング産業としての期待も高まっている。また、観光は経済効果のみならず、わが国の自然環境、歴史、文化等の観光資源を創造し、再発見し、整備し、内外に発信する志高いものとしても期待されている。

(2) 観光立国の契機

　2003(平成15)年1月、小泉純一郎内閣総理大臣が、わが国の観光立国としての基本的なあり方を検討するための観光立国懇談会（2003年4月報告書取りまとめ）の開催を決め、その直後の第156回国会の施政方針演説において、訪日外国人旅行者を2010(平成22)年までに倍増させると目標に掲げた。同年4月からは、ビジット・ジャパン・キャンペーン[1]が始まり、9月には観光立国担当大臣が任命されるなど、観光に関する動きは目覚ましいものがあった。2005(平成17)年1月、小泉純一郎内閣総理大臣が施政方針演説で、「2010年までに外国人訪問者を1,000万人にする目標の達成を目指します。」と具体的な数値目標を

掲げた。2006(平成18)年12月には議員立法により観光立国推進基本法が可決(全会一致)、2007(平成19)年1月施行され、同年6月、観光立国に向けての総合的かつ計画的な推進を図るべく観光立国推進基本計画が閣議決定された。

(3) 観光立国推進基本法・観光立国推進基本計画

　観光立国推進基本法は、観光立国の実現は「21世紀の我が国経済社会の発展のために不可欠な重要課題」と位置づけるとともに、基本的施策として4つの柱を掲げている。また、政府は観光立国の推進に関する施策の総合的かつ計画的な推進を図るため、「観光立国推進基本計画」を定めることとされている。

【観光立国推進基本法の4つの基本的施策】

○国際競争力の高い魅力ある観光地の形成
○観光産業の国際競争力の強化及び観光の振興に寄与する人材の育成
○国際観光の振興
○観光旅行の促進のための環境の整備

【観光立国推進基本計画の5つの基本的な目標】

○訪日外国人旅行者数を平成22年までに1,000万人にすることを目標とし、将来的には、日本人の海外旅行者数と同程度にする。
○我が国における国際会議の開催件数を平成23年までに5割以上増やす。アジアにおける最大の開催国を目指す。
○日本人の国内観光旅行による1人当たりの宿泊数を平成22年度までにもう1泊増やし、年間4泊にする。
○日本人の海外旅行者数を平成22年までに2,000万人にする。国際相互交流を拡大させる。
○旅行を促す環境整備や観光産業の生産性向上による多様なサービスの提供を通じた新たな需要の創出等を通じ、国内における観光旅行消費額を平成22年度までに30兆円にする。

(4) 観光庁の設置

　観光立国推進基本法が施行され、2007(平成19)年6月には、観光立国に向けての総合的かつ計画的な推進を図るため観光立国推進基本計画が閣議決定された。そして、観光立国を実現するためには、国全体として、官民をあげて取り組む体制が必要となり、とりわけ①わが国が国を挙げて観光立国を推進するこ

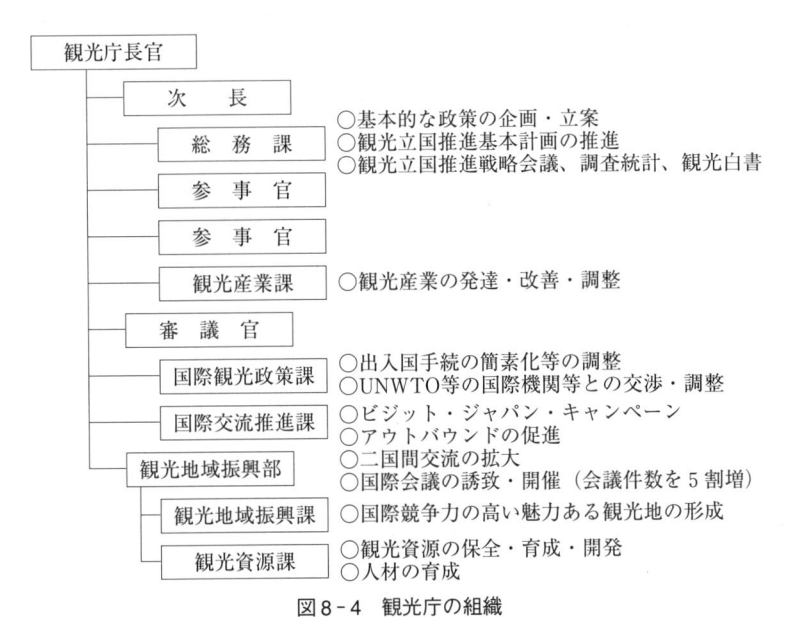

```
観光庁長官
  ├─ 次　　　長
  ├─ 総　務　課       ○基本的な政策の企画・立案
  │                   ○観光立国推進基本計画の推進
  │                   ○観光立国推進戦略会議、調査統計、観光白書
  ├─ 参　事　官
  ├─ 参　事　官
  ├─ 観光産業課       ○観光産業の発達・改善・調整
  ├─ 審　議　官
  ├─ 国際観光政策課   ○出入国手続の簡素化等の調整
  │                   ○UNWTO等の国際機関等との交渉・調整
  ├─ 国際交流推進課   ○ビジット・ジャパン・キャンペーン
  │                   ○アウトバウンドの促進
  │                   ○二国間交流の拡大
  │                   ○国際会議の誘致・開催（会議件数を5割増）
  ├─ 観光地域振興部
  │   ├─ 観光地域振興課  ○国際競争力の高い魅力ある観光地の形成
  │   └─ 観光資源課      ○観光資源の保全・育成・開発
  │                      ○人材の育成
```

図8-4　観光庁の組織

とを発信するとともに、観光交流拡大に関する外国政府との交渉を効果的に行うこと、②観光立国に関する数値目標の実現にリーダーシップを発揮して、関係省庁への調整・働きかけを強力に行うこと、③政府が一体となって「住んでよし、訪れてよしの国づくり」に取り組むことを発信するとともに、地方公共団体・民間の観光地づくりの取組を強力に支援することの必要性から、2008(平成20)年10月1日、国土交通省に観光庁が設置され、観光立国を総合的かつ計画的に推進することとなった。

　観光庁は国土交通省の外局に位置づけられている。

(5) 観光庁のしごと

　観光庁は、①観光地づくり、②国際観光の振興、③観光産業の高度化、④観光人材育成、⑤休暇の取得、安全など観光しやすい環境の整備を担っている。

　1) 観光地づくり

　観光庁では、国際競争力の高い魅力ある観光地づくりを支援している。2008(平成20)年7月23日に、観光圏の整備による観光旅客の来訪および滞在の促進

図8-5 観光圏のイメージ

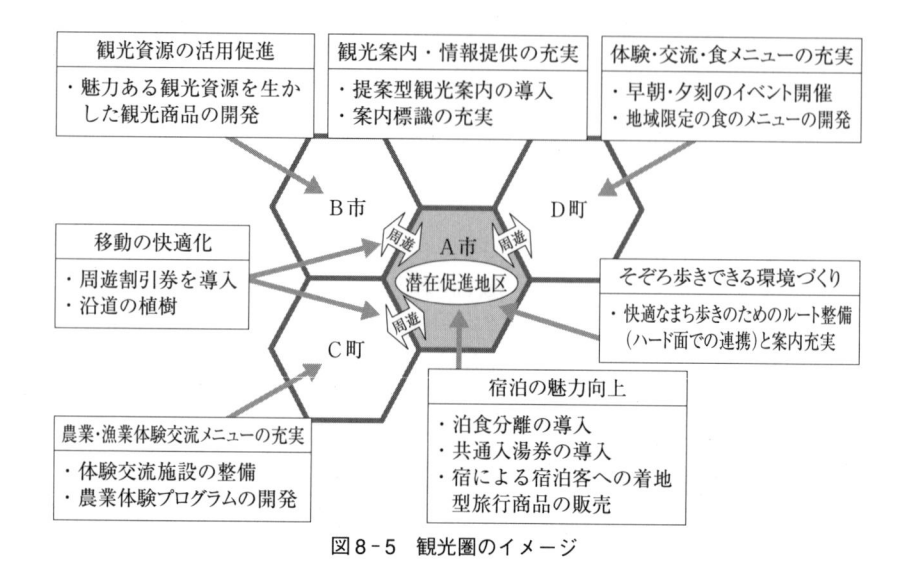

に関する法律（平成20年法律第39号。観光圏整備法。）が施行された。観光圏整備法は、観光地が広域的に連携した「観光圏」の整備を行うことで、国内外の観光客が2泊3日以上滞在できるエリアの形成を目指すものである。地域の幅広い産業の活性化や、交流人口の拡大による地域の発展が期待されている。兵庫県内は、2008(平成20)年10月、淡路島が観光圏の認定を受けた（2009年4月現在、全国30地域が認定されている）。

2) 国際観光の振興

観光庁では、海外との観光交流を拡大すべく、ビジット・ジャパン・キャンペーン、国際会議の誘致等を行っている。訪日外国人旅行者の増加は、国際相互理解の増進のほか、わが国の旅行消費拡大、関連産業振興および雇用拡大による地域の活性化といった大きな経済効果をもたらしうる。しかし、2008(平成20)年にわが国を訪れた外国人旅行者は835万1,000人で、海外を訪れた日本人旅行者1,598万7,000人の約半分である。外国人旅行者受入数では、世界で第28位、アジアで第6位（平成19年）とまだまだ低い水準にある。

3) 観光産業の高度化

観光庁では、旅行ニーズの変化、とりわけ「体験型」「交流型」「学習型」旅

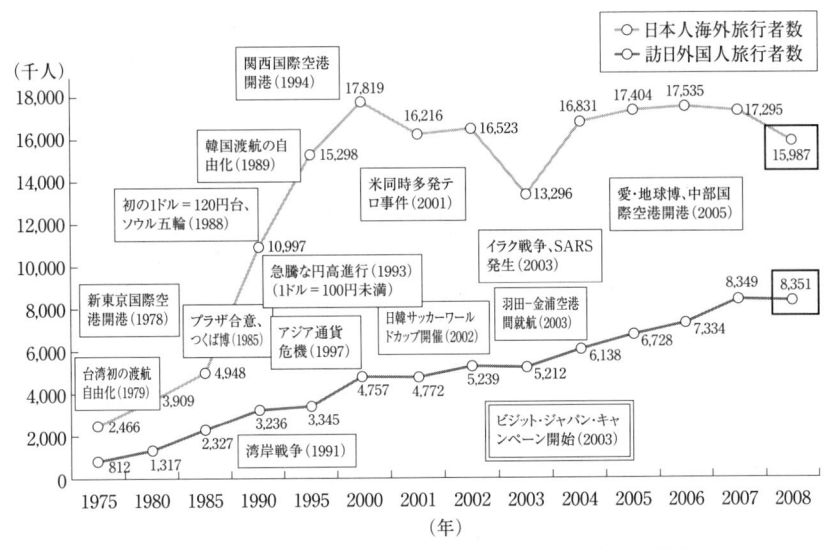

図8-6 訪日外国人旅行者数及び日本人海外旅行者数の推移
資料：法務省資料に基づいた国土交通省作成資料による

行ニーズの高まりを踏まえ、地域資源を活用した新たな形態の旅行商品（長期滞在型観光、エコツーリズム、ヘルスツーリズム等のニューツーリズム旅行商品）の創出と流通を促進するなど旅行者ニーズに合った観光産業の高度化を支援している。

4）観光人材育成

観光立国を実現するためには、その基盤となる観光関連産業に従事する人材の確保、育成が喫緊の課題であり、学生段階からの人材育成の重要性が高まっている。国土交通省では2007（平成19）年から「観光関係人材育成のための産学官連携検討会議」を開催して、産学官の連携で人材を育成する方策について検討を進めてきた。今後、全国各地で産学官の連携による観光まちづくり、人材育成等が活発となるであろう。国土交通省神戸運輸監理部では、2008（平成20）年9月、流通科学大学と観光分野では全国初となる国と大学の学官連携で未来の観光を担う人材の育成を目指す連携協定を締結した。2008（平成20）年3月、筆者が初めて流通科学大学を訪問してからほぼ半年、それまでの間に、同年6月、同大学サービス産業学部の新入生等を対象として「神戸港フィールドワー

写真8-7　連携協定締結に至る経緯について記者会見する筆者（右）

写真8-8　田中護史神戸運輸監理部長（右）と、石井淳蔵流通科学大学学長（左）

ク・観光セミナー」を開催するなど、連携に向けて地歩を固めてきた成果が実を結んだ。これからも連携を通して、国内外で活躍する人材が育つことを期待している。

5）環境整備

観光庁では、休暇の取得を促進し、旅行需要を喚起することは、観光交流人口の拡大、地域活性化に資することから、休暇取得促進と旅行需要の創出・平準化に取り組んでいる。

2．国土交通省神戸運輸監理部による観光振興

全国各地の地方運輸局（神戸運輸監理部及び沖縄総合事務局を含む）では、観光庁の地方行政機関として観光振興を担っている。

神戸運輸監理部でもわが国有数の貿易・観光のみなと神戸港の活性化など各地で観光振興に取り組んでいる。

―ケース・スタディ（瀬戸内・感動体験クルーズ）―

2008（平成20）年7月16～18日、社団法人神戸経済同友会（以下「同友会」という）が核となり、神戸と瀬戸内海沿岸諸都市の官民連携で、神戸港発着、瀬戸内海沿岸諸都市を巡る、広域観光テストクルーズ「瀬戸内・感動体験クルー

ズ」が実施された。みなとまちらしいクルーズで、瀬戸内の広域観光を実現しようと、大型クルーズ客船「ぱしふぃっくびいなす」をチャーターして、関係者と一般応募の乗客約450名で2泊3日の航海を行った。一般応募はキャンセル待ちのでる人気となった。

写真8-9 国際遠洋旅客船「ぱしふぃっくびーなす」
（全長：183.4 m、幅25.0 m、総トン数26,561 t）

①テストクルーズまでの道のり

　港湾都市として栄えた神戸では、市内就業者（約70万人）の約30％が港湾関連産業（物流関連［海運業、倉庫業等］、活用産業［鉄鋼業、造船業等］、親水関連［飲食業、宿泊業等］の3種類）に従事し、市内生産所得（約4兆2,000億円）の約35％を生み出している[2]。神戸にとって「みなと」は重要な経済基盤である。神戸港が国内外のクルーズで賑わうことは、親水関連産業を活性させ、クルーズのみなとで育まれる交流は、交

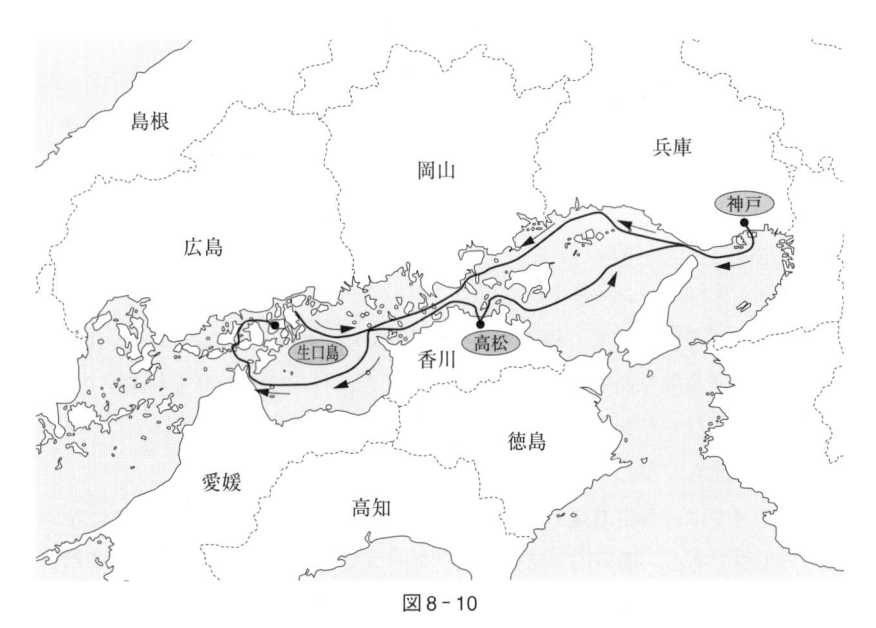

図8-10

易で栄えた神戸に新たな息吹を呼び込むものとなる。同友会は観光のみなとに着目して、2007(平成19)年3月、「神戸港を瀬戸内海クルーズの母港にしよう」と提言を行い、地域資源を活用した国内クルーズで地域活性化を図りたいとの情熱と、自ら汗をかく覚悟に官民関係者も感銘して、提言からわずか1年3か月でのテストクルーズ実現へとこぎ着けた。テストクルーズには、将来、民間事業者がクルーズ事業に参入する呼び水となることも期待された。

②クルーズによる広域観光の可能性

　国土交通省では、観光立国の実現に向けて、国際競争力ある観光地の形成に取り組んでいるが、単独の観光地での取り組みには限界があった。そこで、地域間が連携して2泊3日以上滞在できる広域の観光圏形成を目指して、2008(平成20)年7月、観光圏の整備による観光旅客の来訪および滞在の促進に関する法律（平成20年法律第39号。観光圏整備法。）が施行された。2009(平成21)年4月現在、全国で30地域の観光圏が国土交通省から認定を受けている。しかし、観光圏の認定を受けた地域は、各地方運輸局等の管轄内に留まっている。神戸および瀬戸内海沿岸諸都市を管轄する3地方運輸局（神戸、中国、四国）、地方自治体（兵庫県、神戸市、広島県、高松市等）、各経済同友会等が連携した今回のテストクルーズは、観光圏を先取りする広域観光のモデルケースであり、初の広域ビジット・ジャパン・キャンペーン（VJC）と、ニューツーリズム流通・促進事業をあわせて実施した画期的な取り組みとなった。また、せとうち・感動体験クルーズは、日本外航客船協会（JOPA）によるクルーズ・オブ・ザ・イヤー2008特別賞[3]に輝いた。

③ビジット・ジャパン・キャンペーン

　同クルーズを活用して、中国、韓国、台湾の旅行エージェント等を招聘し、波穏やかに多島美を誇る瀬戸内海のクルーズと、日本文化や郷土料理をPRするビジット・ジャパン・キャンペーンを実施した。

④各港でのおもてなし・ニューツーリズム

　クルーズでは、各寄港地で歓迎行事が催される。飛行機、鉄道などにはない魅力の1つである。瀬戸内・感動体験クルーズでも、発着港神戸の出航イベントをはじめ各寄港地で心通い合う歓迎イベントが開催された。

第8章　地域主軸の観光政策　133

「瀬戸内海クルーズ・インバウンド商品化事業」行程表（7月14日〜19日）

14日　松山空港着―松山城―砥部焼窯元―道後温泉ホテル（泊）
15日　坊ちゃん列車乗車―松山〜広島港〜宮島厳島神社〜宮島口（この間船利用）―平和公園―広島港（船内交流会）―広島市内ホテル（泊）
16日　神戸―神戸港〜（クルーズ船）〜瀬戸田港沖（船中泊）
17日　平山郁夫美術館―浄土寺・千光寺公園―瀬戸田港〜高松港（船中泊）
18日　栗林公園―うどん学校・金丸座―高松港〜神戸港―神戸市内ホテル（泊）
19日　六甲山頂施設―南京街―神戸空港〜（船）〜関西国際空港発

写真8-11　18日栗林公園にて茶道体験（高松）にて茶道体験

写真8-12　讃岐うどんづくり体験

写真8-13　神戸港でのテープ投げ

写真8-14　高松港のおもてなし

　今回のクルーズでは、寄港地の歴史や文化を活かしたオプショナルツアーが企画・実施された。
　また、神戸ではクルーズ客船の寄港を官民あげて歓迎してきたが、乗客が神戸ではなく京都、大阪のツアーに参加、神戸を十分満喫してもらえていないとの声があった。そこで、瀬戸内・感動体験クルーズでは、国土交通省が地域資

【参考】地元ボランティアによる離島観光ガイドツアー（広島県呉市豊町御手洗）

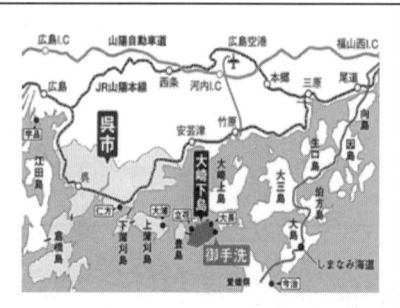

地図の出所：広島県HP
http://www.pref.hiroshima.lg.jp/page/1170749564084/index.html

　御手洗は、江戸時代に開かれた港町で、北前船交易で栄えた。平成6年、江戸情緒漂う御手洗の町並みが重要伝統的建造物群保存地区に選定されたことを契機に、島民による観光ガイド、美化運動、軒先の一輪挿しのおもてなし等に取り組んでいる。

写真8-17　船内講義の模様

源を活用した体験・交流・学習型観光による国内旅行需要拡大を目指して、平成19年度創設した「ニューツーリズム流通・促進事業」を活用して、全国で初めて、クルーズと寄港地オプショナルツアー一体で旅の魅力を発信する、神戸の歴史・文化に着目したニューツーリズム旅行商品の実証実験を実施した。神戸・瀬戸内の歴史、文化に詳しい講師が、船内講義を行い、講義で取り上げた史跡等を講師自らガイドするツアーであった。従前、クルーズのオプショナルツアーといえば、必ずしも寄港地の歴史、文化と密着したものではなかったため、クルーズとオプショナルツアー一体で、神戸・瀬戸内の歴史、文化を学び観るツアーのコンセプトは、とりわけ、クルーズ経験者に高く評価された。

3．地域主軸の観光政策の課題と展望

　国土交通省に観光庁が設置され、官民あげて観光立国の実現に取り組む気運が盛り上がっている。しかし、観光で地域を活性化する各地の取り組みが活発化することは、今後、勝ち残る観光地と敗れ去る観光地が生まれる地域間競争もまた活発になることを意味する。さらに国内における地域間競争だけでなく、我が国自体が、近隣のアジア諸国、また、全世界を相手とする競争の渦中にいるのである。勝ち残る観光地は、訪れる旅行者が満足するのは当然、その上を行く感動を提供できる観光地である。そして、その感動を演出できる人材の育成は、観光立国を実現する重要な課題である。神戸・瀬戸内海沿岸地域の魅力を理解し、観光を通して、その魅力を地域コミュニティと経済の活性化へと高めることのできる志ある人材の育成、それが「神戸・瀬戸内学」の理念である。

注
1）日本政府の主導で 2010 年までに訪日外国人旅行者数 1,000 万人達成を目指す取り組み。日本の観光魅力を海外に発信するとともに日本への魅力的な旅行商品の造成等を行う。
2）神戸市みなと総局：The economic impact of Port of Kobe（神戸市印刷物登録平成 19 年度第 284 号）
3）日本外航客船協会（JOPA）が、クルーズ市場の拡大に寄与したオリジナリティ溢れる旅行商品に贈る賞。2009 年 2 月 2 日、第 1 回授賞式が東京・平河町にある日本海運クラブにて開催された。

参考文献
伊藤政美「みなとまち神戸をクルーズで賑わう交流のみなとに！」海洋政策研究財団ニューズレター第 196 号（2008.10.5）
伊藤政美「神戸・瀬戸内クルーズの魅力と可能性」関西交通経済研究センター季刊関交研 2008（秋季）

（伊藤政美）

第9章

神戸・瀬戸内の観光資源

1. 観光資源の評価と分布

　観光には「見る」「する」「買う」「食べる」等の行動が含まれるが、そのうち「見る」という行動は観光の原点である。そして、この「見る」行動のもととなるのが観光資源である。現代の観光行動はホテルや展望施設のような観光施設の魅力、あるいは高速道路や空港といったインフラストラクチャー（基盤施設）の利便性に依存する部分が増大しているが、それでも最終的には「見る対象の存在、その希少性、美しさ、規模等」が観光商品の質を決定する。
　ところで、観光資源の多くは「属地性」を宿命として持っている。「属地性」とは、「そこに固定されている」という意味であり、だからこそ観光客はわざわざそこへ行くのである。車や電化製品や食料品はたいていの場所で入手できるし、場所が変わっても同じ品質は維持できる。しかし、観光資源は場所を換えることはできないし、すればすべての魅力を失うことになりかねない。それは観光資源がその地域独自の自然や歴史・文化によって、長い時間をかけて形成されてきたからである。
　ここで、「神戸・瀬戸内」の観光資源の実態を見ることとする。どのような観光資源が、わが国のどこに、そしてどのような評価のもとに存在するか、ということについては実は完全なデータは多くない。例えば、国立公園や自然環境保全地域といった「法律で指定された地帯区分」や文化庁が指定する史跡・名勝・天然記念物、国宝などで価値のある「地域や対象」がリストアップされて

いるが、これらは「保全・保護」を第一義とするものである。利用という考え方もないではないが、それは二義的である。また、観光資源としては比較的限定された種類にとどまっている。

そこで本章では、昭和40年代後半に3年間を費やして行われた調査結果＝観光資源データベースを利用することとする。この調査の実施主体は旧建設省である。当時、建設省は全国に高速道路網を形成するための基礎的な調査課題を数多く抱えていた。

実は、整備する高速道の需要の大部分は物流であったが、稼働の向上を図る上で、ウィークエンドの交通量をどう増やすかが大きな課題であったのである。そこで期待されたのが「観光流動」である。観光流動の創出のためには、どこにどのような観光資源が存在するか、そしてどの程度の誘致力があるかが、不可欠の情報であった。この調査を実質的に行なったのは財団法人日本交通公社を中心とする調査JV（共同企業体）であった。ワーキンググループは全国およそ9,000件の観光資源をリストアップした。評価については極力、科学性・客観性を維持するため、観光資源に関わる基礎的なデータ収集を図ったが、最終的には主観の混入が避けられないため、一次評価は地元の専門家や郷土史家を動員して掘り下げ、二次評価では中央で専門委員会を設置して、バランスの調整を含めて評価修正を行うこととしたのである。

図9-1はその際の観光資源の種類、図9-2は評価基準である。評価の確定に

自然景観や自然現象	山岳・高原・原野・湿原・湖沼・峡谷・滝・河川・海岸・岬・島・岩石・洞窟・動物・植物・自然現象
歴史的、文化的な景観、建造物	史跡・社寺・城跡・城郭・庭園・公園・碑像・歴史的建造物・歴史景観・地域景観・年中行事
現代的な景観、建造物	近代建造物・動植物園・博物館・水族館・美術館
＊その他	産業景観・農村景観・生活技術・芸術・人物など

図9-1　観光資源の種類
出所：S46〜S48建設省(旧)道路局　財団法人日本交通公社「全国観光資源調査」
　　　＊その他は、このデータベースでは収録していない

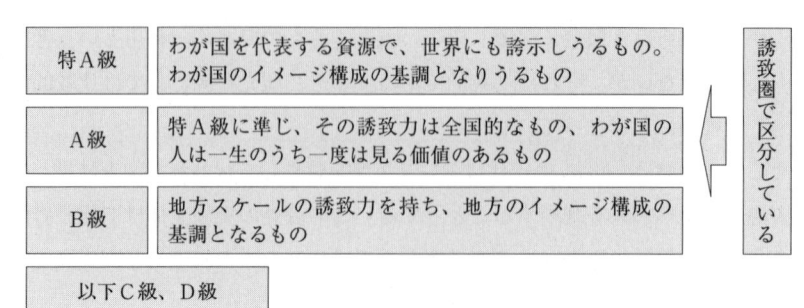

特A級	わが国を代表する資源で、世界にも誇示しうるもの。わが国のイメージ構成の基調となりうるもの
A級	特A級に準じ、その誘致力は全国的なもの、わが国の人は一生のうち一度は見る価値のあるもの
B級	地方スケールの誘致力を持ち、地方のイメージ構成の基調となるもの
以下C級、D級	

（誘致圏で区分している）

図9-2　観光資源の評価基準
出所：S46〜S48建設省(旧)道路局　財団法人日本交通公社「全国観光資源調査」

は一定の時間的推移を見る必要があるが、それを踏まえて数年間隔で資源評価と取捨選択の見直しが調査を行われ、現在も適宜検証されている（(財)日本交通公社「美しき日本」参照）。観光資源の評価というものが、決して固定的なものではないこと、劣化が起きたり、消失したり、時代のニーズや個人の志向によって誘致力が極端に減退したり、そして、日々地域が自らの知恵により「新しい観光資源」を生み出している現実があるからである。

2．神戸・瀬戸内の観光資源

ではこのデータベースから、神戸・瀬戸内地域の観光資源を概観してみよう。まず、〈神戸・瀬戸内地域〉の範囲であるが、本章では、〈兵庫県から福岡県に至る区域で海岸線に接する市町村〉と規定した。神戸・瀬戸内地域の概念は単一ではないが、一般的には〈関門海峡〉と〈紀伊水道〉と〈豊後水道〉に囲まれた内海部分である。本章では、自然条件だけでなく、海上交通の歴史を勘案して玄界灘の一部を含めた範囲としたい。地域は大きく16のブロックに分割した。困難な問題は、〈陸域〉をどのように設定するかであるが、これは市町村界で区切らざるを得ない。市町村の採否は海岸線を有するかどうかで判断した。このような前提で「主要観光資源（SA, A, B）を有する市町村」を各ブロックごとに選定して筆者が範囲を設定したのが表9-1である。

表9-1　神戸・瀬戸内地域のブロック分割とB級以上の観光資源を有する市町村

ブロック	市　町　村					
阪神明石	神戸市	西宮市	明石市			
淡路	洲本市	淡路市	南淡路市			
播州	加古川市	赤穂市	姫路市	たつの市		
岡山・日生	岡山市					
倉敷・笠岡	備前市	笠岡市	倉敷市			
福山・尾道	尾道市	福山市				
広島・呉	広島市	廿日市市	呉市	江田島市		
岩国・周南	岩国市	光市	周南市	周防大島町	上関町	
下関・宇部・防府	宇部市	下関市	山口市	防府市		
鳴門・徳島	徳島市	鳴門市	阿南市			
高松・小豆島	小豆島町	さぬき市	高松市	高松市	土庄町	
丸亀	宇多津町	三豊市	丸亀市	坂出市		
西条・新居浜	西条市	四国中央市	新居浜市			
松山・今治	今治市	松山市	伊予市	北条市	大洲市	
北九州	豊前市	北九州市				
国東・別府・大分	別府市	国東市	宇佐市	姫島村	豊後高田市	大分市

　観光資源については、SA（国際的な誘致力を持つもの）、A（全国的な誘致力を持つもの）、B（地方ブロックレベルの誘致力を持つもの）の各クラスを取り上げた。ある程度広域的な観光客誘致を想定できる観光資源、という意味合いである。また、前述のデータベースにおいては、観光資源はすべて厳密に個別収録しているものの、観光をする人の現実的な感覚は、複合された形で見たり、意識されるものである。その観点からデータベースを一部加工した。たとえば「史跡」の「屋島」と「社寺」の「屋島寺」は1つの観光資源に統合しても良いし、「海岸」で登録されている「慶野松原」と「植物」でも登録されている「慶野松原」は観光客には区別できない。同様の例は、四天王寺と聖霊会、倉敷美観地区と大原美術館、円通寺とその庭園、鳴門海峡と渦潮、等がある。こうした前提のもとに作成したのが図9-3である。

　この〈神戸・瀬戸内地域〉においては、国際的な誘致力があると定義づけられたSAクラスの観光資源は3件にとどまる。①姫路市の姫路城、②広島市の平和祈念資料館、③廿日市市の厳島神社である。これらは、いずれも歴史文化

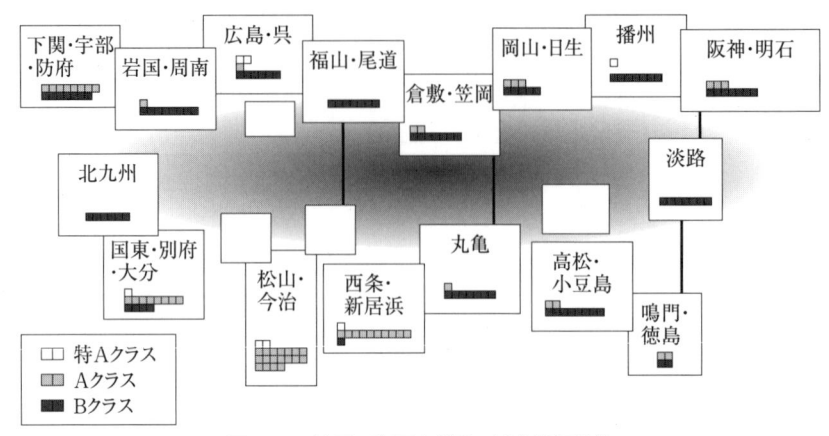

図9-3 神戸・瀬戸内地域の観光資源件数

系の観光資源であり、世界遺産に指定されていることも共通する。2007（平成19）年の観光者数は姫路城が102万人、平和祈念資料館が132万人、厳島神社が173万人である。神戸・瀬戸内地域でも特筆すべきこの3者は、甲乙つけがたい観光資源価値を有するが、平和祈念資料館については「美しさや迫力に感動する」といった性格のものではなく、原爆被災という世界でも例を見ない特殊な主題を抱えたところに意味がある。当然、こういう観光資源は他とは違った位置づけや観光利用のしかたが配慮されなければならない。

次に神戸・瀬戸内地域の全体像をみてみよう。

この地域のSA、A、B各クラスの観光資源数は合計で140件、うち自然系資源が39.3％を占めている。全国の観光資源では46.9％である。全国の観光資源数（B級以上）は件数にして2,448であるため、本章で設定した神戸・瀬戸内地

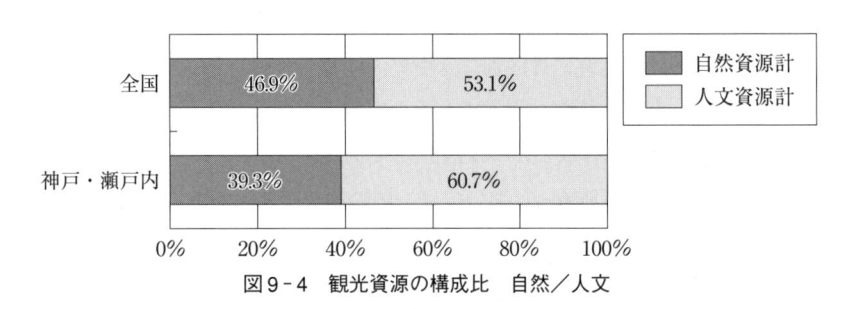

図9-4 観光資源の構成比　自然／人文

域の観光資源は5.7％のシェアを有することになる。特徴は図9-4に示すように、人文資源が主体であることである。その内訳は前述のように6割に達する。瀬戸内海の美しい自然に恵まれた観光地域という単純な先入観は覆される。それ以上に深く醸成された歴史文化が蓄積された地域なのである（観光資源の一覧は第10章に添付）。

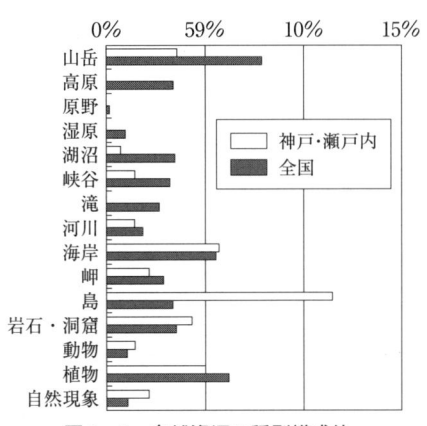

図9-5　自然資源の種別構成比

図9-5から、自然系資源をみると、①内海地域の特性を如実に表すのは多くの「島」が評価されていること、②しかし、一方では海岸のシェアが低い。これは開発による人工海浜の増加という現実を示すものかもしれない。③また、日本の国土は豊富な山岳資源を輩出しているが、

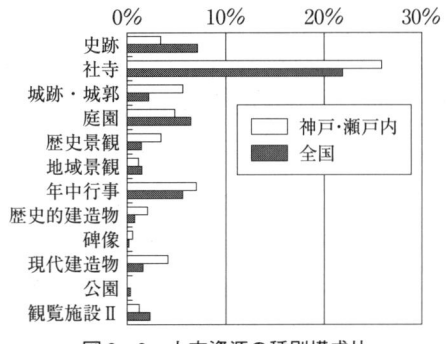

図9-6　人文資源の種別構成比

この地域は山岳ではこれといったものに恵まれず、日本全体のそれとは違った性格を示していることも特徴的である。

図9-6は人文系資源のシェアを見たものである。人文系資源全体が、全国平均のそれより高いシェアを持っているが、中でも社寺の多さが印象的である。

瀬戸の海がわが国有数の景観美を誇る観光地域であることは確かなものの、必ずしも「海」一色に染まる地域でないことは指摘できる。

3．神戸・瀬戸内地域の海の魅力

　ここで、観光資源のデータベースから、神戸・瀬戸内地域の「海岸・海洋系資源」を取り上げてみよう。どのような資源種を「海岸・海洋系資源」とするかということについてはさまざまな見方ができる。例えば厳島神社は鳥居自体が海中に建立され、文字通り海岸に立地する神社である。しかし、神戸市の生田神社もその来歴をたどれば、神功皇后が朝鮮遠征の帰途、西宮沖で急に船が進まなくなったことから、水難を避けるために建立したものと伝えられ（日本書紀より）、「海岸・海洋」と無関係というわけにはいかない。神戸・瀬戸内地域の社寺や史跡には多かれ少なかれ、このように海との関わりを秘めているものが多いが、関わりの強さによって取捨選択するのは困難である。したがって、ここでは視覚的にわかりやすい、「島、海岸、岬及びそれらに接する地域歴史景観、植物、岩石、自然現象、現代建造物、公園」に絞って、抽出することとした。

　表9-2はその一覧であるが、海岸・海洋系観光資源をみてみると一様ではなく、以下のような6つのタイプに分けることができそうである。
　①白砂青松のパノラミックな自然海岸風景
　②箱庭的な海域と瀬戸内らしい多島嶼の景観
　③原生の自然生態が残された環境
　④独自の歴史文化を育くんできた島嶼や地域
　⑤開発整備が進んだ観光レクリエーション地域・ポイント
　⑥荒々しく男性的な海洋景観、自然現象

第9章　神戸・瀬戸内の観光資源　143

表9-2　海岸・海洋系資源一覧

ブロック	県	市町村	種類	タイプ	評価	資源名	内容
阪神・明石	兵庫	明石市	現代建造物	⑤	A	明石海峡大橋	深夜、大阪・神戸を出港して別府・大分へ向かう船がこの大橋をくぐる瞬間、大きな歓声が上がる。橋を渡る快感とは別の種類の感激が迫る。このライトアップは国際的な照明デザイナーによるもので、吊り橋のケーブルに1,000余りのランプが据えられている。かつては京阪神や明石から、淡路あるいは四国高松への航路が就いていたが、ほとんどが交通施設の高速バスに取って変わられた。工事の完成は1988年で、もともと橋は交通施設のひとつであるから、観光のための重要な要素ではあるが、主役ではない。しかし、全長3,911mのこの長大な橋はその迫力により、自ら観光資源と化した。完成は10年後の1998年で、橋を渡るケーブルの工事は1988年で取り行われた。
阪神・明石	兵庫	神戸市	地域景観	⑤	B	神戸港	神戸港の範囲は芦屋市との境界から須磨神に至るまでの広大な海域に及ぶ。これは法に基づく指定区域ではあるが、文字通り観光都市神戸の3つの指定重要港湾のうちの1つ（大阪港とともに、他は横浜港、名古屋港、東京港、四日市港）であり、わが国の物流の一大拠点と入流地点と世界的なクルージングの寄港地としても重要な役割を担ってきた。かつての修学旅行黄金時代を支えた関西汽船の母港であり、神戸・瀬戸内地域の核といえる。特にハーバーランド、メリケンパーク、ポートアイランド等にはホテル、フェリーターミナル、クルーズレストラン、博物館、コンベンション施設、ポートタワー等の集客施設が連なっている。
淡路	兵庫	洲本市、南あわじ市、淡路市	島	④⑤	B	淡路島	日本では沖縄本島、佐渡ヶ島、奄美大島、対馬に次ぐ第五位の広さを持つ島（国後、択捉は除く）。広さは約600km²もあり、観光魅力も多様性に富んでいる。そのことが島の観光コンセプトを拡散させている、歴史的には由緒のある島である。「古事記」や「日本書紀」の「おのころ島」で、ここからわが国の国生みが始まった。伊弉諾、伊弉冊（いざなぎのみこと、いざなみのみこと）の二神が祀り上げたのがこの淡路島で、ここからわが国の国生みレクリエーションの場として親しまれてきた。温暖な気候と豊かな海産物に恵まれ、古くから京阪神の海浜レクリエーションの場として親しまれてきた。明石海峡大橋や大鳴門橋により周遊観光の性格も強めている。文化的な素材の代表は南あわじ市を中心に活動を続ける人形浄瑠璃で、これは約400年の伝統を持つ。一方、阪神淡路大震災の震源である野島断層を訪れる観光客も多い。
淡路	兵庫	洲本市	島	③	B	成ヶ島	淡路島の由良港を取り巻くように弧状に伸びる小さな島。春には潮干狩り客が訪れることもあるが、かつての塩田跡地にぎわいはない。しかし、この成ヶ島にはハマボウなどの海浜植物の群落、ウミガメの産卵場所、ハヤブサなどの営巣地等が残り、貴重な自然生態に恵まれた島である。近年、潮流の関係で京阪神のゴミの漂着が目立ち、危機感を持った篤志家により青掃運動が活発化している。

		海岸・岬・島		説明
淡路	兵庫 南あわじ市	慶野松原	①B	典型的な白砂青松の海岸で延長は2.5 kmほど。淡路島西部にある島を代表する海水浴場である。「万葉集」でも、その美しい風景が歌人に詠まれた。海岸沿いの黒松は最盛期には5万本にも達した。夏には多くの海水浴客でにぎわう。
	南あわじ市	沼島	④B	淡路島の南端に浮かぶ面積2.5 km²ほどの小さな島。海上釣りスポットでダイナミックなコンパクトでひなびたビーチもあり人気のスポットであるが、沼島の特性はその沿岸沿いに奇岩風景が点在したり、淡路島の神様である天照大神の「親」に当たる神である伊弉諾・伊弉冉尊はわが国皇室の神様である天照大神の「親」に当たる神である。その二神が日本の国土を形作る際に淡路島や沼島が生まれた、という言い伝えがある。
播州	兵庫 赤穂市	赤穂御崎	⑤B	典型的な立ち寄り観光地。内海をバックに桜を眺める景勝地で近隣には温泉もある。ドライブの楽しみやフィッシングなどのレクリエーションの適地でもある。1987年に県が広域公園を岬の西側の塩田跡に整備した。遊園地やキャンプ場、博物館などが並ぶおもてなすテーマパークのような場所に県が非常に濃くなった海岸環境である。
	姫路市	家島諸島	②④B	姫路市の沖合18 kmに浮かぶ大小40あまりの島々で構成する諸島。総面積は5.46 km²。歴史は古く、神武天皇の時代にさかのぼる。天皇が海域を航行中、荒天から避難した際に、その静かさに驚いて「家のようだ」と感嘆したところから「家島」の名がついたといわれる。島の主産業は石材の採掘とその運送であり、そのためもあって海域の遠景はところも美しく、各島が絵のように美しいというわけではない。ただ、釣り客の間では人気が高い。
	たつの市	室津海岸	①②B	たつの市の南端6 kmほど、はりまシーサイドロードが走る海岸線は「七曲がり」という地名が示す通りの難所である。室津港と大浦海水浴場などもあるが、室津の海岸は近くに地ノ唐荷島、沖ノ唐荷島を望み、遠くに家島諸島を望む絶好の展望ポイントが連なる。
倉敷・笠岡	岡山 備前市	大浦海岸	②B	鹿久居島の南端につらなる自然色の強い海岸で海水浴場も多い。
	備前市	日生諸島	②B	備前市や吉永町と合併した旧日生町の沖合に点在する。島の数は14。この景観を生かした周遊観光を彩るのは豊かな海産物（牡蠣養殖も盛ん）とみかんである。野生の鹿が群れる鹿久居島には古代生活体験をテーマとして「まほろばの里」が整備されている。宿泊施設や海水浴場などの整備は頭島や鴻島でも進んでいる。
	笠岡市	白石島	②B	岡山県西部の沖合12 kmに点在する笠岡諸島は島数31。そのうち白石島は約2.86 km²という小島であるが、京阪神からの利用が少ない。国の重要無形文化財である白石踊りや弘法大師が開いたといわれる開龍寺、天然記念物の鎧岩、ハイキングコースからの瀬戸内海展望などの見どころがある島の島のイメージはこの海浜で形成されている。

第9章 神戸・瀬戸内の観光資源

地域	市	海岸/島		評価	名称	説明
福山・尾道	尾道市	島	④	B	生口島	尾道市に所属する面積33.74 km²の島であるが、瀬戸内海を縦断し、本州と四国を結ぶ陸路の観光拠点となった。島には様々な観光の魅力が散在する。歴史的なものでは室町時代初期の向上寺三重塔が有名であるが、近年整備された平山郁夫美術館や旧耕三寺田町の「島ごと美術館」（野外彫刻）等による新しい文化創造が観光客を引きつけている。自然環境の面では生口島の西側に位置するサンセットビーチ（約800 mの白砂の人工海浜）が海水浴客やベトベキューを楽しむ人たちに人気。そして、レクリエーションのメッカであると同時に夕陽の名所を訪れる観光客も多い。島は柑橘類の主産地であり、シトラスパークのような立ち寄りテーマパークも充実している。
	福山市	海岸	④	B	鞆ノ浦	鞆は福山市の南端に位置する天然の良港であった。周囲は地形条件等により潮流の変化が激しく、鞆ノ浦と一体的な観光地を形成する。見どころは多種多様。鞆は「潮待ち港」として栄えた。歴史をさかのぼると足利氏ゆかりの地で、「室町幕府」はこの鞆で始まり、鞆を待つため「鞆ノ浦」に終局を迎えることになった。政治的な意味合いでは薄れているが、経済、軍事的な重要性を持っていた。しかし、日本の近代化に伴って瀬戸内海運の重要性が低下し、鞆の町を交易都市から産業都市へと変貌していった。こうした過程で鞆の町に残されたのは観光客がそぞろ歩きを楽しむ歴史的な町並みである。
		島	②	B	仙酔島	「仙人も酔いしれるほどの美しい島」をキャッチフレーズとする周囲6 kmの島。鞆ノ浦と一体の観光地。浦賞のほか奇岩や美しい砂浜を楽しめるのと同時に、目に映えるものとしてミステリアスな魅力をたたえる。見どころの蓬莱山伝説が残り、この仙酔島も候補地になったと言われ、宮島との思わぬ繋がりも興味深い。
広島・呉	廿日市市	島	③④	A	宮島	世界遺産登録の対象は厳島神社とその背後にそびえる弥山全体である。そのことが示すように、島は全体が自然・文化・経済史等多様な観点から遺産ですべき価値があると認められたからである。宮島は全体の姿が美しく、古くから信仰の対象になっていた。奥深い自然が厳島神社の神々しい建築美を神との融合を果たしている弥山がある。厳島神社は593（推古元）年、地方豪族の佐伯氏が創建したものであり、弘法大師が宮島を訪れ山に入山し本格的な信仰の拠点と化した。その後、平清盛が守護神として篤い信仰を示したため、栄華を極めるようになった。福原遷都を思えば、神戸市と宮島は清盛によって繋がっていることになる。一方、室町時代から江戸時代にかけては瀬戸内海の水運、交易が盛況となり、中継港や商業地としての機能も果たすようになった。
	呉市	海岸	④⑥	B	音戸の瀬戸	瀬戸とは海峡のことで、呉市の本州側と倉橋島を結ぶ僅わずか90 mほどの海域を往き来する激しい潮流が観光対象になっている。海峡にはユニークなららせん状の橋が架けられているが、これは海峡を航行する船舶が多く、橋桁を海中に立てることができないこと、通常の橋の場合、陸地部分に基礎を置くための用地が必要となるが、倉橋島側の用地確保が困難などの理由が挙げられる。また、この海峡は平清盛が開削したといわれ、統治に建立された「清盛塚」は瀬戸内を貫く「平家ストーリー」の一翼を象徴している。

福山・尾道	広島県	江田島市	④⑤	B	江田島	面積100.94km²の瀬戸内では比較的大きな島に属する。音戸の瀬戸、早瀬の瀬戸にかかる橋により本土とは一体化している。1888年に東京の築地にあった海軍兵学校が当地へ移転し、江田島のイメージを形成している。一方、島も自衛隊人育成の拠点となった。現在も自衛隊の教育訓練の基地などが広がる。一方、島には観光漁業、海水浴場、砂浜青松など海浜公園の遊歩道が進み、アクセスの良さから近郊市民の行楽の地ともなっている。受した開発も進み、アクセスの良さから近郊市民の行楽の地ともなっている。
岩国・周南	山口県	光市	①	B	虹浜狭薬海岸	光市内、工業団地を挟んで2つの海浜が並ぶ。民間団体の評価であるが、全国の渚の白砂青松100選、白砂青松100選に選ばれた砂青松の日本的な海岸である。虹ケ浜は2.1km、室積浜は5.7kmの延長となっている。
			③	B	室積半島	瀬戸内の多くの地域が海運の発展を契機に発展してきた。集落には回船問屋の繁栄により格子づくりに統一された古い町並みを形成させてきた。しかし、この半島の特色はむしろ貴重な自然生態にある。半島の先端に位置する峨嘯山には原生の暖帯性樹林が残存している。国は天然記念物として指定し、保護に努めている。
		周防大島町	④	B	屋代島	周防大島と呼ばれる。本州側の柳井市とは橋で結ばれている。アクセスは容易。島は瀬戸内で淡路島、小豆島に次ぐ3番目の大きさで128km²。平地は少ない。従って農業はみかんが中心となっている。漁業は担い手不足であるが、観光が主力産業となってきた。島の歴史は交通の要衝であったことが古事記にも記載されており、この後も海賊の抗争の舞台になるなど伝統を誇る。島ではみかん狩り、海水浴、地引き網体験、パラグライダー、桜の鑑賞などが楽しめる。
		上関町	④	B	祝島	歴史をさかのぼると弥生時代に漁労の形跡が残っている。万葉の時代には「伊波比島」（いはひしま）という名称で登場した。万葉集では航海の安全を祈願する歌が多く、奈良の時代から祝島が瀬戸内航路上の要衝であったことが窺える。平家との関係では治承・寿永の乱で、平家の水軍の将・平景清が伝えられる石塚がある島内に存在し、「平家塚」と呼ばれている。面積は約8km²で海岸線付近は急峻な傾斜地が多く、住居も風が厳しいため、住居を守るために石組んだ路地を組み、祝島の独特な郷土景観を形成している。これは練塀という。
鳴門・徳島	徳島県	鳴門市	⑥	A	鳴門海峡・渦潮	南淡路市と鳴門市の間の海峡で「渦潮」は全国的な知名度のある観光資源。鳴門大橋の開通でさらにアクセスが容易になった。
高松・小豆島	香川県	小豆島町	④⑤	A	小豆島	面積は淡路島に続いて瀬戸内第二の広さで153km²。中央部にそびえる寒霞渓は紅葉ゾーンでは観光客以南の南部に多いが、北側の海岸部に分布する。観光スポットは観光の名所でる国指定の名勝である。観光の寒霞渓を経て、江戸時代には津山藩領に、他の海岸と同様に古備前に属しており、古代から吉備国にも属した歴史があり、歴史的にも瀬戸内海上交通の要衝性が評価され、小豆島も徳川幕府の直轄領になった。温暖小雨の瀬戸内式気候はオリーブという特産物を生み出した。自然生態系の豊富さでも評価を得ている島であるが、二十四の瞳映画村、紅葉狩り、マルキン醤油記念館などの海岸の観光、レクリエーション利用はそれほど活発ではない。

146

第9章　神戸・瀬戸内の観光資源

地域	市町	分類	ランク	名称	説明
高松・小豆島	小豆島町	海岸	②B	双子浦	小豆島海岸の海浜。近景には余島、遠景には屋島が浮かぶビューポイントである。また景観だけでなく、応神天皇が小豆島を訪れたことを伝える史跡や古墳があり、土器なども多数出土した文化遺産も豊富。ただ、海岸線は護岸整備が進み、風情が薄れつつある。
	土庄町	海岸	②B	余島海岸	干潮時に浅瀬から砂浜が浮き上がり、小さな島づたいの散策路となって、穏やかな瀬戸内の景観となる。別称エンジェルロード。
香川 丸亀	坂出市	島	②B	塩飽七島	塩飽島（しわくじま）は28の島で構成する。岡山県側の笠岡諸島の31の島と連なって、静かな内海に多くの島が浮かぶ典型的なせとうちの光景を現出する。諸島のうち中心的な島は本島（ほんじま）で戦略上の配慮による細い路地と古い町並みが残る。観光的に注目されたのが与島（よしま）で、瀬戸大橋のパーキングエリア整備への期待が高まったが、十分な経済効果がなく、観光客が多く並び観光地化が進んでいる。
松山・今治	伊予市	岬	⑥B	佐田岬	四国最西端の岬。30kmにわたって細長く延びる佐田岬半島の先端に位置する。正面に九州側の佐賀関をみるが、間に横たわる豊予海峡は荒々しい光景と化している。半島から岬にかけては風光明媚なドライブラインとなっている。佐賀関岬側では岬アジというブランドで、佐田岬側でも岬アジとブランド魚関アジの漁獲で有名。先端の岬は四国最西端となっている。観光資源、神社、公園などが整備され、観光地となっている。
	今治市	島	④B	大三島	今治市に属する芸予諸島の一つ。しまなみ海道へと連なる島の、大三島は面積64.54km²で諸島中、最大の島。瀬戸内の島らしく、箱庭的な多島景観が楽しめる地、他の島とは違い大山祇神社による「神の島」のイメージとなっている。瀬戸内海のメロディラインがドライブコースの中心で、同時に神社を核に旅館や土産物店、飲食店が立ち並ぶ観光地。
	（愛媛県側）	自然現象	②B	来島海峡の潮流	しまなみ海道の最も今治側に位置する海峡。日本三大急潮といわれる潮の流れは有名であるが、それが鳴門の流れと織りなす内海の景勝地としての評価が高い。
北九州	北九州市	現代建造物	⑤B	若戸大橋	1962年に開通したこの吊り橋は日本の当時の架橋技術を結集して建設された。その技術は関門橋や本州四国連絡橋の建設に引き継がれた。全長は627mで、海面からの高さは42m。北九州工業地帯にあるため、戸畑・若松の両岸に瀬戸内の内海風景は期待できない。

国東・別府・大分	姫島村	④	B	姫島・観音崎	国東半島の先6kmに浮かぶ東西7km、南北4kmの小さな島。伊邪那岐命、伊邪那美命による「国生み」の神話では、まず大島を生み、その後誕生した女島が姫島に当たるとしている。これは古事記の記述であるが、淡路島の国海伝説と重なるところがある。真偽を争うというよりは兄弟のような島と解釈した方が楽しい。景観は島の北西部にあり、観音崎は島の北西部にあり、馬頭観音を祀る岬がある。
大分市		⑥	B	地蔵崎岬	愛媛県佐田岬の対岸、大分県佐賀関町の突端にある。この岬と佐田岬を結んだ線が瀬戸内海の南限とされている。間に横たわる13.9kmの豊後水道は東の鳴門海峡とともに潮流の早いことで有名である。春の桜や冬の椿でも有名である。先端に設置された鉄造灯台で文化歴史的価値を有する岬でもある。1901（明治34）年に設置された灯台は、貴重な南限の南限でもある。
		③	B	高島	佐賀関の地蔵崎岬と佐多岬の間に浮かぶ無人島。周囲5.5kmの小さな島である。かつては内海の防衛のための砲台なども設置されていたが、現在は夏にキャンプに訪れる人がいる程度。ウミネコの繁殖地の南限でもある。

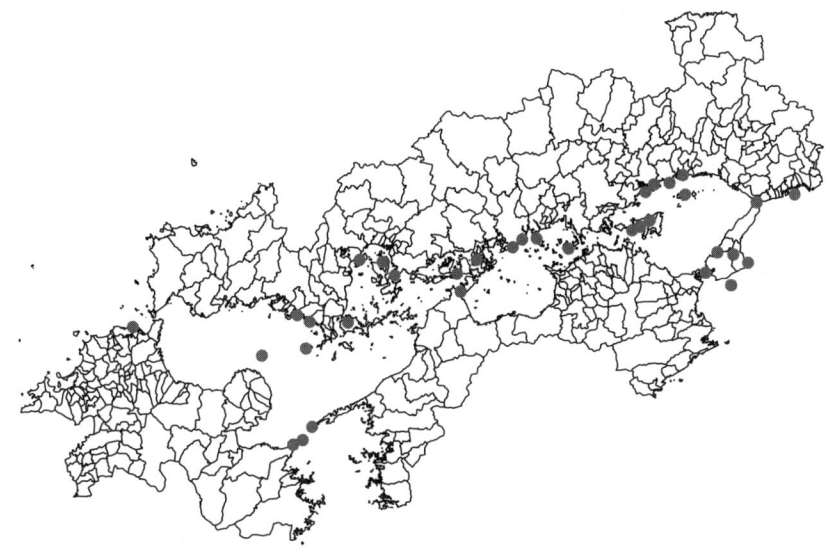

図9-7　海岸・海洋系観光資源の分布

4．神戸・瀬戸内と平家の隆盛

　自然が歴史を紡ぎ出すという仮説を楽しみつつ、それぞれの結びつきをひもとくと、地域の見方がずいぶん変わっていく。神戸・瀬戸内地域の中で中心的な存在である宮島・厳島神社をはじめとした歴史的観光資源の間に横たわる大きなテーマを探ってみると、平安末期の平家の物語が浮かんでくる。古来、「海の平氏」と言われるほど、「瀬戸内」と平氏の関わりは深い。ここからは、平安の時代にまでさかのぼって、神戸・瀬戸内を眺めることとする。
　平清盛は1118年に生まれ、1181年63歳で没した。戦乱をいくつもくぐり抜け、権謀術数の限りを尽くした割には長い生涯であったといえる。この平清盛の父や母が誰だか実ははっきりしない、というと驚かされる。「平家物語」では、時の最高権力者である白河法皇が愛人である祇園の遊女を妊娠させ、彼女とおなかの子どもを配下の平忠盛に押しつけたという逸話を記している。その時の子どもが実は清盛であり、その出世の早さは、実は帝の血を引いたが故で

150

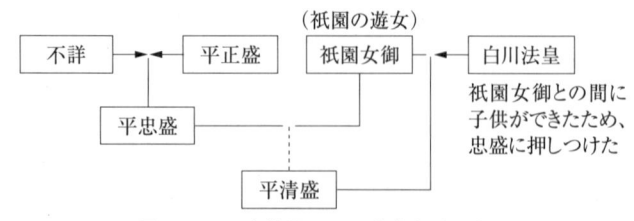

```
                              （祇園の遊女）
  ┌─────┐    ┌─────┐   ┌─────┐    ┌─────┐
  │ 不詳 │───▶│平正盛│   │祇園女御│◀──│白川法皇│
  └─────┘    └─────┘   └─────┘    └─────┘
                 │         │       祇園女御との間に
                 ▼         │       子供ができたため、
              ┌─────┐      │       忠盛に押しつけた
              │平忠盛│      │
              └─────┘      │
                 ┊         │
                 ▼         ▼
              ┌─────┐
              │平清盛│
              └─────┘
```

図9-8　平家物語による清盛生誕の流れ

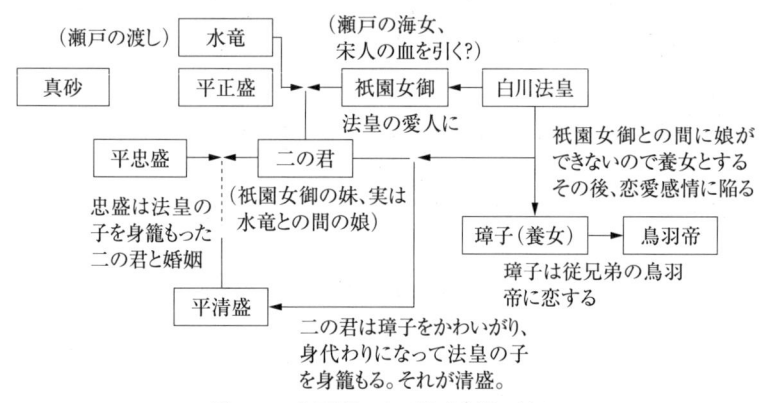

```
                            （瀬戸の海女、
         （瀬戸の渡し）  ┌───┐ 宋人の血を引く？）
                        │水竜│
  ┌────┐  ┌─────┐   └───┘  ┌─────┐   ┌─────┐
  │真砂│  │平正盛│──────▶│祇園女御│◀──│白川法皇│
  └────┘  └─────┘         └─────┘    └─────┘
                │         法皇の愛人に    祇園女御との間に娘が
                ▼                        できないので養女とする
       ┌─────┐  ┌─────┐                その後、恋愛感情に陥る
       │平忠盛│─▶│二の君│                 ┌─────────┐  ┌─────┐
       └─────┘  └─────┘                 │璋子（養女）│─▶│鳥羽帝│
    忠盛は法皇の  （祇園女御の妹、実は     └─────────┘  └─────┘
    子を身籠もった 水竜との間の娘）        璋子は従兄弟の鳥羽
    二の君と婚姻       │                 帝に恋する
                      ▼
                   ┌─────┐
                   │平清盛│◀──── 二の君は璋子をかわいがり、
                   └─────┘      身代わりになって法皇の子
                                を身籠もる。それが清盛。
```

図9-9　海国記による清盛生誕の流れ

あると解釈されているのである。一方、服部真澄という作家の「海国記」はこのミステリアスな人間関係にさらにロマンチックなストーリーをちりばめている。こちらの筋立ては、祇園女御というのは瀬戸の海で溺れかけていて舵師（水先案内人）に助けられた宋人の血を引く少女で、その舵取りとの間に生まれたのが「二の君」という美女であった。祇園女御は二の君を妹として育てつつ、時の絶対権力者白河法皇の愛人となる。この二の君に恋するのが、正盛の息子である忠盛である。結局二の君と忠盛とは結ばれるのであるが、この二の君がすでに身籠もっていたのだという。その相手としてこちらの物語でも白河法皇が登場する。法皇は別に養女として璋子という少女を迎えていたのであるが、信じられないことにだんだん恋愛感情に移っていった。璋子を可愛がっていた二の君はその気配を察して身代わりになってしまったのである。母こそ違え、平家物語と海国記とも、清盛の血は朝廷の色に染まっているのである。海国記

はフィクションとはいえ、平家物語よりも説得力がある。実は祇園女御と忠盛の婚姻は年齢から考えても不自然である、という指摘が「仏舎利相承次第」という古典にも記されているからである。もちろん二の君が実在の人物かどうかあやふやな点もある。

　この時代では、母や恋人というような関係にあっても女性の場合は氏名不詳とされる場合が多い。名前はなく、単に「女」「女御」で片づけられていることもある。女院という名称だと権力が付随してくるので存在は公式のものとなるが、それは希なことであり、ゆえに正確な系図が書けないのである。人物の生誕や人間関係が不明瞭なことがままある原因として、このような「女性の地位の低さ」が関係しているのである。

　平家と源氏の興亡を大河の物語で聞かせる古典が何かといえば、もちろん「平家物語（作者不詳）」である。その舞台は全国津々浦々に及ぶが、中心は何といっても京都・神戸と瀬戸の海といってよい。平家ゆかりの地が観光資源化している例も多数ある。平家が興ったのはわが国が貴族社会から武家社会へ転換を始めた狭間の時代である。平家の興亡だけに焦点を絞ると一般的には平正盛・忠盛・清盛の三世代の期間の出来事といってよいが、平家物語ではどちらかといえば平氏はヒール役で描かれている。これは平家物語が口伝えの大衆文学であり、戦記物ということもあって、大げさにヒーローとヒールを際だたせたかったという意図もあるらしい。平家物語に登場する源頼朝はりりしいが、残忍至極な男で自分の弟に別の弟を殺すよう命ずるような男である。義経も美少年で京の橋の欄干を飛び跳ねるのであるが、それに比べて清盛はなんだか性格の悪そうな坊主姿が資料に残っている。政治的な足跡や性格も英雄として書かれているとは言い難い。しかし、実際には義経こそ、身長150cmくらいの小男（だから橋の欄干を飛べたのかも？）で出っ歯の醜男だったという説もあるのである。肖像画の描かれ方で後日の評価が左右される、ということになるとむなしさもある。

　こうした清盛＝悪役という見方に対して異論を唱え、彼を傑出した政治・軍事の天才であると見直したのが吉川英治の「新平家物語」であり、さらにロマンに満ちたサイドストーリーをちりばめて物語を展開したのが、前述の服部真

澄の「海国記」である。下関をはじめ、神戸・瀬戸内に生きる人びとには、こちらを史実として信じる人も多い。

　もともと平家の出自は桓武天皇に発するが、正盛の登場は一介の中級役人としてであった。それが三代で天下をとるまでに至った背景にはいくつかの政治経済、そして社会的背景があった。

　①物流の舞台である瀬戸内海を制して、財政基盤を確立したこと
　②天皇と宗教権力の争いを巧みに利用したこと
　③政略結婚などにより天皇家との縁戚関係の構築を図ったこと

　①　当時、都への物資、とりわけ食材は伊勢、若狭、瀬戸内の３方面から調達されていた。その中で、瀬戸内の果たす役割は大きかった。米や塩の搬入を通じて、都人の命を預かっていたといえる。ただ、正盛や忠盛がそういう物資を輸送する役割の重要性にのみ注目したわけではない。当時、内海には多くの海賊が跋扈しており、治安を徹底するのは困難であったが、役人は逆にそれに乗じて自らも輸送の途中で物資を抜き取って私腹を肥やしたのである。当然、忠盛も清盛もそれに習った。瀬戸内の多くの島影や岬の陰の存在はそういう所業のために都合が良かったのである。

　米、塩のみならず、あと２点の宝があった。木材と密輸品である。奈良や京都には寺社の建立に役立つような巨木がなく、これを中四国や九州から瀬戸内を通じて運び、平家一族は財を成した。朝廷に並ぶ権力機関であった寺社勢力が大社殿を建立し、法会を開いて権勢発揮の機会を繰り返していたからである。

　清盛の代になって、朝廷から国守（今の知事に相当）への任官が許された時に、彼が望みを伝えたのは安芸の国（広島県）であった。これも瀬戸内物流を完全に押さえるための不可欠の一手であった。なお、宋からの舶来品を朝廷の名の下に全国一括管理していたのが、博多の太宰府である。ここを経ずして都に財物を運べないという、今の税関のようなものであるが、後日、清盛が源氏に追われ、再起を期して落ち延びたのがこの太宰府であった。忠盛、清盛が瀬戸内を手中に収めんとした理由は、抜け荷による私腹肥やしだけではなく瀬戸内の津々浦々の海賊や水先案内人をてなづけたかったということもある。つまり、財だけでなく、人・兵の確保であったのである。瀬戸内は内海であり、波

も穏やかである。しかし、多くの島や浅瀬や岩礁をいかに避け、潮の流れをどのように制御して航行するのは容易な術ではなかった。宋船の船頭も玄界灘のような外界から瀬戸内に入るに当たっては、瀬戸内の専門家に代わってもらって舵をゆだねなくてはならなかった。この水先案内人を「海人」と称した。また、外洋を航海する宋船も船底が深いため、内海には入れなかったといわれる。当時、内海を漕ぎあがる外国勢力などありえないと思われたからこそ、九州に国防の拠点を置けば良かったのである。

　②　平家物語は形式上、平氏と源氏の興亡を描いているが、実際はそのような単純な対立構図ではない。むしろ、朝廷と宗教権力と武士（この時代の平氏を鎌倉時代の武士とは同列には扱えないが）の間の複雑な三角関係であったというべきである。いや、平氏も源氏も結局は朝廷（あるいは貴族勢力）にもてあそばれた歴史であったというような解釈すらできる。加えて、社寺の権力もすさまじく、世俗の法や仕組みを越えるものがあった。神社では伊勢、石清水、賀茂、松尾、平野、稲荷、春日、大原野、大神、石上、大和、広瀬、竜田、住吉、日吉、梅宮、吉田、広田、祇園、北野、丹生、貴布禰の22社が当時の朝廷に承認された格上の神社であり、これらには運営費ともいえる官費も支給されていた。これらの神社に所属する人びとは神人といわれ、例え罪を犯しても通常の法では裁かれず、治外法権の中にあった。神社は全国津々浦々に分社を置き、社領地を拡大していった。当時、海人の内海の通行権は近辺に限られていたのであるが、この神人は権威をかさに自由に往来し、密漁、密輸などやりたい放題であった。地方もそうであったが、京においてもその権勢は大変なものがあり、東大寺、興福寺、比叡山などは僧兵の力を背景に多くの乱に関与していった。地方の豪族が放漫経営で財政的に行き詰まると有力な寺社は金品を貸し付けるのである。その時、領地が担保に取られる。返済が途絶えると寺社は分社の建立を要求し、実質的に地域を支配していく。寺社の領地になると税を払わなくても済むので豪族も文句を言わない。現代のM&Aに通じるしくみである。

　清盛が宮島・厳島神社を開いた経緯もこの宗教権力との関係抜きにしては語れない。「平家物語」では、清盛が高野山へ参詣した時、高僧に厳島神社の造

営を指示された、との記述があるが、「海国記」では清盛が当地に国守として赴任していた時、佐伯氏という豪族の提言を受けて話が進んだということになっている。この豪族は世俗の海人であったが、さまざまな大社による進出と神領地化に地元の権益が荒らされることに業を煮やし、その対抗策として自らの土地を無名の伊都岐嶋社に寄進して、自らもその神人になってしまおう、その後ろ盾に清盛を頼ったというのである。これは内海の物流を自らの統制下に置きたいという清盛の野望とも合致するので、清盛は社殿の調度を整え、祭礼を執り行うことに同意した。これが都の大社のうらみを買うことにもなった。清盛が後に東大寺を焼き討ちし、僧兵数千人を殺戮するような事件にも繋がるのである。

③　一方、当時の朝廷を取り巻く世界では政略のためにはモラルも常識も通じないといっても過言ではなかった。清盛の実の父ではないかとの説のある白河上皇は、まだ天皇であった頃、直系の息子をなんとか跡継ぎにしたいと切望していた。しかし、長男が早くに亡くなり、弟に譲位せざるを得ない状況になるが、その弟も早死にしたため、急遽次男に天皇位（堀河天皇）を譲る。しかし、それは形式だけであって、自分は上皇として実権を失わないように画策するのである。その時の堀河天皇はわずか13歳であり、驚くべきことに白河上皇は自分の妹を天皇の后に据えたのである。天皇にとっては32歳の叔母と結婚させられたことになる。この時代、天皇や殿上人の間では配偶者が未成年の場合も頻繁にあり、子育てを肩代わりする乳母の役割も重大であったらしい。「海国記」によると、当時の位の高い家柄の乳児には3人までの乳母があてがわれた。そして、もし乳母が死亡した場合、子どもが13歳未満の場合必ず補充されたらしい。1歳をすぎれば乳母の本来の役割である授乳は必要ないはずで、つまり乳母の役割は性教育も行なっていたし、成人すると側近となって権勢を振るうことになるのだとしている。天皇の乳母の地位を獲得すればその一族もが大変な権力を獲得していくのが常であった。

　平家の滅亡の物語は安徳天皇を抱いた母、建礼門院徳子（清盛の娘）が壇ノ浦の海に没するシーンでクライマックスを迎えるが、図9‐10はこの安徳天皇やその父高倉上皇の近辺の系図である。清盛は自分の妻時子の姉妹である慈子

と後白河法皇の婚姻によって最高権力に近づくきっかけを作った。この後白河法皇は源平の確執の合間に必ず登場する奸智に長けた政治家、戦略家との評価がある。清盛は法皇の跡継ぎである高倉天皇に自分の娘の徳子を嫁がせた。つまり娘の夫、義理の息子が天皇になったことになる。清盛絶頂の時であった。高倉天皇はわずか20歳で皇位を安徳に譲り、清盛の心のよりどころである厳島神社を訪ねている。この高倉天皇は法皇と清盛の間の政治的駆け引き狭間で強いストレスにみまわれていたといわれ、それが故に多くの女性と浮き名を流した。その中でも最も深い仲の小督という女性は、また藤原隆房という藤原家の高官とも恋仲であった。ややこしいことに隆房の妻が清盛の娘（五女）なのである。さらに、『宮尾版平家物語』（宮尾登美子）によると、高倉天皇には正妻徳子、愛人小督以外に4人の愛人があり、計4人の男子、3人の女子をもうけたとしている。そして、正史では壇ノ浦では安徳天皇が母徳子とともに入水したとあるが、実は前述の4人の男子のうちの守貞親王が安徳の代わりになった、という驚くべきミステリーを紹介している。つまり、平家が担いだ正統天皇の血は絶えてはいなかったという説である。このように当時は「血統」がきわめて重要で、権力の追求の手段であった縁戚づくり戦略がそれぞれの当事者の心を深く傷つけあった時代なのである。

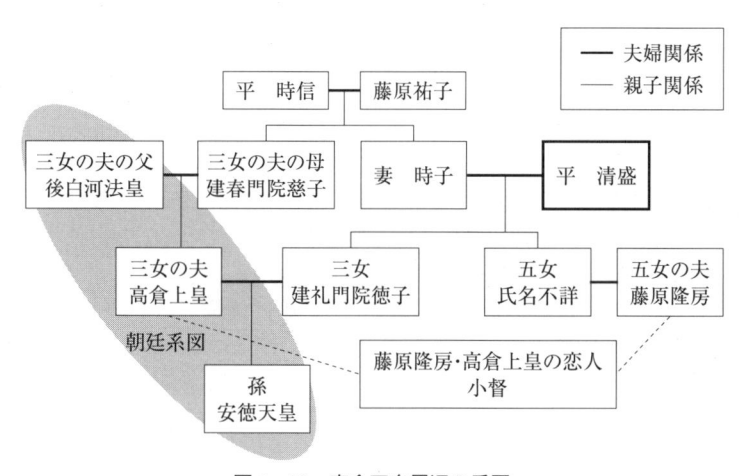

図9-10　高倉天皇周辺の系図

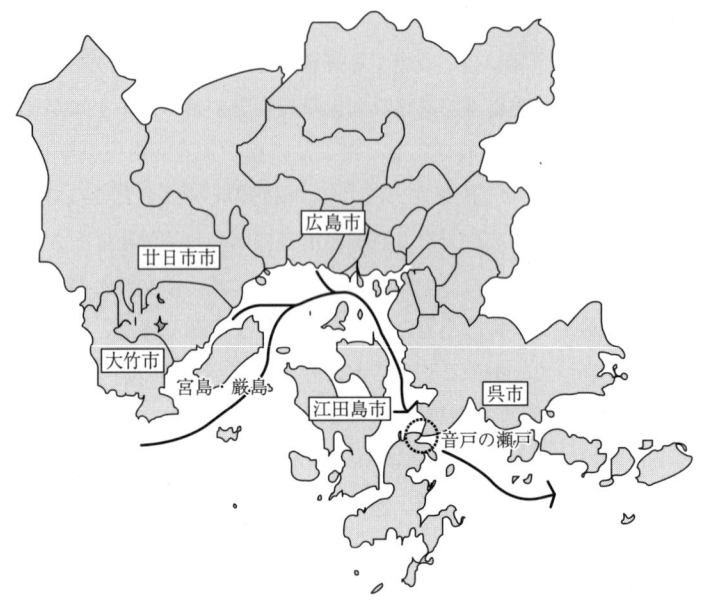

図9-11　音戸の瀬戸　広域図

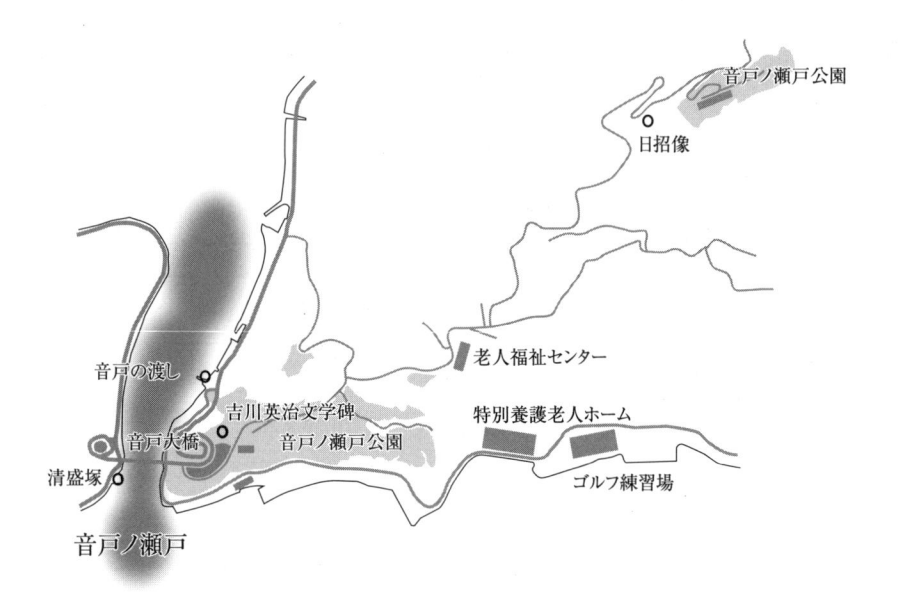

図9-12　音戸の瀬戸　詳細図

5．平家の興亡と神戸・瀬戸内の観光資源

ここで、人から地域に視点を移してみよう。
1）1129年藤津の庄

藤津の庄は現在の佐賀県鹿島市の大浦近辺と思われる。瀬戸内とはかなり離れた有明の海に面する地である。平氏が権力の道を駆けあがるきっかけがこの地で始まったということで、あえてここに取り上げる。当時、日本と宋の間の貿易は玄界灘・博多の津・瀬戸内・大輪田の泊（神戸））・京というルートが主であったが、玄界灘の荒海を避け、有明の内海から陸路に入るルートが開発されつつあった。藤津の庄はその玄関なのであるが、京の一般の人びとにとって、そんなことは関心の外であった。清盛の祖父と父の正盛、忠盛に命を授けたのは藤原顕季である。彼は日宋貿易の振興により朝廷の財政基盤づくりを任としていた。命というのは、藤津の庄で海賊行為を働く輩を排除すべし、というものであった。この地は実は仁和寺の所領であった。仁和寺は朝廷と密接な関係をもって、貿易の管理を任され、合わせて宝物のピンハネによって寺社権勢の拡大に努めていたのである。京の一般人にはほとんど知られることのなかった九州の辺地にまで神人（寺社勢力）は目を光らせて収益システムを形成していたのである。さらに、その仁和寺の目を盗んで海賊行為を繰り返していた平直澄が指名手配された。追跡と逮捕の全権を委任されたのが正盛・忠盛の親子である。朝廷の公の任務で事に当たることのメリットは、形式的な名声よりも遙かに大きな実利があった。内海の海人や地方津々浦々の豪族、水軍を配下において、内海の主としての地位を確立できるということにあった。平家が大きな力をつけるきっかけとなった事件である。

2）1167年 音戸の瀬戸開削

音戸の瀬戸は広島県呉市の本土側と倉橋島の間に開かれた水路。かつて、干潮の時には海底の砂が露わになるほどの浅瀬で、船舶の航行は満潮を待たねばならなかった。清盛が行った土木工事のうち、大輪田の泊や音戸の瀬戸は、前述のように単に国土開発、基盤整備というだけでなく、平家の財政基盤づくり

という目的もあった。祖父の正盛の時代より、日宋貿易の掌握が朝廷に取り入る手段であり、有力社寺勢力に対抗する最大唯一の方法であったからである。現在、瀬戸の後背部に日招像が建立されているが、これには当時の清盛の権勢を示す言い伝えがある。清盛は厳島神社の巫女に恋をしたのであるが、巫女の言うには、掘削工事を1日で終わらせばその想いに応えよう、というものであった。工事ははかどらず、太陽が沈み始めた時、清盛は太陽に向かって扇を振った。その時太陽は再び天空に戻ったというのである。当時の清盛にはそれだけの権勢があったが故の逸話であるが、さらに想像を膨らませていくと、厳島の巫女の存在に興味が湧く。清盛は、「海国記」に記された祇園女御を巫女の背後にみていたのではないか、と推理できるのである。そして、清盛が厳島に社殿を建立したり、たびたび心の平安を求めて厳島に向かったり、音戸の瀬戸に残る巫女への思いの逸話など、すべてにこの祇園女御の面影がちらついている。とかく忠盛・清盛の親子は気性激しく、残虐な行いに明け暮れたというように伝えられているが、「海国記」のようなストーリーで歴史を振り返るとずいぶんロマンチックな人間像が浮かび上がるのである。源氏が思い切り無骨な武士をそのまま体現しているのに対して、平氏は公家へのあこがれ、公家色の中途半端な脱皮に身もだえする存在であった。一ノ谷の合戦の前夜に笛を吹いたり、舞を踊るなどの優雅な性癖はその後の運命を暗示していたのである。

3) 1168年　宮島・厳島神社

音戸の瀬戸の開削により、神戸・京都に至る海運の速度や利便性は飛躍的に拡大した。同時に航路が広島側に大きく偏ることになった。こうした変化が地域の経済構造に大きな影響を与えるのである。「海国記」では、四国伊予の国の貧しい村人の子供達が船で広島側の村に売られていく逸話を記している。厳島では清盛が宝殿、拝殿、舞殿、旅籠を整備し、清盛本人も太政大臣にまで上り詰めるという栄耀栄華の世界が広がった。華やいだ人びとを乗せて多くの船が厳島近海を行き来するのである。

一方の四国側、伊予近海の海は寂れるばかりで、大きく経済的な遅れをとった。この伊予の人びとの氏神は大三島の大山祇神社であり、そこに祀られている大山積神は百済の国（現在の韓国）から渡来した「海の神」、「航行を守る神」

なのだという説がある。清盛も厳島神社再興を内海航行の安全振興を図ることを目的とした。現代を振り返ると、宮島、大三島は広島県と愛媛県の代表的島嶼観光地として評価されているが、そこに至るまでには宿命のライバル関係があったという故事を想い浮かべると面白い。

写真9-1　宮島・厳島神社

●厳島神社・宮島

　神社のある宮島は主峰弥山を擁して島全体が信仰の対象である。土地の豪族が清盛に働きかけ、社殿の造営を行ったのは前述の通りである。清盛の思い入れとともに、平家の守り神と化したのである。その後は徐々に衰退するが、戦国時代に毛利家の庇護を受け、復興を果たす。神社の建築美と背景環境の秀逸さがあいまって「日本三景」の1つとして、近代日本観光の中心的存在であった。

●大山祇神社・大三島

　大山祇神社の由来にはいくつかの説がある。百済渡来の神という説以外にも、伊豆や大阪高槻の三島神社から一部を移されたという説もある。海の島だけでなく、戦いの神としても崇拝され、平氏だけでなく源氏の武将も祈りを捧げたのは厳島神社とやや性格を異にしている。そういう歴史を背景に、しまなみ街道沿いで多くの観光客を集める神社というだけでなく、海上自衛隊の幹部などの参拝も活発に行われている。

●観光地宮島

　ここで現代の観光客に視点を戻して、宮島を眺めてみよう。日本三景の1つであること以外にも特別名勝・特別史跡、天然記念物の指定、1950(昭和25)年には瀬戸内海国立公園への指定、さらに、1996(平成8)年には厳島神社が世界文化遺産に登録されるなど、全島的に保護・規制の対象にもなっている島である。人口は約2,000人で意外に知られていないが、歴史文化遺産に加え、原生林を残す弥山や紅葉谷公園なども名所となっている。入り込み客数は250～300万人程度を維持し続けている。

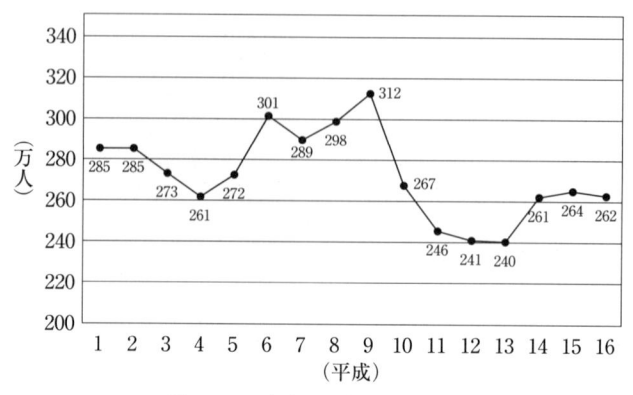

図9-14　宮島への観光客数推移

　2004(平成16)年、この宮島で観光客の意識調査を流通科学大学小久保ゼミで行った。

　アンケート調査は、宮島へ来訪する観光客が必ず通過する宮島桟橋広場で行った。回答者の属性は女性がやや多く、新規来訪者の比率が6割を超えていた。

① 　観光客が宮島に期待していたものは圧倒的に厳島神社であった。神社一色といってもよい。

② 　実際に訪問して、訪問前に「期待していたもの」が訪問後「期待以上であった、期待通りであった」とする観光客の割合は8割弱で、どちらかといえば男性の方が肯定的であった。観光客の満足度は、訪問前の期待値と訪問後の感動の差が大きいほど高くなる。「期待したほどでは…」と指摘さ

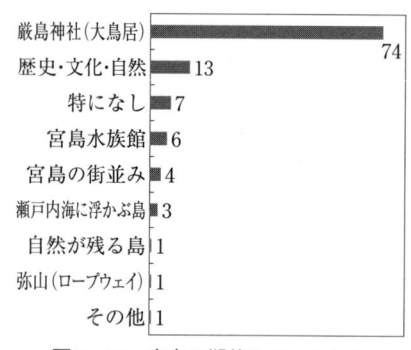

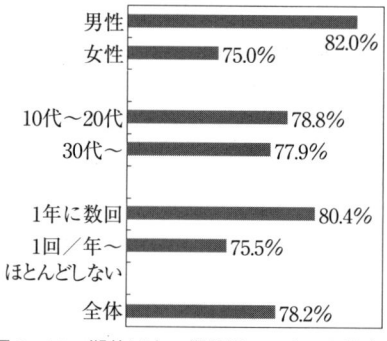

図9-15　宮島に期待していたもの　　図9-16　期待以上・期待通りであった比率

れる観光地が少なくない中で、厳島神社はさすがの評価といえる。特にリピーターほど知識が蓄積されていくわけであるから「1年に数回来る」ような人の「期待以上・期待通り」と評価する率が高いことは宮島の観光地としての奥の深さを窺わせている。

写真9-2　調査を行なったゼミ生

6．瀬戸内における源平の戦いの跡

　1180年清盛は都を自分の別荘のあった福原（神戸）に移す。前年には後白河上皇を幽閉する挙に出たのである。それまで確執著しい朝廷との関係ではあったが、源平や宗教勢力の上を行く希代の政略家の上皇に対して、遂に清盛は堪忍袋の緒を切ったともいえる。その後、瀬戸内を西へ流れていくことになる平家の運命を考えると、この上皇幽閉と福原遷都は大きな代償をもたらした。福原に居を移した貴族はもちろん平家の一族の多くさえもが優雅で雅びな京都の生活に後ろ髪を引かれる思いだったという。平氏の勃興が武家社会の到来を導くことになったのは歴史的事実であるが、このあたりは公家の性を脱却できない平氏の限界を示したものといえる。図9-17は後白河法皇の院宣（勅令）を受けた源義経や範頼に追われて瀬戸内を行き来する平家の人たちのルートである。平正盛、忠盛、清盛がのし上がる礎となった瀬戸内が安徳天皇（81代天皇、母は清盛の娘徳子）と三種の神器（天皇即位に必須の神器で後白河は必死にこれを取り戻そうとした）を抱いての「追われる海」となったのである。以下、主要な合戦の場を現代の観光的な視線で振り返ってみる。

①兵庫県・神戸市福原

　神戸市内には多くの清盛関連史跡が散在している。以前から別邸を築いていたとはいえ、わずか半年の遷都であったのだが、戦乱時における武将の生き様

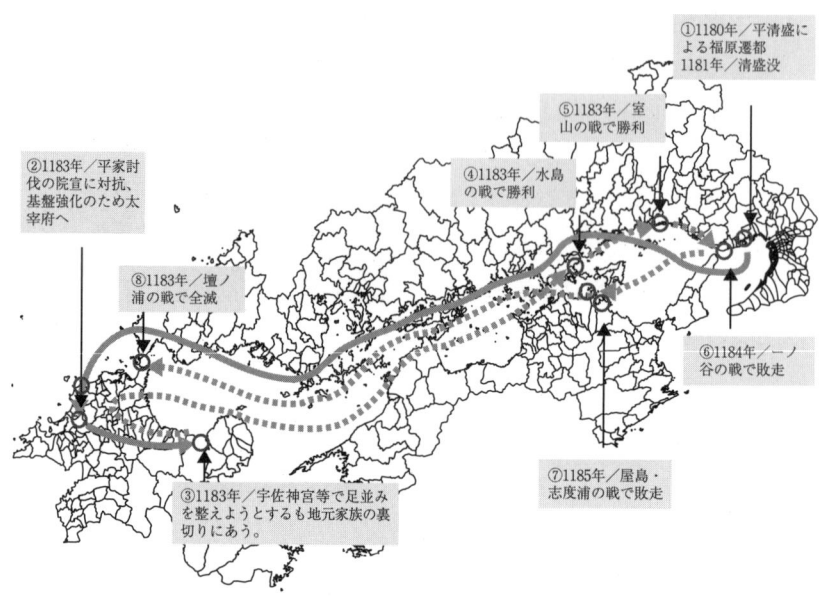

①1180年／平清盛による福原遷都 1181年／清盛没
②1183年／平家討伐の院宣に対抗、基盤強化のため太宰府へ
③1183年／宇佐神宮等で足並みを整えようとするも地元家族の裏切りにあう。
④1183年／水島の戦で勝利
⑤1183年／室山の戦で勝利
⑥1184年／一ノ谷の戦で敗走
⑦1185年／屋島・志度浦の戦で敗走
⑧1183年／壇ノ浦の戦で全滅

図9-17　平氏の瀬戸内敗走ルート概略図

と仏教世界と濃密な関わり（信仰、政治両面で）の強さがもたらしたものである。非常に多くの史跡の中から、福原の地である現兵庫区にある寺社のみ取り上げてみると、以下のようである。

●熊野神社：清盛は厳島とともに熊野への崇拝心も強いものがあった。この熊野神社は和歌山の本宮に連なる社であるが、平家に対抗する源氏方の強者武蔵坊弁慶が熊野豪族の出であったり、壇ノ浦の合戦で熊野の水軍が源氏についたことが平家の敗北に繋がったことからすると、清盛の信仰も御利益がなかったとの皮肉な見方もできる。

●荒田神社：頼盛（清盛の弟）の山荘所在地。福原遷都に際して幼い天皇安徳帝が住まうことになった。

●厳島神社：広島安芸の国の宮島厳島神社を福原遷都に合わせて勧請したもの。戦局があわただしい当時、なかなか宮島までの参詣は叶わず、当地での心のよりどころであったと思われる。

●祇園神社：神社はおよそ800年くらいの創建といわれる。清盛が人工島（防

図9-18　神戸市兵庫区内の平家ゆかりの地

波堤のようなもので大輪田の泊建設に不可避であった。現在の和田岬のあたりといわれる）を建設した際に構想に専念した場所との言い伝えがある。
- ●七宮神社：これも人工島建設を順調に進めるため、自然をなだめ鎮めるために建立した。
- ●宝地院：壇ノ浦で入水した安徳天皇を弔う寺。
- ●金光寺：清盛による人工島建設の際に海中から現れた金色の薬師如来を本尊とする。それがもとで寺の名となった。
- ●能福寺：清盛が出家した時の剃髪の場。また、この寺の住職が清盛の遺骨を持ち帰って弔ったという言い伝えもある。
- ●真光寺：一遍上人が亡くなった場所。清盛による遷都の際に福原近辺に祀った7つの弁天の1つがこの寺にあった。福原、平氏の守護の役割を担った。
- ●来迎寺：清盛の側近である松王丸や京で出会った愛人白拍子の供養の塔があ

る。松王丸は人工島工事の人柱（工事を円滑に進めるための犠牲）となった若者である。
- ●阿弥陀寺：清盛がこの寺の池の中に魚を祀るための魚御堂をしつらえた。熊野参詣を海路で行った際にスズキという魚が清盛の船に飛び込んで、清盛はそれを食べてしまったという逸話がある。当時、熊野への行程では菜食を守らなければならないのであるが、清盛は「これは熊野の神が示した戦の吉兆」と解釈したらしい。案外魚料理の愛好家であったのかも知れない。
- ●薬仙寺：遷都当時、政敵となった後白河法皇を幽閉した場所である。

②福岡県・太宰府　③大分県・宇佐神宮

　清盛は太宰府政庁（7世紀後半に設置された）の大弐（いまでいう次官）を経験している。そこから権力を蓄えて中央政界に駆け登ったのであるが、平家に忠誠を誓う諸侯を糾合する試みは挫折した。一部の豪族を除いて日和見を決め込むか、あからさまに源氏側に寝返る者が続出した。現在、太宰府政庁は遺構が残るばかりであるが、年間700万人の観光客を迎えるとはいえ、平家一族の落胆の思いが漂う風景である。宇佐神宮は大分県宇佐市にあり、全国に4万以上ある八幡神社の総本社である。記録に残っている社殿の建て替えは708年とされている。当時の神社は神官であると同時に荘園領主であり、大宮司は清盛の娘を妻に迎えていたなどの背景があるのである。しかし、豊後の国の豪族緒方惟義が源氏方についたため、平家の一族はまた福岡に戻らざるを得なくなる。

写真9-3　太宰府政庁跡

写真9-4　宇佐神宮

④岡山県倉敷市・水島　⑤兵庫県たつの市・室山

　この2つの戦によって、平家が再び力を盛り返して、京へ攻め上るかと思われた。水島とは備中水島のことで、現在の倉敷市玉島地区にあり、平氏が柏島、源氏が乙島に陣取った。歴史観光は観光客の想像力に負うところが大きいが、この地域は埋め立てによって工業地帯になっており、当時の面影は見る影もない。2つの島を結ぶ玉島大橋が唯一のヒントとなっている。一方の室山の戦いは兵庫県たつの市の室津港の後背部に築かれた室山城を巡る攻防である。こちらの室津海岸は「海岸系観光資源一覧」で取り上げたように風光明媚なドライブコースとなっている。

⑥兵庫県・神戸市一ノ谷

　平家滅亡の幕が切って落とされた場所である。一般には須磨を望む鉢伏山の南面であるとか、その隣にある鉄拐山の南面を源氏勢が攻め降りたとされるが、あまり明確ではない。さらに現鵯越も戦の現場であるともいわれるが、こちらはそんなに峻険な崖があるわけではなく、歴史的記述を現在の地図上で探し当てるのはなかなか難しい。しかし少なくとも、須磨の海は平家の武者の血で赤く染まったのである。須磨寺をはじめ源平の戦いとそれにまつわる記念碑は数多い。なお、平家軍を討つべく北側から義経軍が迫ってくるのであるが、そのルートを検証するとどうも名谷とか学園都市あたりもルート上にあるのである。

⑦香川県・屋島

　屋島は香川県でも1,2を争う観光地である。独特の形状火山で有名でもあるが何といっても古戦場がハイライトである。内海を流浪する一族ではあるが、安徳という天皇を抱いているだけに、津々浦々で「内裏」を建立しなければならない。もちろん明日もとどまれる保証のない運命だけに本格的な屋敷を建てる訳にはいかず、その地域でのまともな家屋を徴用することになる。平家一族には多くの女性も含まれているが、洗髪入浴もままならない毎日であったという。義経は一ノ谷と同じく、正面攻略を避けて徳島椿浦に上陸し、また背後から攻め入るのであるが、こうして同じ失敗をしている平家側にはろくな戦略家がいないようにみえる。実際、平家物語をはじめ、逃亡の指揮を執る宗盛の描写はいたって厳しい。宗盛は清盛と妾の間に生まれた三男ではあるのだが、実

際は娘が誕生したため、さる所から男児を求めてきて取り替え、清盛に報告したという説もある。屋島には源平とは直接の関わりはないが四国の名刹屋島寺もあり、観光客でにぎわっている。

⑧山口県・壇ノ浦

最後の戦いは壇ノ浦である。一番狭い部分は700〜800ｍしかない海峡である。海峡の西側出口に当たるところ、現在は下関市街地となり、島の面影はないが、当時は彦島といわれ、平家の兵站基地であった。船の調達もここで行わ

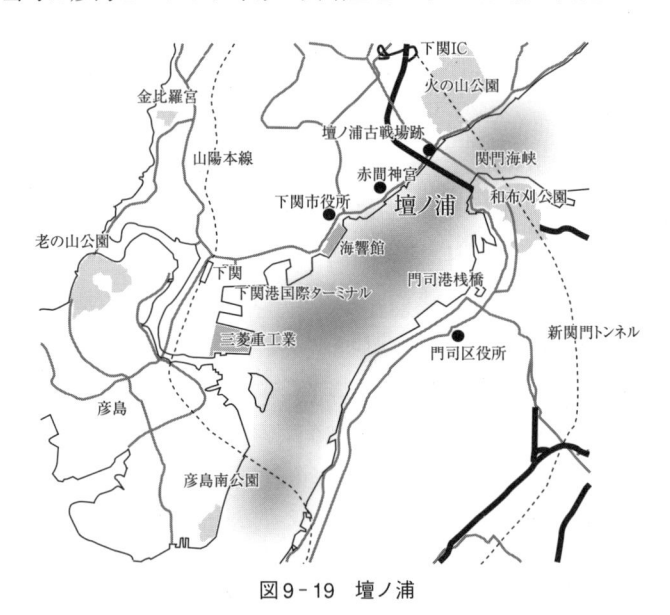

図9-19　壇ノ浦

写真9-5　赤間神宮

写真9-6　古戦場の碑

れていた。平家にとっては勝手知ったる海なのであるが、前述した熊野水軍や伊予の河内水軍が合流した源氏軍に対して、勝ち目はなかった。当時は非戦闘員の乗る船は攻撃しないしきたりであったが、海賊に近い水軍が混じる源氏軍はお構いなしに襲いかかる。その結果、安徳天皇は

写真9-7 火の山展望台

じめ、平家の主だった武将、有盛、清経、資盛、教経、経盛、知盛、教盛、時子（清盛の妻）、徳子（清盛の娘で安徳天皇の母）等は自ら海に入るなどして最期を迎えるのである。

　こうして振り返ると、河野水軍への恨みを含め、下関から松山方面を見ると海峡以上に深い溝が見えてくる。この地の人びとは合戦の被害を受けつつも、戦というものはたいそうなイベントでもあったらしく、海峡を見下ろす火の山の頂は観客で鈴なりになったらしい。現在も何を見るのか、山にはロープウェイが架かっている。

参考文献
宮尾登美子『宮尾本　平家物語　四』文芸春秋社、2004年
服部真澄『海国記　上下』新潮社、2005年
身延典子『「平家物語」を歩く』山と渓谷社、2005年
『美しき日本』（財）日本交通公社、1999年

（小久保恵三）

第10章 データでみる神戸・瀬戸内

本章では数字によって神戸・瀬戸内地域を紹介する。数字は観光のみならず、経済、社会、生活、自然、交通などさまざまな観点から取り上げた。収録地域の区分は項目の出所によって、県単位や市町村単位など、適宜まとめた。

00	地域の設定					5-4	商品販売
01	自然	1-1	面積	06	社会・生活	6-1	趣味・娯楽
		1-2	自然公園			6-2	コンビニ・ゴミ排出
		1-3	気候	07	家計	7-1	所得
		1-4	島嶼			7-2	貯蓄と負債
02	人口	2-1	総人口			7-3	持ち家
		2-2	高齢化			7-4	食費
		2-3	居住外国人	08	観光資源		分布
		2-5	人口の増減	09	宿泊施設		分布
		2-6	婚姻と離婚	10	観光客	10-1	稼働率
03	行政	3-1	平成の市町村合併			10-2	外国人観光客
		3-2	支出と公債費率			10-3	県外客
04	運輸・交通	4-1	輸送分担			10-4	発地
		4-2	道路整備			10-5	海外旅行の実施
		4-3	港湾と内航輸送			10-6	個客化
		4-4	漁港			10-7	修学旅行
		4-5	空港と航空輸送			10-8	宿泊料金水準
05	経済・産業	5-1	三次産業就業者				
		5-2	農業生産				
		5-3	工業生産				

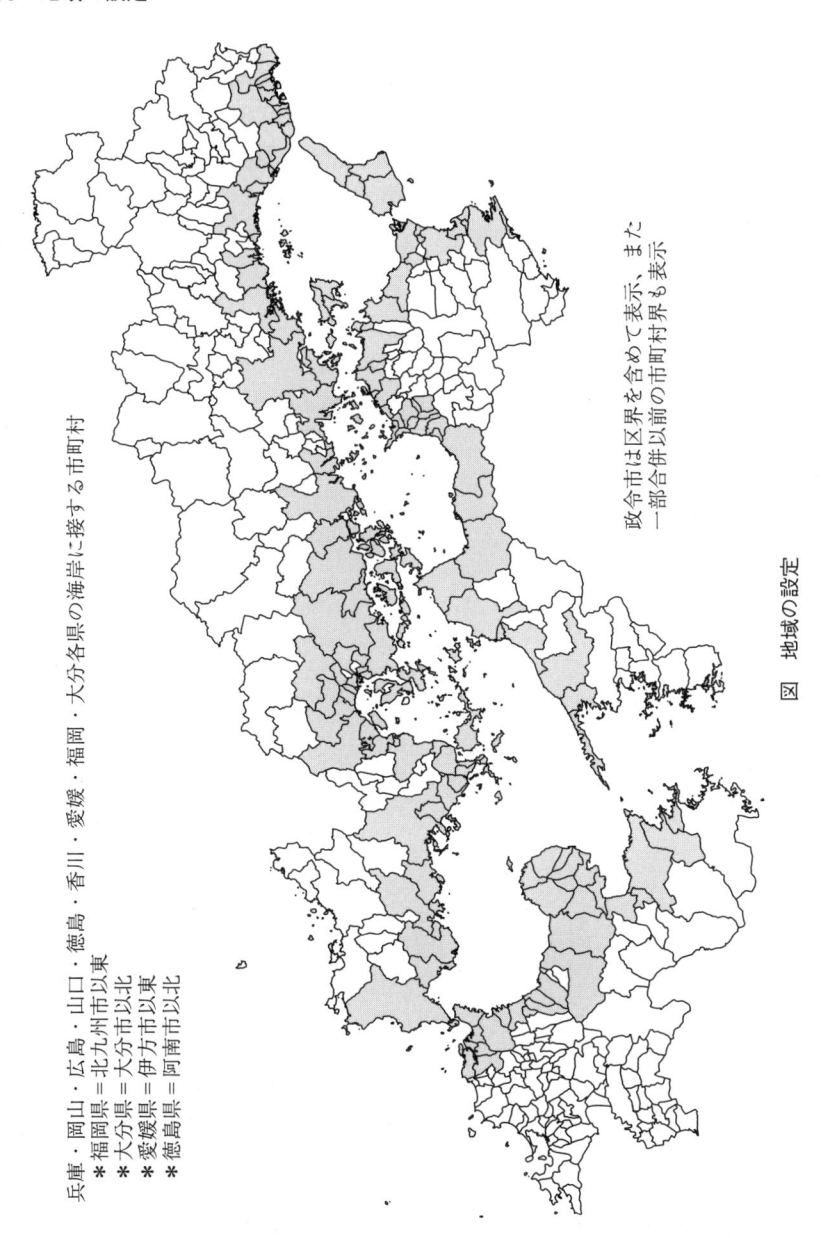

第10章　データでみる神戸・瀬戸内　169

00　地域の設定

兵庫・岡山・広島・山口・徳島・香川・愛媛・福岡・大分各県の海岸に接する市町村
＊福岡県＝北九州市以東
＊大分県＝大分市以北
＊愛媛県＝伊方町以東
＊徳島県＝阿南市以北

政令市は区界を含めて表示、また一部合併以前の市町村界も表示

図　地域の設定

01 自然 1-1 面積

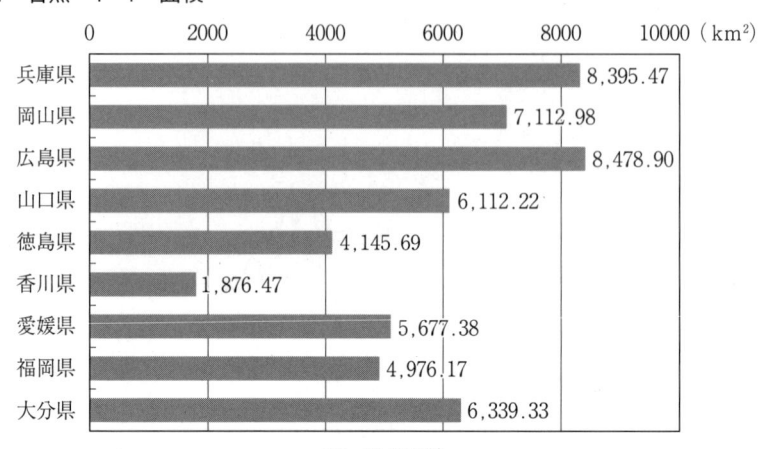

県	面積 (km²)
兵庫県	8,395.47
岡山県	7,112.98
広島県	8,478.90
山口県	6,112.22
徳島県	4,145.69
香川県	1,876.47
愛媛県	5,677.38
福岡県	4,976.17
大分県	6,339.33

図 県の面積

出所:国土交通省 国土地理院

表　市町村の面積順位（km^2）

1	広島県	広島市	905.1	48	山口県	山陽小野田市	133.0
2	山口県	岩国市	872.5	49	愛媛県	八幡浜市	133.0
3	岡山県	岡山市	789.9	50	兵庫県	赤穂市	126.9
4	山口県	山口市	730.2	51	岡山県	瀬戸内市	125.5
5	山口県	下関市	715.9	52	大分県	別府市	125.1
6	山口県	周南市	656.1	53	福岡県	築上町	119.3
7	広島県	東広島市	635.3	54	広島県	竹原市	118.3
8	兵庫県	神戸市	552.6	55	香川県	観音寺市	117.5
9	兵庫県	姫路市	534.3	56	香川県	丸亀市	111.8
10	広島県	福山市	518.1	57	福岡県	豊前市	111.2
11	愛媛県	西条市	509.0	58	岡山県	玉野市	103.6
12	大分県	大分市	501.3	59	広島県	江田島市	100.9
13	大分県	中津市	491.1	60	兵庫県	西宮市	99.4
14	広島県	廿日市市	489.4	61	香川県	小豆島町	95.6
15	福岡県	北九州市	487.7	62	愛媛県	伊方町	94.4
16	広島県	三原市	471.0	63	香川県	坂出市	92.5
17	大分県	宇佐市	439.1	64	山口県	光市	91.9
18	愛媛県	大洲市	432.2	65	兵庫県	相生市	90.5
19	愛媛県	松山市	429.0	66	山口県	下松市	89.4
20	愛媛県	四国中央市	420.1	67	広島県	大竹市	78.6
21	愛媛県	今治市	419.8	68	香川県	土庄町	74.4
22	香川県	高松市	375.1	69	大分県	日出町	73.2
23	岡山県	倉敷市	354.5	70	福岡県	行橋市	69.8
24	広島県	呉市	353.3	71	岡山県	浅口市	66.5
25	大分県	国東市	317.8	72	山口県	田布施町	50.4
26	山口県	宇部市	287.7	73	兵庫県	尼崎市	49.8
27	広島県	尾道市	284.9	74	兵庫県	明石市	49.2
28	大分県	杵築市	280.0	75	福岡県	苅田町	46.5
29	徳島県	阿南市	279.4	76	徳島県	小松島市	45.2
30	岡山県	備前市	258.2	77	広島県	大崎上島町	43.3
31	愛媛県	新居浜市	234.3	78	山口県	上関町	34.8
32	兵庫県	南あわじ市	229.2	79	山口県	平生町	34.5
33	香川県	三豊市	222.7	80	兵庫県	高砂市	34.4
34	兵庫県	たつの市	210.9	81	愛媛県	上島町	30.4
35	大分県	豊後高田市	206.6	82	香川県	多度津町	24.3
36	愛媛県	伊予市	194.5	83	愛媛県	松前町	20.3
37	徳島県	徳島市	191.4	84	兵庫県	芦屋市	18.5
38	山口県	防府市	188.6	85	広島県	坂町	15.7
39	兵庫県	淡路市	184.2	86	香川県	直島町	14.2
40	兵庫県	洲本市	182.5	87	広島県	海田町	13.8
41	香川県	さぬき市	158.9	88	徳島県	松茂町	13.3
42	香川県	東かがわ市	153.4	89	岡山県	里庄町	12.2
43	山口県	柳井市	139.9	90	山口県	和木町	10.6
44	兵庫県	加古川市	138.5	91	兵庫県	播磨町	9.1
45	山口県	周防大島町	138.2	92	香川県	宇多津町	8.1
46	岡山県	笠岡市	136.0	93	大分県	姫島村	6.9
47	徳島県	鳴門市	135.5	94	福岡県	吉富町	5.7

出所：国土交通省　国土地理院

1-2 自然公園

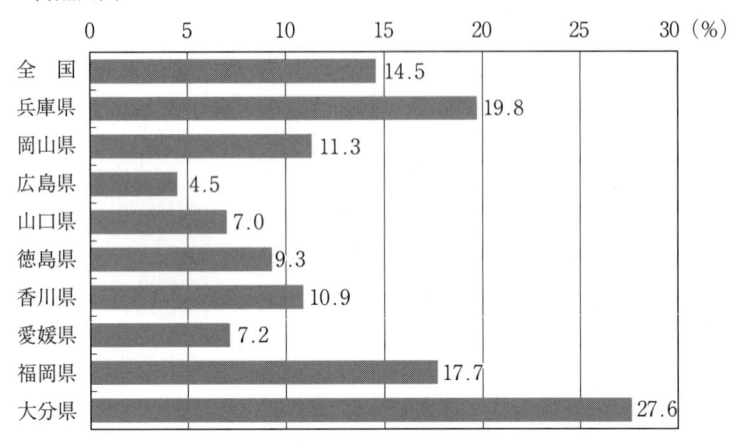

図　自然公園面積割合

地域	割合(%)
全国	14.5
兵庫県	19.8
岡山県	11.3
広島県	4.5
山口県	7.0
徳島県	9.3
香川県	10.9
愛媛県	7.2
福岡県	17.7
大分県	27.6

注）自然公園法による国立公園、国定公園および都道府県立自然公園の3種の面積の県土面積に対する比率
出所：環境省自然環境局「自然公園の面積」

1-3 気候

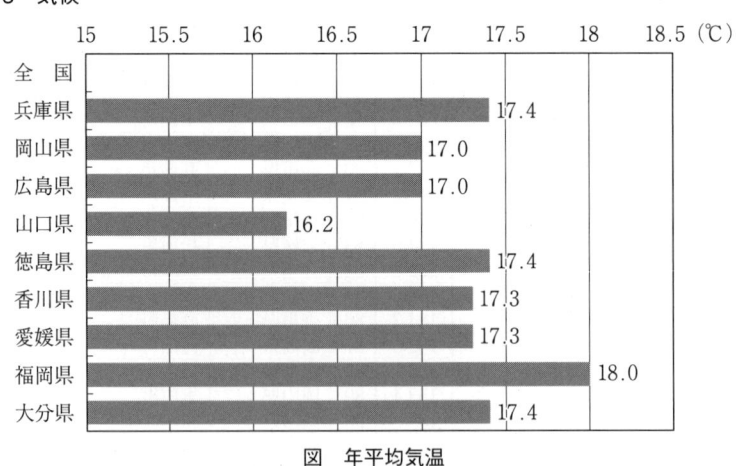

図　年平均気温

地域	気温(℃)
全国	17.4
兵庫県	17.0
岡山県	17.0
広島県	17.0
山口県	16.2
徳島県	17.4
香川県	17.3
愛媛県	17.3
福岡県	18.0
大分県	17.4

注）各都道府県の県庁所在市の気象台・測候所等における所定の観測地点のもので、気温は℃単位で小数点第1位まで採り、1日24回の観測値から日平均気温を求め、それから年平均気温を算出
出所：気象庁観測部「気象庁年報」

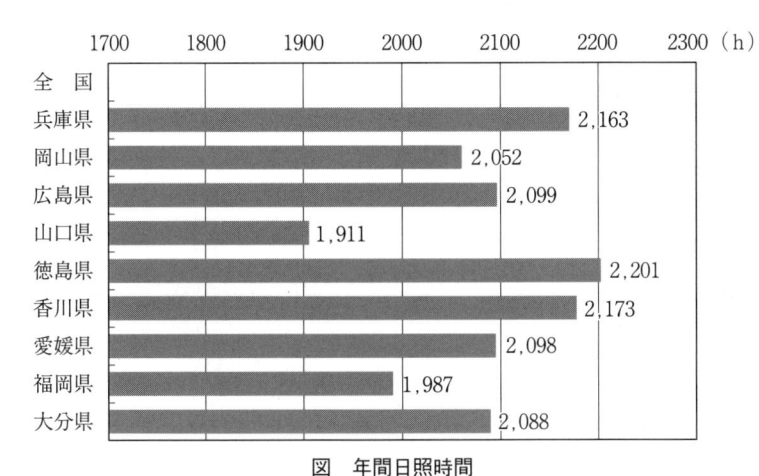

第10章　データでみる神戸・瀬戸内　173

図　年間日照時間

	時間(h)
全国	
兵庫県	2,163
岡山県	2,052
広島県	2,099
山口県	1,911
徳島県	2,201
香川県	2,173
愛媛県	2,098
福岡県	1,987
大分県	2,088

注）直射日光が地表を照射した時間の年間の合計
出所：気象庁観測部「気象庁年報」

1-4　島嶼

表　神戸・瀬戸内の島嶼（有人島）

県	市町村	島名	諸島名	面積	県	市町村	島名	諸島名	面積
兵庫	淡路3市	淡路島		592.1	広島	廿日市市	厳島		30.4
兵庫	南あわじ市	沼島		2.5	広島	江田島市	江田島		91.5
兵庫	姫路市	家島	家島諸島	5.5	広島	江田島市	東能美島		
兵庫	姫路市	男鹿島		4.6	広島	江田島市	西能美島		
兵庫	姫路市	坊勢島		1.9	広島	呉市	鹿島		2.6
兵庫	姫路市	西島		6.6	広島	呉市	情島		0.7
岡山	岡山市	犬島		0.6	広島	大竹市	阿多田島		2.4
岡山	備前市	大多府島	日生諸島	0.4	広島	江田島市	沖野島		0.8
岡山	備前市	鹿久居島		10.2	広島	尾道市	大崎下島	下大崎群島	17.5
岡山	備前市	頭島		0.6	広島	呉市	斎島		0.7
岡山	備前市	鴻島		2.1	広島	呉市	豊島		5.7
岡山	瀬戸内市	長島		6.6	広島	呉市	三角島		0.6
岡山	笠岡市	高島	笠岡諸島	1.2	広島	呉市	上蒲刈島	蒲刈群島	18.8
岡山	笠岡市	白石島		2.9	広島	呉市	下蒲刈島		8.0
岡山	笠岡市	北木島		7.6	広島	三原市	佐木島	芸備群島	8.7
岡山	笠岡市	大飛島		1.1	広島	三原市	小佐木島		0.5
岡山	笠岡市	小飛島		0.3	広島	尾道市	高根島		5.6
岡山	笠岡市	真鍋島		1.7	広島	尾道市	因島		35.0
岡山	笠岡市	六島		1.0	広島	尾道市	生口島		31.1
岡山	玉野市	石島		0.8	広島	尾道市	細島		0.8
岡山	倉敷市	松島	児島諸島	0.1	広島	大崎上島町	生野島	上大崎群島	2.3
岡山	倉敷市	六口島		1.1	広島	大崎上島町	長島		1.1
岡山	倉敷市	釜島		0.4	広島	大崎上島町	契島		0.1
広島	呉市	倉橋島	安芸群島	69.6	広島	大崎上島町	大崎上島		38.3

県	市町	島名	諸島	面積	県	市町	島名	諸島	面積
広島	福山市	走島	走島群島	2.1	香川	三豊市	志々島		0.6
広島	福山市	仙酔島		0.9	香川	多度津町	佐柳島		1.8
広島	尾道市	百島	備後群島	3.1	香川	坂出市	小与島		0.2
広島	福山市	田島		8.6	香川	多度津町	高見島		2.3
広島	福山市	横島		4.1	香川	高松市	男木島	直島諸島	1.4
広島	広島市	似島		3.9	香川	高松市	女木島		2.7
広島	竹原市	大久野島		0.7	香川	土庄町	豊島		14.5
広島	尾道市	向島		22.2	香川	土庄町	小豊島		1.1
広島	広島市	金輪島		1.1	香川	直島町	直島		7.8
広島	尾道市	岩子島		2.5	香川	直島町	向島		0.8
広島	東広島市	大芝島		1.7	香川	観音寺市	伊吹島		1.1
山口	下松市	笠戸島	周南諸島	11.8	香川	土庄町	沖之島		0.2
山口	光市	牛島		2.0	香川	高松市	大島		0.7
山口	周南市	黒髪島・仙島		5.4	愛媛	今治市	津島	越智諸島	1.5
山口	周南市	大津島・馬島		4.7	愛媛	今治市	大島		45.9
山口	防府市	野島		0.7	愛媛	今治市	鵜島		0.8
山口	周南市	粭島		0.5	愛媛	今治市	四阪島		1.3
山口	周防大島町	屋代島	周防大島諸島	128.4	愛媛	今治市	伯方島		20.8
山口	周防大島町	浮島		2.3	愛媛	今治市	大三島		64.6
山口	周防大島町	前島		1.1	愛媛	上島町	弓削島	上島諸島	8.6
山口	周防大島町	情島		1.0	愛媛	上島町	豊島		0.4
山口	周防大島町	笠佐島		1.0	愛媛	上島町	佐島		2.7
山口	周防大島町	沖家室島		0.9	愛媛	上島町	生名島		3.7
山口	上関町	長島	熊毛群島	13.7	愛媛	上島町	岩城島		8.9
山口	上関町	祝島		7.7	愛媛	今治市	岡村島	関前諸島	3.1
山口	上関町	八島		4.2	愛媛	今治市	大下島		1.8
山口	平生町	佐合島		1.3	愛媛	今治市	小大下島		0.9
山口	田布施町	馬島		0.7	愛媛	上島町	魚島	魚島群島	1.4
山口	岩国市	柱島	柱島群島	3.1	愛媛	上島町	高井神島		1.3
山口	岩国市	端島		0.8	愛媛	松山市	興居島	忽那群島	8.5
山口	岩国市	黒島		0.5	愛媛	松山市	釣島		0.4
山口	柳井市	平郡島		16.6	愛媛	松山市	安居島		0.3
山口	下関市	彦島		10.6	愛媛	松山市	中島		22.1
山口	防府市	向島		8.1	愛媛	松山市	野忽那島		0.9
徳島	鳴門市	大毛島		7.3	愛媛	松山市	睦月島		3.8
徳島	鳴門市	島田島		5.7	愛媛	松山市	怒和島		4.8
徳島	阿南市	高島		2.4	愛媛	松山市	神和地島		2.9
徳島	阿南市	伊島		1.5	愛媛	松山市	二神島		2.2
香川	土庄町、小豆島町	小豆島		153.3	愛媛	大洲市	青島		0.5
香川	直島町	直島		7.8	愛媛	今治市	小島	来島群島	0.5
香川	土庄町	豊島		14.5	愛媛	今治市	来島		0.1
香川	坂出市	与島	塩飽諸島	1.1	愛媛	今治市	馬島		0.5
香川	坂出市	櫃石島		0.9	愛媛	今治市	比岐島		0.3
香川	坂出市	岩黒島		0.2	愛媛	八幡浜市	地大島		1.0
香川	丸亀市	本島		6.8	愛媛	新居浜市	大島		2.1
香川	丸亀市	広島		11.7	福岡	北九州	藍島		0.7
香川	丸亀市	牛島		0.8	福岡	北九州	馬島		0.5
香川	丸亀市	手島		3.4	大分	姫島村	姫島		6.8
香川	三豊市	粟島		3.7					

各県資料より作成

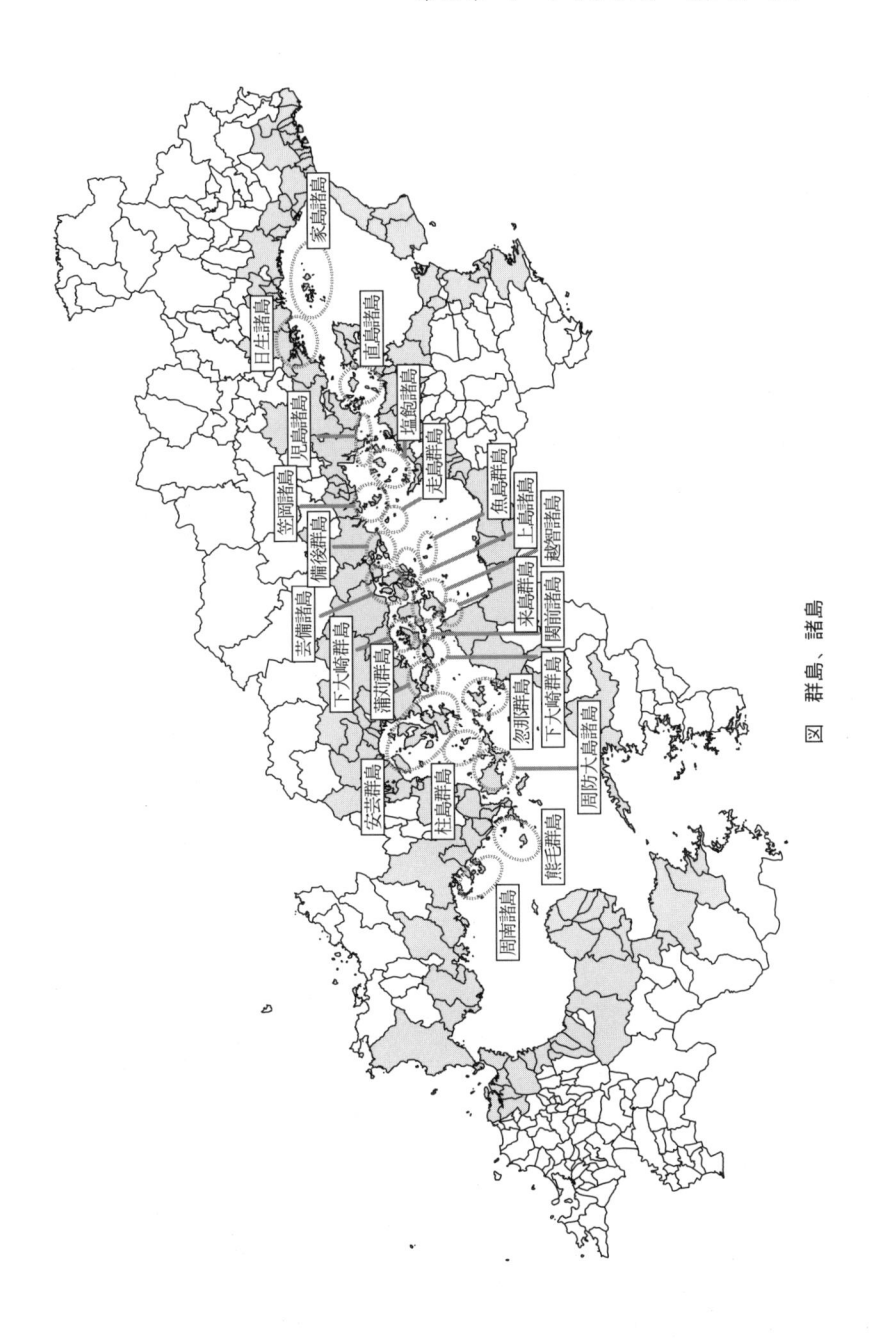

第10章　データでみる神戸・瀬戸内　175

図　群島、諸島

02 人口　2-1 総人口

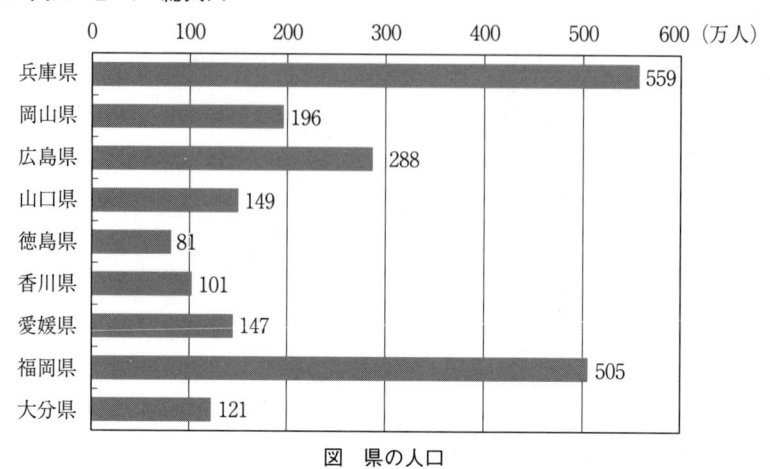

県	人口（万人）
兵庫県	559
岡山県	196
広島県	288
山口県	149
徳島県	81
香川県	101
愛媛県	147
福岡県	505
大分県	121

図　県の人口
出所：総務省「H17国勢調査」

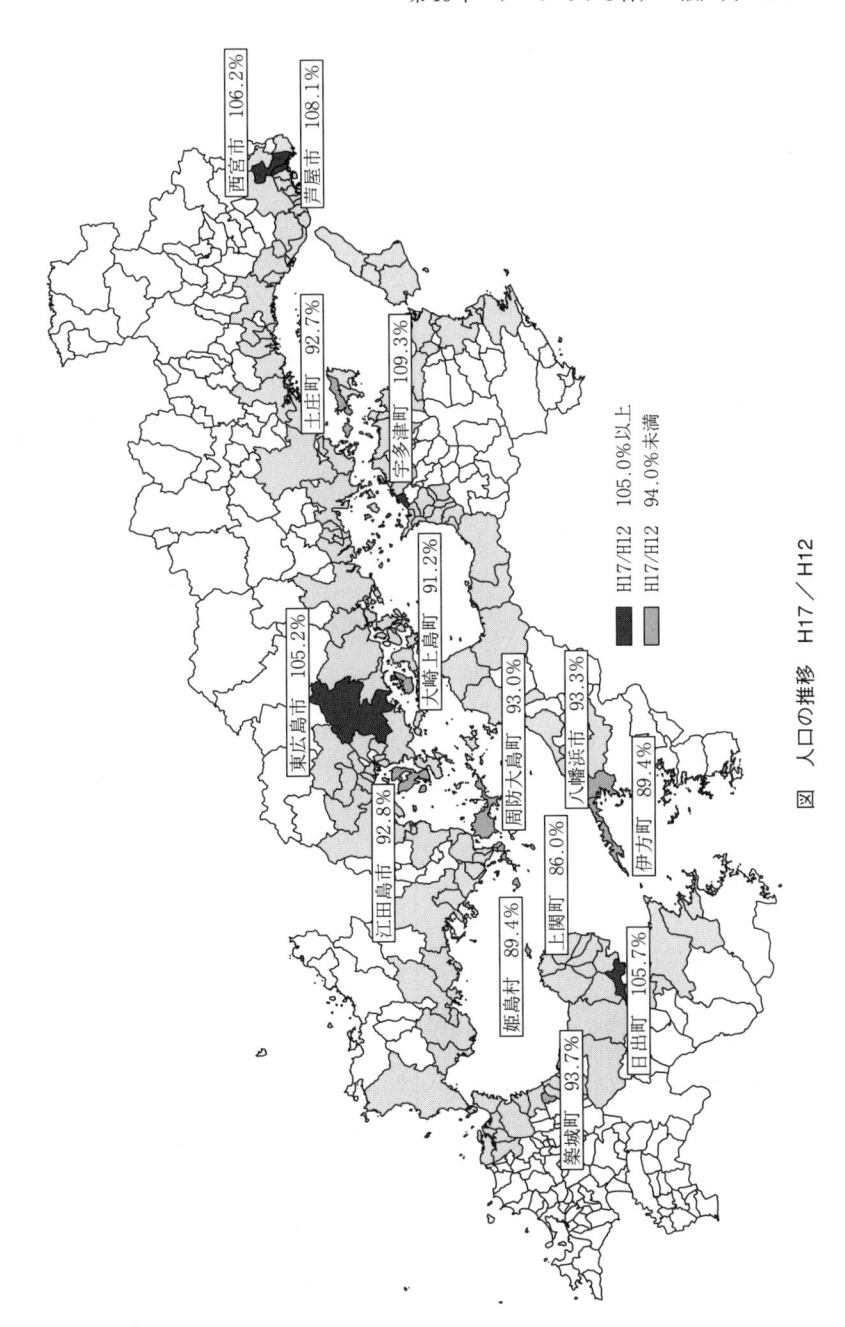

第10章　データでみる神戸・瀬戸内　177

西宮市 106.2%
芦屋市 108.1%
土庄町 92.7%
宇多津町 109.3%
大崎上島町 91.2%
東広島市 105.2%
江田島市 92.8%
周防大島町 93.0%
八幡浜市 93.3%
伊方町 89.4%
姫島村 89.4%
上関町 86.0%
日出町 105.7%
築城町 93.7%

H17/H12　105.0%以上
H17/H12　94.0%未満

図　人口の推移　H17／H12

表　市町村の人口順位（人）

1	兵庫県	神戸市	1,525,393	48	山口県	光市	53,971
2	広島県	広島市	1,154,391	49	山口県	下松市	53,509
3	福岡県	北九州市	993,525	50	兵庫県	南あわじ市	52,283
4	岡山県	岡山市	696,172	51	兵庫県	赤穂市	51,794
5	兵庫県	姫路市	536,232	52	愛媛県	大洲市	50,786
6	愛媛県	松山市	514,937	53	兵庫県	洲本市	50,030
7	岡山県	倉敷市	469,377	54	兵庫県	淡路市	49,078
8	兵庫県	西宮市	465,337	55	徳島県	小松島市	42,115
9	兵庫県	尼崎市	462,647	56	愛媛県	八幡浜市	41,264
10	大分県	大分市	462,317	57	岡山県	備前市	40,241
11	広島県	福山市	459,087	58	愛媛県	伊予市	39,493
12	香川県	高松市	418,125	59	岡山県	瀬戸内市	39,081
13	兵庫県	明石市	291,027	60	岡山県	浅口市	37,327
14	山口県	下関市	290,693	61	香川県	東かがわ市	35,929
15	徳島県	徳島市	267,833	62	山口県	柳井市	35,927
16	兵庫県	加古川市	267,100	63	福岡県	苅田町	34,387
17	広島県	呉市	251,003	64	大分県	国東市	34,206
18	山口県	山口市	191,677	65	大分県	杵築市	33,567
19	広島県	東広島市	184,430	66	兵庫県	播磨町	33,545
20	山口県	宇部市	178,955	67	兵庫県	相生市	32,475
21	愛媛県	今治市	173,983	68	広島県	竹原市	30,657
22	山口県	周南市	152,387	69	愛媛県	松前町	30,564
23	広島県	尾道市	150,225	70	広島県	大竹市	30,279
24	山口県	岩国市	149,702	71	広島県	江田島市	29,939
25	大分県	別府市	126,959	72	広島県	海田町	29,137
26	愛媛県	新居浜市	123,952	73	福岡県	豊前市	28,104
27	山口県	防府市	116,818	74	大分県	日出町	27,640
28	広島県	廿日市市	115,530	75	大分県	豊後高田市	25,114
29	愛媛県	西条市	113,371	76	香川県	多度津町	23,613
30	香川県	丸亀市	110,085	77	山口県	周防大島町	21,392
31	広島県	三原市	104,196	78	福岡県	築上町	20,837
32	兵庫県	高砂市	94,813	79	香川県	宇多津町	17,460
33	愛媛県	四国中央市	92,854	80	香川県	小豆島町	17,257
34	兵庫県	芦屋市	90,590	81	香川県	土庄町	16,411
35	大分県	中津市	84,368	82	山口県	田布施町	16,287
36	兵庫県	たつの市	81,561	83	徳島県	松茂町	14,926
37	徳島県	阿南市	78,002	84	山口県	平生町	14,203
38	香川県	三豊市	71,180	85	広島県	坂町	12,399
39	福岡県	行橋市	70,070	86	愛媛県	伊方町	12,095
40	岡山県	玉野市	67,047	87	岡山県	里庄町	10,823
41	山口県	山陽小野田市	66,261	88	広島県	大崎上島町	9,236
42	香川県	観音寺市	65,226	89	愛媛県	上島町	8,098
43	徳島県	鳴門市	63,200	90	福岡県	吉富町	7,053
44	大分県	宇佐市	60,809	91	山口県	和木町	6,441
45	岡山県	笠岡市	57,272	92	山口県	上関町	3,706
46	広島県	坂出市	57,266	93	香川県	直島町	3,538
47	香川県	さぬき市	55,754	94	大分県	姫島村	2,469

出所：総務省「H17　国勢調査」

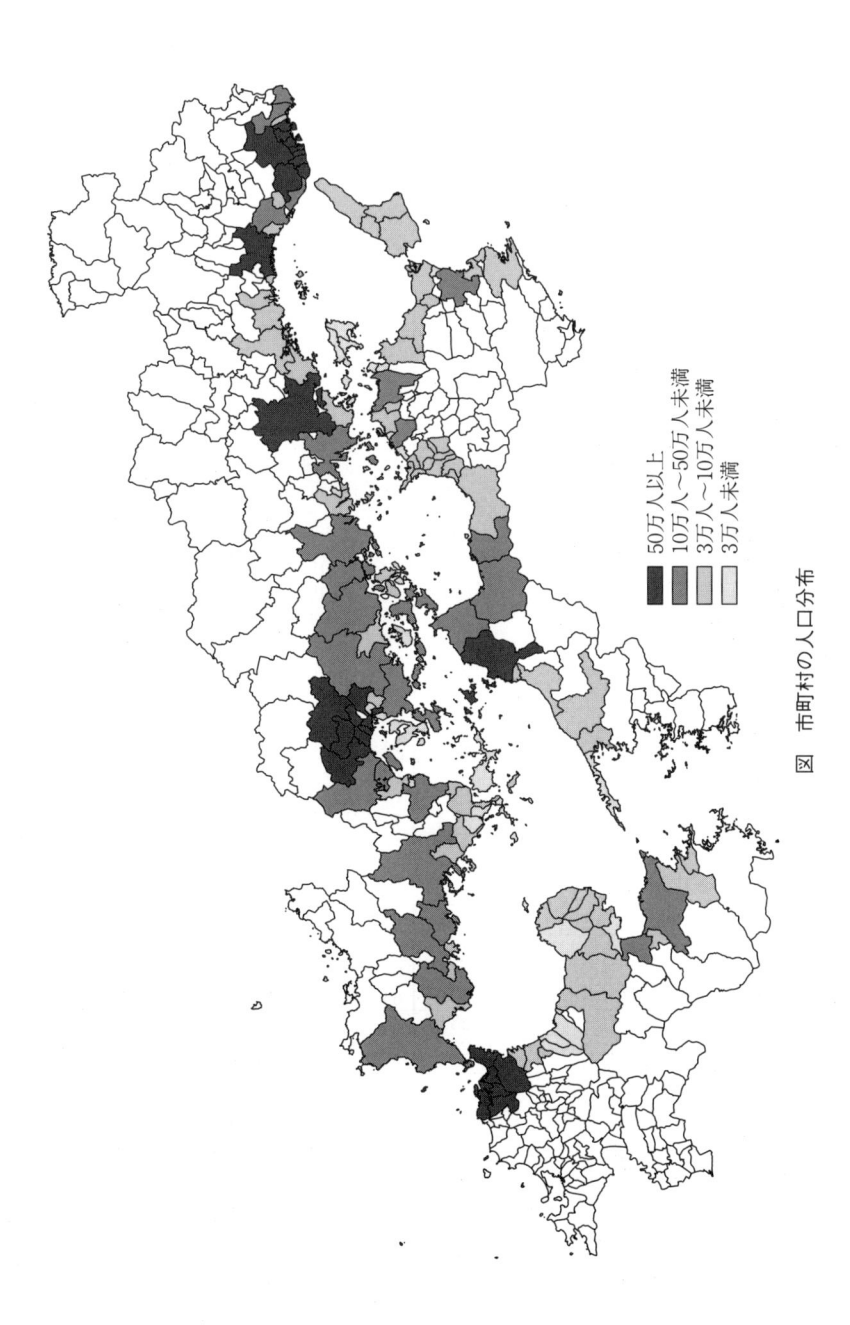

第10章　データでみる神戸・瀬戸内　179

図　市町村の人口分布

50万人以上
10万人〜50万人未満
3万人〜10万人未満
3万人未満

表　人口高齢化率（65歳以上人口）順位（％）

1	山口県	上関町	47.5	48	香川県	多度津町	24.6
2	山口県	周防大島町	44.4	49	徳島県	阿南市	24.4
3	広島県	大崎上島町	39.7	50	愛媛県	新居浜市	24.3
4	愛媛県	伊方町	36.9	51	山口県	山陽小野田市	24.2
5	愛媛県	上島町	34.3	52	大分県	中津市	24.1
6	大分県	国東市	34.1	53	徳島県	鳴門市	23.9
7	香川県	小豆島町	33.4	54	福岡県	吉富町	23.8
8	大分県	豊後高田市	32.9	55	愛媛県	四国中央市	23.6
9	広島県	江田島市	31.7	56	岡山県	里庄町	23.3
10	大分県	姫島村	31.0	57	徳島県	小松島市	23.1
11	香川県	土庄町	30.7	58	山口県	宇部市	23.1
12	山口県	平生町	30.6	59	山口県	光市	23.0
13	山口県	柳井市	30.0	60	山口県	周南市	22.9
14	愛媛県	八幡浜市	29.5	61	山口県	防府市	22.6
15	兵庫県	淡路市	29.5	62	福岡県	北九州市	22.2
16	香川県	東かがわ市	29.4	63	兵庫県	赤穂市	22.2
17	大分県	杵築市	29.2	64	山口県	下松市	22.2
18	広島県	竹原市	28.9	65	大分県	日出町	22.0
19	大分県	宇佐市	28.9	66	愛媛県	松前町	22.0
20	福岡県	豊前市	28.2	67	香川県	丸亀市	21.0
21	岡山県	笠岡市	28.2	68	山口県	山口市	21.0
22	香川県	三豊市	28.1	69	福岡県	行橋市	20.7
23	香川県	直島町	28.0	70	兵庫県	たつの市	20.6
24	愛媛県	大洲市	28.0	71	山口県	和木町	20.6
25	広島県	尾道市	27.5	72	徳島県	徳島市	20.5
26	福岡県	築上町	27.1	73	兵庫県	芦屋市	20.3
27	兵庫県	南あわじ市	26.9	74	香川県	高松市	20.2
28	岡山県	備前市	26.9	75	兵庫県	神戸市	20.0
29	香川県	坂出市	26.3	76	広島県	福山市	19.9
30	岡山県	浅口市	26.1	77	広島県	廿日市市	19.9
31	山口県	岩国市	26.1	78	兵庫県	尼崎市	19.7
32	香川県	さぬき市	26.0	79	愛媛県	松山市	19.1
33	香川県	観音寺市	25.9	80	岡山県	倉敷市	19.0
34	愛媛県	伊予市	25.8	81	岡山県	岡山市	19.0
35	兵庫県	洲本市	25.7	82	福岡県	苅田町	18.9
36	広島県	三原市	25.6	83	兵庫県	姫路市	18.6
37	岡山県	瀬戸内市	25.6	84	兵庫県	明石市	17.8
38	広島県	呉市	25.6	85	大分県	大分市	17.6
39	愛媛県	今治市	25.5	86	兵庫県	高砂市	17.6
40	山口県	下関市	25.5	87	広島県	広島市	16.9
41	兵庫県	相生市	25.4	88	兵庫県	西宮市	16.8
42	岡山県	玉野市	25.3	89	兵庫県	加古川市	16.7
43	広島県	大竹市	25.1	90	徳島県	松茂町	16.6
44	愛媛県	西条市	25.0	91	広島県	東広島市	16.4
45	大分県	別府市	25.0	92	兵庫県	播磨町	16.3
46	広島県	坂町	24.8	93	広島県	海田町	15.7
47	山口県	田布施町	24.7	94	香川県	宇多津町	15.3

出所：総務省「H17　国勢調査」

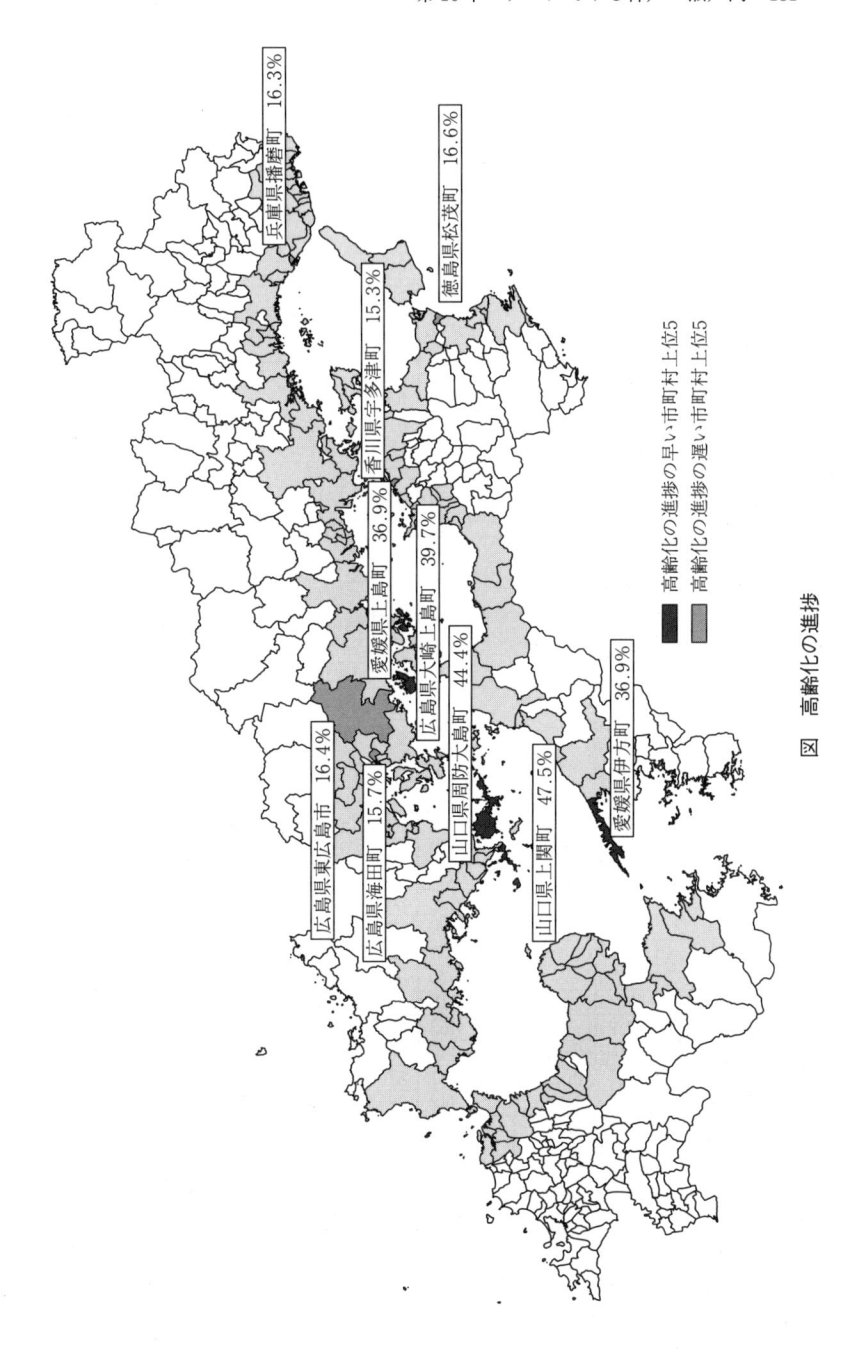

第10章　データでみる神戸・瀬戸内　*181*

図　高齢化の進捗

高齢化の進捗の早い市町村上位5
高齢化の進捗の遅い市町村上位5

兵庫県播磨町　16.3%
徳島県松茂町　16.6%
香川県宇多津町　15.3%
愛媛県上島町　36.9%
広島県上島町　39.7%
広島県東広島市　16.4%
広島県海田町　15.7%
広島県大崎上島町　44.4%
山口県周防大島町　47.5%
愛媛県伊方町　36.9%

表　調査対象市町村別居住外国人数（人）

1	兵庫県	神戸市	36,598	48	兵庫県	赤穂市	288
2	広島県	広島市	11,797	49	兵庫県	播磨町	277
3	兵庫県	尼崎市	10,753	50	広島県	大竹市	269
4	福岡県	北九州市	9,768	51	徳島県	鳴門市	267
5	兵庫県	姫路市	9,494	52	徳島県	阿南市	257
6	岡山県	岡山市	6,465	53	大分県	宇佐市	253
7	兵庫県	西宮市	6,082	54	岡山県	瀬戸内市	233
8	広島県	福山市	4,128	55	山口県	下松市	227
9	山口県	下関市	3,891	56	徳島県	小松島市	205
10	岡山県	倉敷市	3,804	57	愛媛県	上島町	195
11	兵庫県	明石市	2,916	58	岡山県	笠岡市	193
12	広島県	東広島市	2,646	59	香川県	坂出市	185
13	大分県	別府市	2,535	60	広島県	江田島市	177
14	香川県	高松市	2,366	61	大分県	国東市	174
15	広島県	呉市	2,082	62	香川県	宇多津町	173
16	山口県	宇部市	2,029	63	兵庫県	洲本市	171
17	大分県	大分市	2,029	64	広島県	竹原市	169
18	兵庫県	加古川市	1,973	65	香川県	さぬき市	169
19	愛媛県	松山市	1,785	66	愛媛県	大洲市	163
20	山口県	岩国市	1,538	67	愛媛県	伊予市	151
21	愛媛県	今治市	1,427	68	兵庫県	淡路市	144
22	兵庫県	芦屋市	1,415	69	福岡県	豊前市	140
23	徳島県	徳島市	1,263	70	大分県	豊後高田市	140
24	広島県	尾道市	1,095	71	山口県	柳井市	133
25	山口県	周南市	1,003	72	山口県	平生町	128
26	兵庫県	高砂市	988	73	香川県	小豆島町	125
27	香川県	丸亀市	977	74	香川県	東かがわ市	124
28	山口県	山口市	953	75	愛媛県	松前町	118
29	広島県	海田町	875	76	兵庫県	南あわじ市	115
30	広島県	三原市	790	77	山口県	和木町	106
31	愛媛県	西条市	786	78	福岡県	築上町	104
32	愛媛県	新居浜市	624	79	香川県	土庄町	101
33	広島県	廿日市市	622	80	岡山県	浅口市	100
34	山口県	山陽小野田市	590	81	愛媛県	八幡浜市	100
35	福岡県	苅田町	551	82	徳島県	松茂町	93
36	香川県	三豊市	536	83	大分県	日出町	89
37	山口県	防府市	518	84	広島県	大崎上島町	81
38	大分県	中津市	463	85	山口県	周防大島町	76
39	愛媛県	四国中央市	446	86	大分県	杵築市	76
40	香川県	観音寺市	411	87	広島県	坂町	56
41	山口県	光市	348	88	山口県	田布施町	46
42	香川県	多度津町	333	89	愛媛県	伊方町	39
43	兵庫県	たつの市	331	90	岡山県	里庄町	31
44	兵庫県	相生市	330	91	福岡県	吉富町	25
45	福岡県	行橋市	325	92	香川県	直島町	6
46	岡山県	玉野市	308	93	山口県	上関町	5
47	岡山県	備前市	301	94	大分県	姫島村	3

出所：総務省「H17　国勢調査」

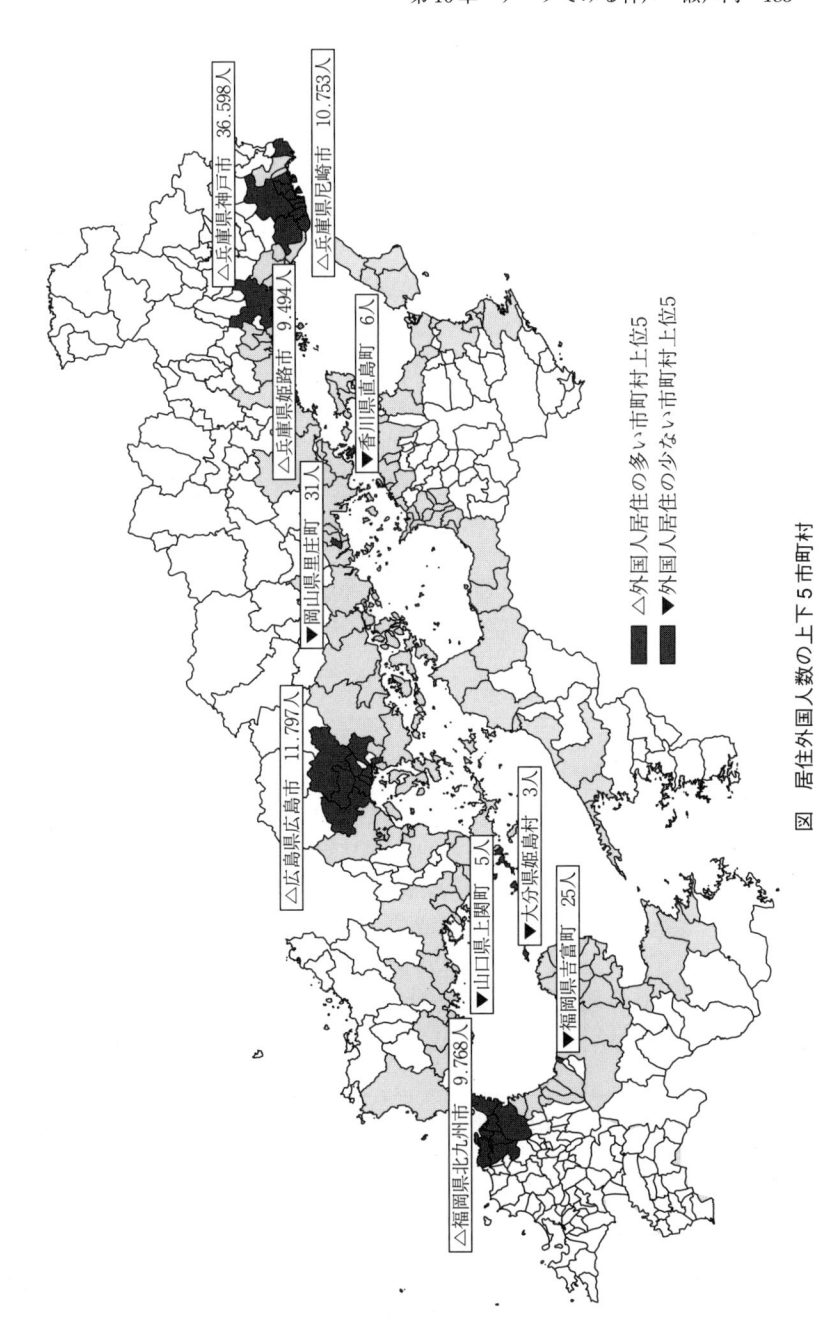

第10章　データでみる神戸・瀬戸内　183

△兵庫県神戸市　36,598人
▼兵庫県尼崎市　10,753人
△兵庫県姫路市　9,494人
▼香川県直島町　6人
▼岡山県里庄町　31人
△広島県広島市　11,797人
▼山口県上関町　5人
▼大分県姫島村　3人
△福岡県北九州市　9,768人
▼福岡県吉富町　25人

△外国人居住の多い市町村上位5
▼外国人居住の少ない市町村上位5

図　居住外国人数の上下5市町村

2-5 人口の増減

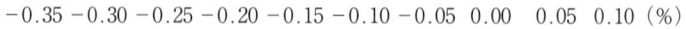

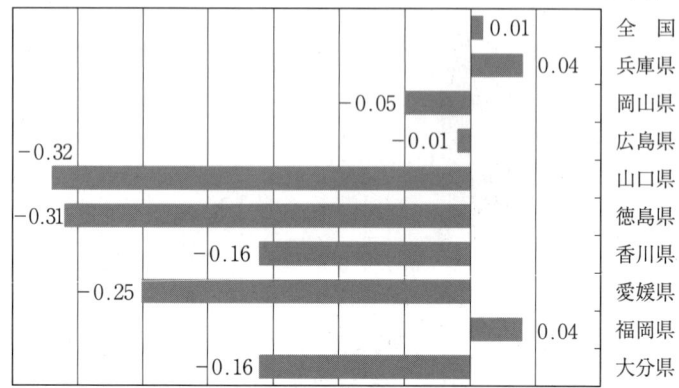

県	自然増加率 2006 (%)
全国	0.01
兵庫県	0.04
岡山県	-0.05
広島県	-0.01
山口県	-0.32
徳島県	-0.31
香川県	-0.16
愛媛県	-0.25
福岡県	0.04
大分県	-0.16

図　県別人口自然増加率 2006
注）自然増加率＝(出生数－死亡数)／総人口
出所：厚生労働省大臣官房統計情報部「人口動態統計」

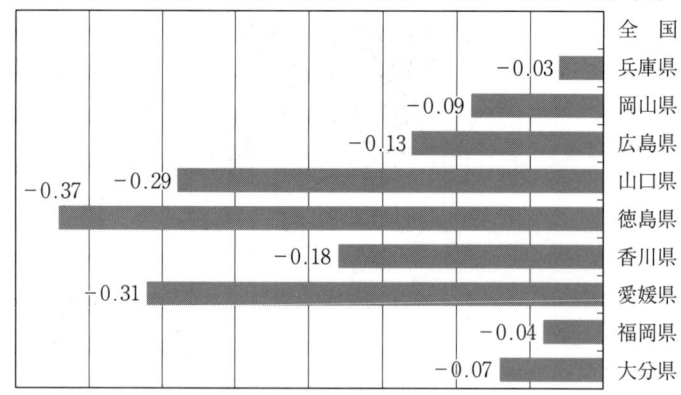

県	社会増加率 2007 (%)
全国	
兵庫県	-0.03
岡山県	-0.09
広島県	-0.13
山口県	-0.29
徳島県	-0.37
香川県	-0.18
愛媛県	-0.31
福岡県	-0.04
大分県	-0.07

図　県別人口社会増加率 2007
注）社会増加率＝(転入者数－転出者数)／総人口
出所：厚生労働省大臣官房統計情報部「人口動態統計」

2-6 婚姻と離婚

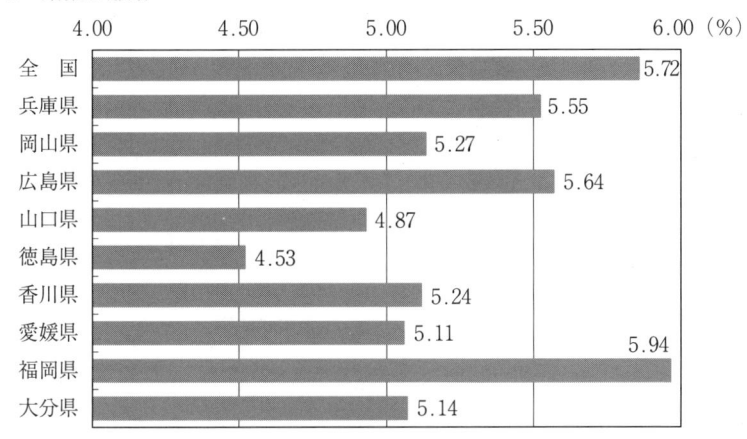

県	婚姻率 (%)
全国	5.72
兵庫県	5.55
岡山県	5.27
広島県	5.64
山口県	4.87
徳島県	4.53
香川県	5.24
愛媛県	5.11
福岡県	5.94
大分県	5.14

図　県別婚姻率2006
注）婚姻率＝人口千人当たりの一年間の婚姻件数
出所：厚生労働省大臣官房統計情報部「人口動態統計」

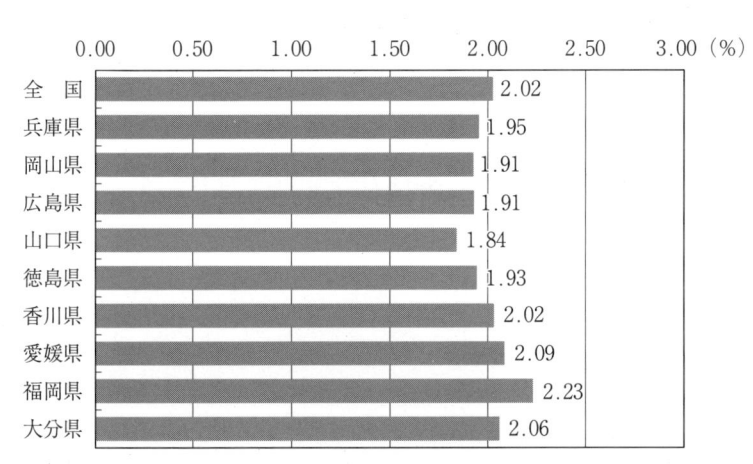

県	離婚率 (%)
全国	2.02
兵庫県	1.95
岡山県	1.91
広島県	1.91
山口県	1.84
徳島県	1.93
香川県	2.02
愛媛県	2.09
福岡県	2.23
大分県	2.06

図　県別離婚率2006
注）離婚率＝人口千人当たりの一年間の離婚件数
出所：厚生労働省大臣官房統計情報部「人口動態統計」

03　行政

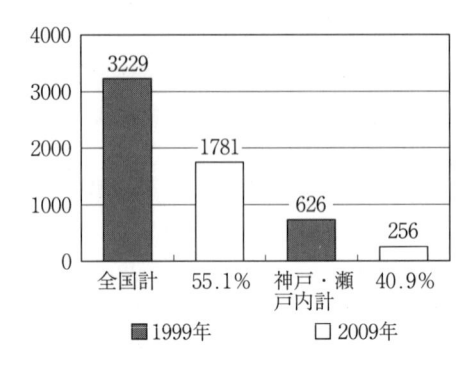

```
4000 ┤ 3229
3000 ┤ ■
2000 ┤ ■    1781
1000 ┤ ■     □    626
   0 ┤            ■    256
       全国計 55.1% 神戸・瀬 40.9%
                   戸内計
         ■1999年      □2009年
```

図　市町村合併による市町村数減

市町村合併の目的と課題
　●過疎化等による疲弊した町村の合理的再編による財政基盤の強化
　●生活の広域化に伴う効率的な行政サービスの推進
　●都市基盤の拡大による中央からの権限委譲　等

しかし、政府主導による平成の市町村合併ブームには、以下のような批判も少なくない。
　○住民の意思の汲み上げが十分か、賛否わかれるケースが多発
　○既得権（議員数や行政庁舎の存続など）を維持するために合理化が進まない
　○伝統的な地名や慣習の衰退
　○特例債による一時的なハコモノ建設がもたらす将来負担の増大
　○巨大化した市の誕生による県行政との矛盾
　○合併教義の過程でもらたされた住民間のあつれき　等

表　神戸・瀬戸内の市町村合併　平成15年以降

合併前	合併後		合併前	合併後		合併前	合併後		合併前	合併後		合併前	合併後		合併前	合併後		合併前	合併後
神戸市	神戸市		岡山市	岡山市		広島市	広島市		下関市	下関市		高松市	高松市		松山市	松山市		北九州市	北九州市
姫路市	姫路市		建部町			湯来町			菊川町			庵治町			北条市			行橋市	行橋市
香寺町			瀬戸町			呉市	呉市		豊田町			牟礼町			中島町			豊前市	豊前市
安富町			灘崎町			音戸町			豊浦町			香川町	高松市		今治市	今治市		苅田町	苅田町
家島町			御津町			倉橋町			豊北町			香南町			朝倉村			吉富町	吉富町
夢前町			倉敷市	倉敷市		蒲刈町			宇部市	宇部市		国分寺町			玉川町			築上町	築上町
尼崎市	尼崎市		船穂町			安浦町			楠町			塩江町			波方町			大分町	大分市
明石市	明石市		真備町			豊浜町			山口市	山口市		丸亀市	丸亀市		菊間町			津原町	
西宮市	西宮市		玉野市	玉野市		豊町			徳地町			綾歌町			吉海町			佐賀関町	
洲本市	洲本市		笠岡市	笠岡市		下蒲刈町			秋穂町			飯山町			宮窪町			別府市	別府市
五色町			備前市	備前市		竹原市	竹原市		小郡町			坂出市	坂出市		伯方町			中津市	中津市
芦屋市			日生町			三原市	三原市		阿知須町			観音寺市	観音寺市		上浦町			豊後高田市	豊後高田市
相生市			吉永町			大和町			防府市	防府市		大野原町			大三島町			真玉町	
加古川市			瀬戸内市	瀬戸内市		本郷町			下松市	下松市		豊浜町			関前村			香々地町	
赤穂市			浅口市	浅口市		久井町			岩国市	岩国市		さぬき市	さぬき市		八幡浜市	八幡浜市		杵築市	杵築市
高砂市			金光町			尾道市	尾道市		由宇町			大内町			保内町			大田村	
緑町			鴨方町	浅口市		因島市			玖珂町			白鳥町	東かがわ市		新居浜市	新居浜市		山香町	
西淡町	南あわじ市		寄島町			瀬戸田町			本郷町	岩国市		引田町			別子山村			宇佐市	宇佐市
三原町			里庄町			御調町			周東町			高瀬町			西条市	西条市		院内町	
南淡町						向島町			錦町			山本町			東予市			安心院町	
北淡町						福山市	福山市		美川町			三野町	三豊市		小松町			国見町	国東市
東浦町						神辺町			美和町			豊中町			丹原町			国東町	
淡路町	淡路市					沼隈町	福山市		光市	光市		詫間町			大洲市	大洲市		武蔵町	
津名町						新市町			大和町			仁尾町			肱川町			安岐町	
一宮町						内海町			柳井市	柳井市		土庄町			長浜町			姫島村	姫島村
新宮町						大竹市	大竹市		大畠町			内海町	小豆島町		河辺村			日出町	日出町
揖保川町	たつの市					黒瀬町			新南陽市			池田町			伊予市	伊予市
御津町						福富町			徳山市	周南市		直島町	直島町		川之江市	
播磨町	播磨町					豊栄町	東広島市		熊毛町			宇多津町	宇多津町		伊予三島市	四国中央市
						河内町			鹿野町			多度津町	多度津町		新宮村	
						安芸町			小野田市	山陽小野田市					土居町	
						廿日市市	廿日市市		山陽町						魚島村	上島町
						宮島町			久賀町						弓削町	
						大野町			大島町	周防大島町					生名村	
						佐伯町			東和町						岩城村	
						吉村			橘町						松前町	松前町
						江田島町	江田島市		和木町						伊方町	伊方町
						能美町			上関町						瀬戸町	
						沖美町			田布施町						三崎町	
						大柿町			平生町							
						海田町			徳島市	徳島市						
						坂町			鳴門市	鳴門市						
						大崎町	大崎上島町		小松島市	小松島市						
						木江町			阿南市	阿南市						
						東野町			那賀川町							
									松茂町							

出所：総務省自治行政局資料

3-2 支出と公債費率

表　市町村の一人あたり歳出額（万円）2005年

1	大分県	姫島村	127.3	48	岡山県	瀬戸内市	38.4
2	山口県	上関町	121.8	49	愛媛県	四国中央市	38.2
3	愛媛県	伊方町	113.3	50	広島県	坂町	38.2
4	香川県	直島町	103.5	51	香川県	坂出市	38.1
5	兵庫県	淡路市	101.1	52	山口県	周南市	37.9
6	広島県	大崎上島町	92.2	53	徳島県	小松島市	37.8
7	愛媛県	上島町	83.9	54	広島県	廿日市市	37.7
8	山口県	周防大島町	78.3	55	福岡県	吉富町	37.6
9	兵庫県	神戸市	73.3	56	岡山県	笠岡市	37.6
10	山口県	和木町	67.5	57	兵庫県	赤穂市	37.2
11	大分県	国東市	67.0	58	香川県	丸亀市	37.1
12	広島県	江田島市	63.5	59	愛媛県	新居浜市	37.0
13	兵庫県	洲本市	59.8	60	岡山県	浅口市	36.5
14	大分県	豊後高田市	56.0	61	愛媛県	西条市	36.3
15	兵庫県	南あわじ市	55.2	62	山口県	光市	36.0
16	大分県	杵築市	53.2	63	岡山県	倉敷市	35.8
17	福岡県	築上町	52.6	64	兵庫県	姫路市	35.7
18	福岡県	北九州市	52.2	65	徳島県	鳴門市	35.5
19	山口県	柳井市	50.4	66	広島県	竹原市	35.2
20	香川県	小豆島町	49.0	67	山口県	山口市	35.0
21	愛媛県	大洲市	47.6	68	岡山県	岡山市	34.9
22	香川県	三豊市	47.5	69	香川県	高松市	34.8
23	香川県	さぬき市	46.8	70	山口県	下松市	34.2
24	愛媛県	八幡浜市	46.7	71	山口県	平生町	34.1
25	香川県	東かがわ市	46.3	72	広島県	福山市	33.8
26	兵庫県	たつの市	46.0	73	広島県	東広島市	33.6
27	徳島県	阿南市	45.9	74	山口県	宇部市	33.6
28	山口県	岩国市	45.7	75	山口県	田布施町	33.1
29	兵庫県	芦屋市	45.6	76	山口県	防府市	32.6
30	広島県	三原市	44.5	77	岡山県	里庄町	32.0
31	大分県	宇佐市	44.5	78	徳島県	徳島市	32.0
32	大分県	中津市	44.4	79	大分県	大分市	31.6
33	愛媛県	伊予市	44.3	80	香川県	多度津町	31.5
34	岡山県	備前市	43.8	81	香川県	宇多津町	31.5
35	福岡県	苅田町	43.2	82	福岡県	行橋市	31.4
36	広島県	呉市	43.2	83	兵庫県	西宮市	31.3
37	兵庫県	相生市	42.4	84	愛媛県	松山市	30.8
38	広島県	尾道市	41.1	85	兵庫県	高砂市	30.6
39	香川県	土庄町	41.0	86	岡山県	玉野市	30.6
40	徳島県	松茂町	40.8	87	兵庫県	明石市	30.5
41	兵庫県	尼崎市	40.8	88	大分県	別府市	30.4
42	山口県	山陽小野田市	40.3	89	兵庫県	播磨町	28.3
43	愛媛県	今治市	39.8	90	兵庫県	加古川市	27.9
44	山口県	下関市	39.7	91	大分県	日出町	26.9
45	香川県	観音寺市	39.6	92	愛媛県	松前町	26.0
46	福岡県	豊前市	39.1	93	広島県	海田町	24.3
47	広島県	大竹市	38.7	94	広島県	広島市	17.0

出所：総務省自治財政局「地方財政統計」

第10章　データでみる神戸・瀬戸内　*189*

神戸市 73.3万円
淡路市 101.1万円
直島町 103.5万円
上島町 83.9万円
大崎上島町 92.2万円
周防大島町 78.3万円
上関町 121.8万円
伊方町 113.3万円
姫島村 127.3万円

住民一人あたり歳出額70万円以上
住民一人あたり歳出額40万円以上
住民一人あたり歳出額40万円未満

図　市町村の一人あたり歳出額分布図

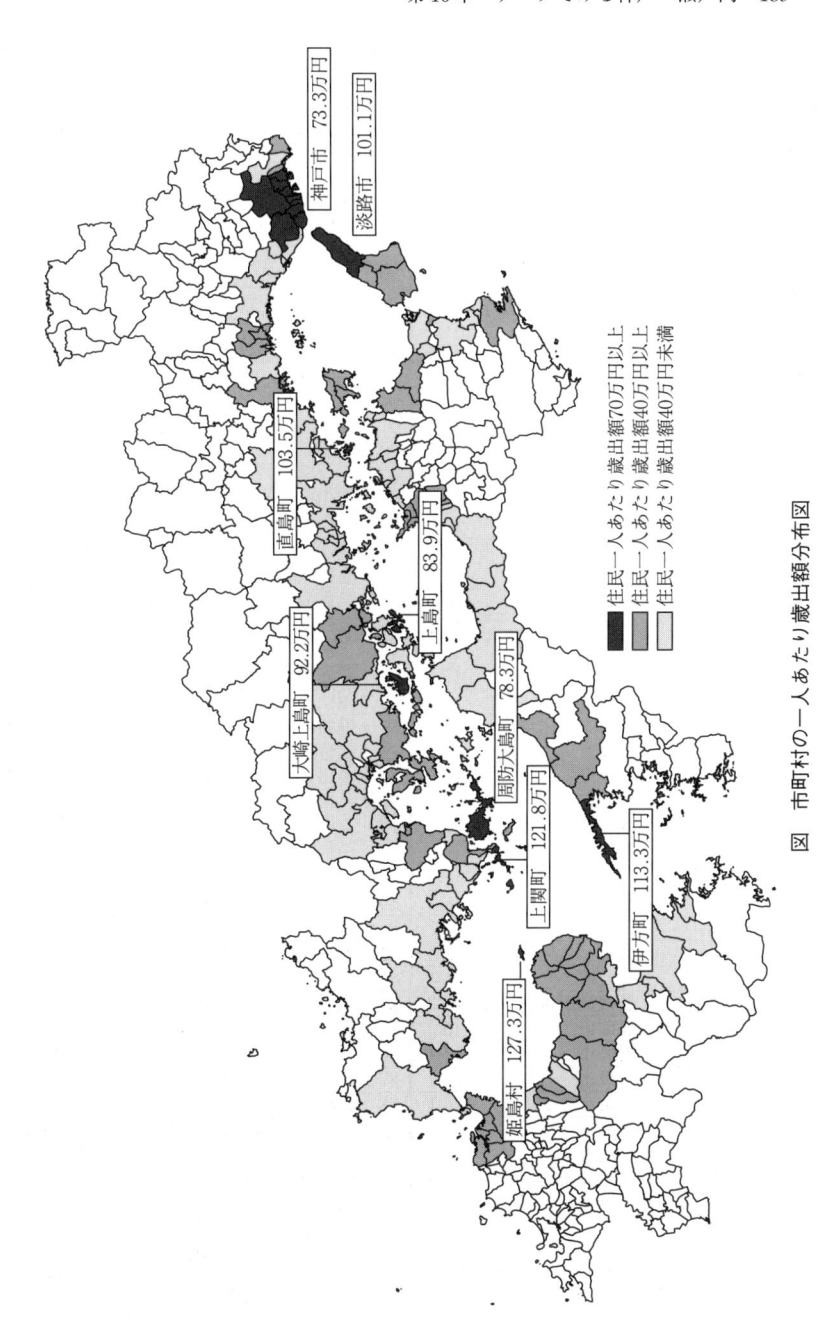

表 市町村の公債費比率（％）2005年

1	兵庫県	芦屋市	29.5	48	山口県	光市	15.6
2	兵庫県	神戸市	27.6	49	大分県	宇佐市	15.5
3	岡山県	岡山市	23.3	50	広島県	大竹市	15.3
4	兵庫県	淡路市	22.6	51	香川県	さぬき市	15.3
5	兵庫県	南あわじ市	22.0	52	岡山県	倉敷市	15.1
6	徳島県	小松島市	21.8	53	山口県	和木町	15.1
7	兵庫県	西宮市	21.7	54	香川県	多度津町	15.1
8	兵庫県	赤穂市	21.3	55	山口県	下関市	15.0
9	山口県	山口市	21.3	56	山口県	下松市	14.9
10	愛媛県	四国中央市	21.1	57	愛媛県	伊方町	14.9
11	広島県	東広島市	20.8	58	岡山県	玉野市	14.8
12	愛媛県	大洲市	20.8	59	兵庫県	たつの市	14.6
13	大分県	国東市	19.5	60	徳島県	鳴門市	14.6
14	香川県	坂出市	19.4	61	徳島県	阿南市	14.6
15	福岡県	築上町	19.3	62	愛媛県	八幡浜市	14.5
16	兵庫県	明石市	19.2	63	大分県	中津市	14.3
17	兵庫県	洲本市	19.2	64	岡山県	備前市	14.2
18	香川県	東かがわ市	19.2	65	広島県	海田町	14.2
19	広島県	広島市	18.9	66	愛媛県	上島町	14.2
20	広島県	尾道市	18.6	67	愛媛県	松山市	14.1
21	山口県	周防大島町	18.6	68	兵庫県	加古川市	14.0
22	山口県	田布施町	18.5	69	大分県	日出町	13.9
23	広島県	三原市	18.2	70	広島県	坂町	13.8
24	広島県	廿日市市	18.1	71	愛媛県	松前町	13.8
25	山口県	宇部市	18.1	72	岡山県	瀬戸内市	13.7
26	山口県	山陽小野田市	18.1	73	愛媛県	新居浜市	13.6
27	山口県	岩国市	17.9	74	大分県	杵築市	13.6
28	香川県	高松市	17.9	75	香川県	丸亀市	13.5
29	山口県	柳井市	17.3	76	兵庫県	播磨町	13.4
30	山口県	防府市	17.1	77	兵庫県	姫路市	13.1
31	兵庫県	相生市	16.9	78	山口県	周南市	13.1
32	福岡県	北九州市	16.9	79	福岡県	行橋市	13.1
33	広島県	福山市	16.7	80	香川県	観音寺市	12.5
34	福岡県	豊前市	16.7	81	愛媛県	伊予市	12.5
35	広島県	呉市	16.4	82	香川県	直島町	12.1
36	大分県	大分市	16.4	83	大分県	姫島村	12.1
37	大分県	豊後高田市	16.3	84	広島県	竹原市	12.0
38	兵庫県	高砂市	16.2	85	広島県	大崎上島町	11.9
39	兵庫県	尼崎市	16.1	86	香川県	小豆島町	11.9
40	香川県	三豊市	16.1	87	山口県	上関町	10.3
41	愛媛県	西条市	16.1	88	岡山県	浅口市	9.6
42	徳島県	徳島市	16.0	89	香川県	宇多津町	8.9
43	岡山県	笠岡市	15.9	90	大分県	別府市	8.6
44	広島県	江田島市	15.9	91	徳島県	松茂町	8.3
45	愛媛県	今治市	15.8	92	福岡県	苅田町	7.9
46	山口県	平生町	15.7	93	福岡県	吉富町	4.4
47	香川県	土庄町	15.7	94	岡山県	里庄町	4.1

出所：総務省自治財政局「地方財政統計」

第10章 データでみる神戸・瀬戸内　*191*

図　市町村の公債費率分布図

公債費比率20%以上
公債費比率15%以上
公債費比率15%未満

芦屋市　29.5%
西宮市　21.7%
神戸市　27.6%
淡路市　22.6%
南あわじ市　22.0%
小松島市　21.8%
赤穂市　21.3%
岡山市　23.3%
四国中央市　21.1%
東広島市　20.8%
大洲市　20.8%
山口市　21.3%

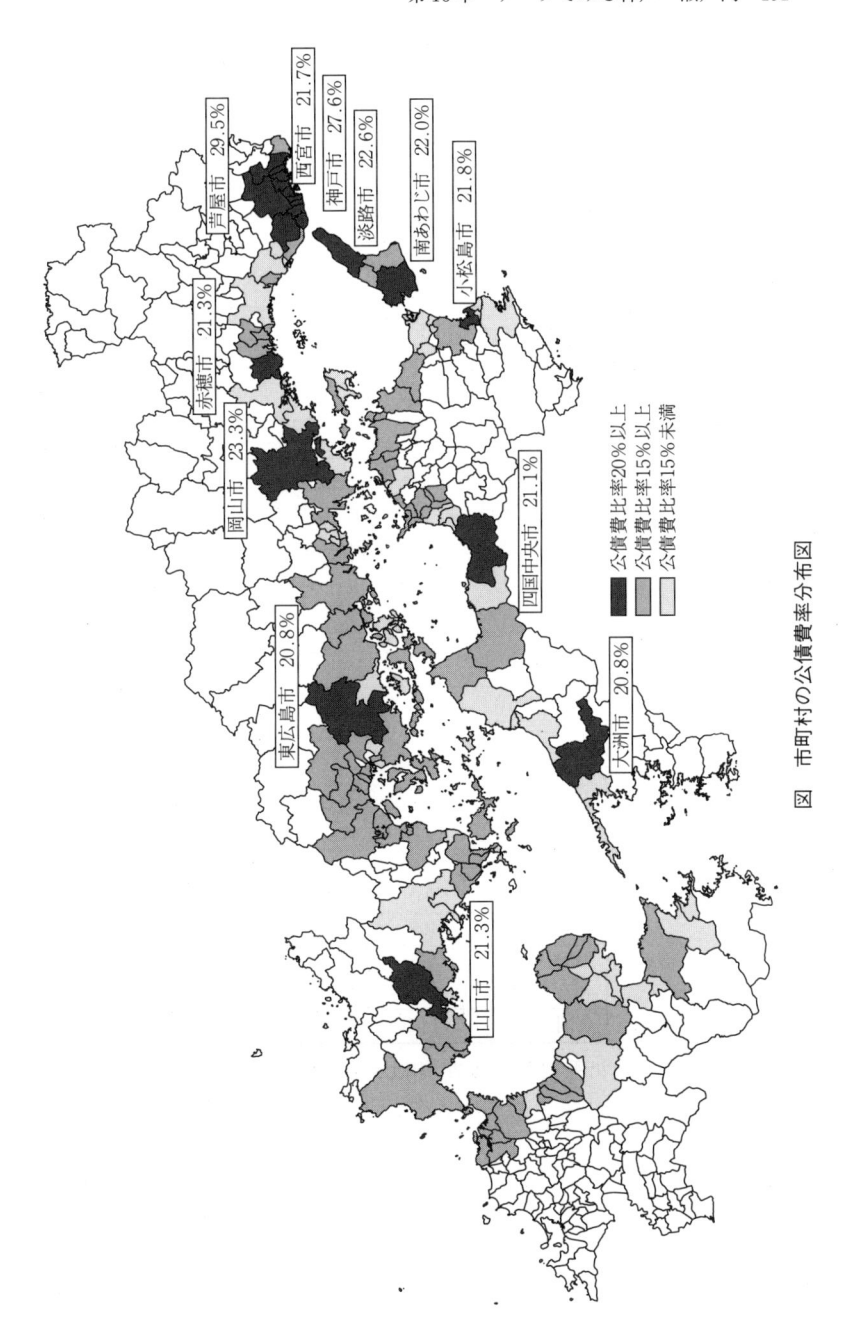

192

04 運輸・交通　4-1　輸送分担

図　対象地域の輸送機関分布率 2006

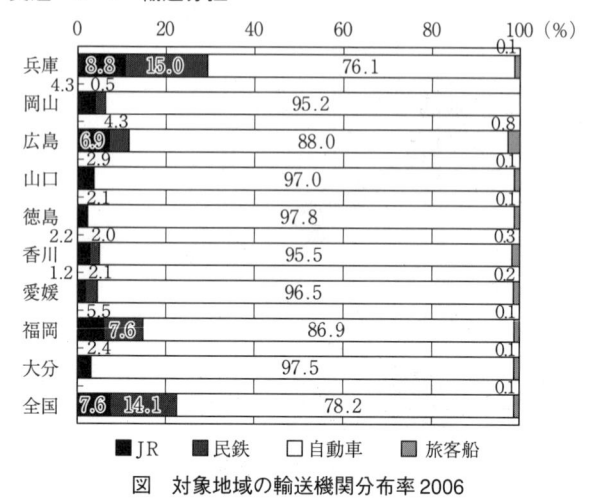

表　対象地域の輸送機関分担率 2006（％）

	JR	民鉄	自動車	旅客船
兵庫	8.8	15.0	76.1	0.1
岡山	4.3	0.5	95.2	0.0
広島	6.9	4.3	88.0	0.8
山口	2.9	0.0	97.0	0.1
徳島	2.1	0.0	97.8	0.1
香川	2.2	2.0	95.5	0.3
愛媛	1.2	2.1	96.5	0.2
福岡	5.5	7.6	86.9	0.1
大分	2.4	0.0	97.5	0.1
全国	7.6	14.1	78.2	0.1

出所：国土交通省「国土交通白書」

4-2 道路整備

県	道路整備延長 (km)
兵庫県	35.5
岡山県	31.4
広島県	28.0
山口県	16.1
徳島県	14.8
香川県	10.0
愛媛県	17.7
福岡県	36.6
大分県	17.8

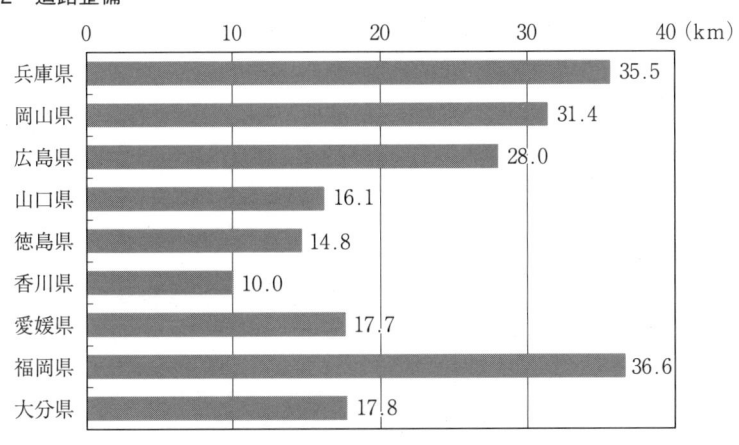

図　対象地域の道路整備延長 2006
出所：国土交通省「道路統計年報」

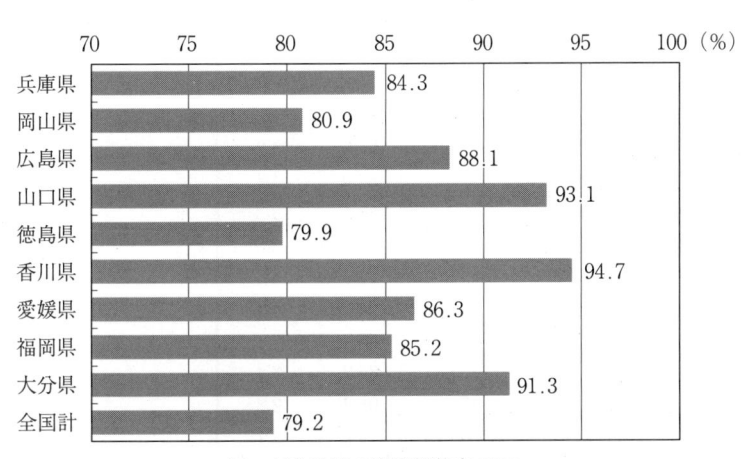

県	道路舗装率 (%)
兵庫県	84.3
岡山県	80.9
広島県	88.1
山口県	93.1
徳島県	79.9
香川県	94.7
愛媛県	86.3
福岡県	85.2
大分県	91.3
全国計	79.2

図　対象地域の道路舗装率 2006
出所：国土交通省「道路統計年報」

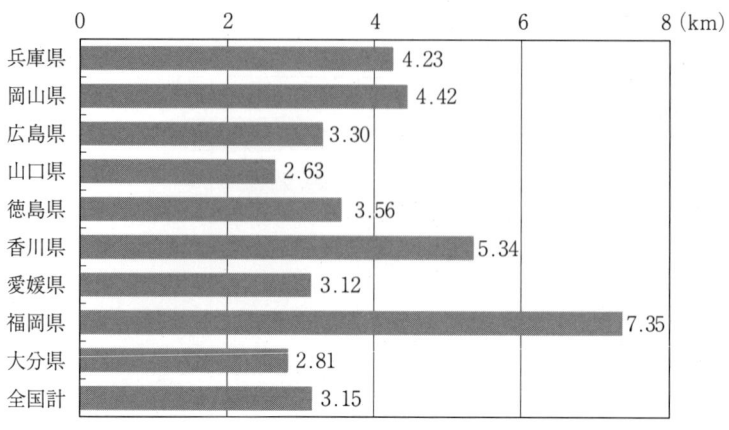

図 面積平方キロあたり実延長 2006 のデータ：

県	値
兵庫県	4.23
岡山県	4.42
広島県	3.30
山口県	2.63
徳島県	3.56
香川県	5.34
愛媛県	3.12
福岡県	7.35
大分県	2.81
全国計	3.15

表　対象地域の道路整備

	実延長 (km)	舗装率 (%)	面積平方キロあたり実延長 (km)
兵庫県	35,497	84.3	4.2
岡山県	31,413	80.9	4.4
広島県	27,998	88.1	3.3
山口県	16,050	93.1	2.6
徳島県	14,762	79.9	3.6
香川県	10,027	94.7	5.3
愛媛県	17,730	86.3	3.1
福岡県	36,582	85.2	7.4
大分県	17,787	91.3	2.8
全国計	1,189,616	79.2	3.1

注）国道、県道、市町村道の合計
出所：国土交通省「道路統計年報」

4-3 港湾と内航輸送

表　港湾の種類と一覧

県	市町村	港湾	特定重要港湾	重要港湾	指定特定中枢港湾
兵庫県	神戸市	神戸港	●		●
兵庫県	姫路市	姫路港	●		
兵庫県	尼崎市・西宮市・芦屋市	尼崎西宮芦屋港		●	
兵庫県	明石市、播磨町、加古川市、高砂市	東播磨港		●	
岡山県	岡山市	岡山港		●	
岡山県	玉野市	宇野港		●	
岡山県	倉敷市	水島港	●		
広島県	福山市	福山港		●	
広島県	尾道市	尾道糸崎港		●	
広島県	呉市	呉港		●	
広島県	広島市	広島港	●		
山口県	下関市	下関港	●		
山口県	山陽小野田市	小野田港		●	
山口県	宇部市	宇部港		●	
山口県	防府市	三田尻中関港		●	
山口県	周南市・下松市・光市	徳山下松港	●		
山口県	岩国市	岩国港		●	
徳島県	徳島市・小松島市	徳島小松島港		●	
徳島県	阿南市	橘港		●	
香川県	坂出市	坂出港		●	
香川県	高松市	高松港		●	
愛媛県	松山市	松山港		●	
愛媛県	今治市	今治港		●	
愛媛県	西条市・新居浜市	東予港		●	
愛媛県	新居浜市	新居浜港		●	
愛媛県	四国中央市	三島川之江港		●	
福岡県	北九州市	北九州港	●		
福岡県	苅田町	苅田港		●	
大分県	中津市	中津港		●	
大分県	別府市	別府港		●	
大分県	大分市	大分港		●	

注）重要港湾：日本における港湾の一区分。港湾法において国際海上輸送網又は国内海上輸送網の拠点となる港湾、その他の国の利害に重大な関係を有する港湾。2009年現在126港。

特定重要港湾：重要港湾のうち国際海上輸送網の拠点として特に重要として政令により定められている港湾。全国で23港。

指定特定中枢港湾：特定重要港湾のうち、国際コンテナ輸送上特に重要なものを「指定特定重要港湾」という。「東京港・横浜港」「名古屋港・四日市港」「大阪港・神戸港」の3港湾。

地方港湾：重要港湾以外の港湾で、2007年現在全国で936港。

出所：国土交通省「港湾統計年報」

図 港湾の分布

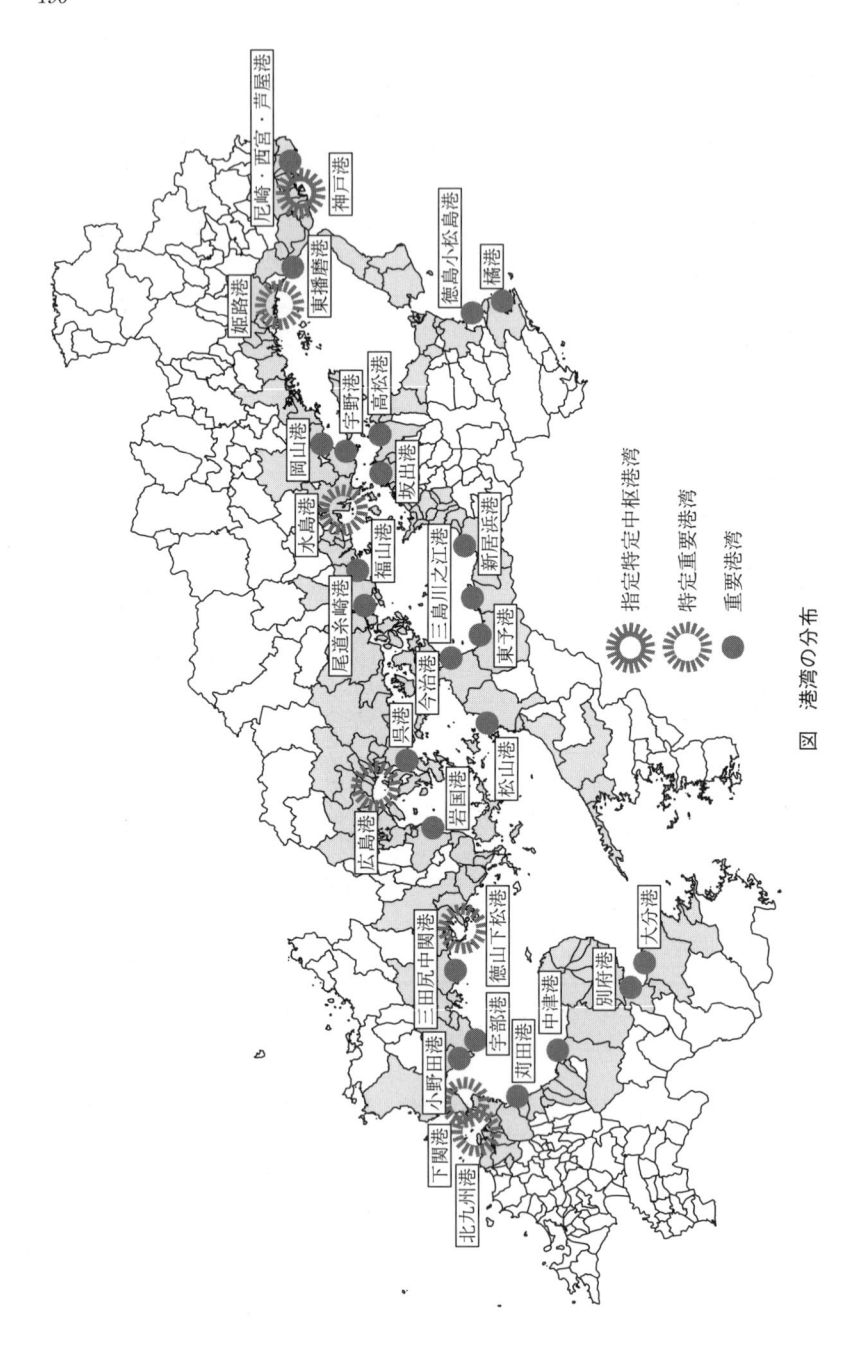

表　入港船舶隻数順位表　2006

外　航

全国順位	都道府県名	市町村	港湾名	隻数
3	兵庫県	神戸市	神戸	8,350
8	福岡県	北九州市	北九州	4,919
10	岡山県	倉敷市	水島	3,971
13	山口県	下関市	下関	2,342
14	広島県	福山市	福山	2,210
15	大分県	大分市	大分	2,027
16	山口県	周南市・下松市・光市	徳山下松	1,952
24	広島県	広島市	広島	1,412
27	兵庫県	姫路市	姫路	1,112
29	兵庫県	明石市、播磨町、加古川市、高砂市	東播磨	1,036
36	福岡県	苅田町	苅田	730
37	山口県	防府市	三田尻	691
38	山口県	宇部市	宇部	633
41	山口県	岩国市	岩国	589
45	香川県	坂出市	坂出	533
46	愛媛県	松山市	松山	524
50	広島県	呉市	呉	476

※内航には、漁船、避難船、鉄道連絡船およびその他の船舶を含む。

内　航

全国順位	都道府県名	市町村	港湾名	隻数
1	広島県	尾道市	土生*	75,203
2	香川県	高松市	高松	71,015
4	福岡県	北九州市	北九州	68,139
5	広島県	広島市	広島	64,696
6	広島県	尾道市	尾道糸崎	61,811
9	岡山県	玉野市	宇野	56,085
10	広島県	江田島市	小用（江田島）*	55,116
11	広島県	呉市	呉	53,233
12	広島県	呉市	厳島*	50,865
15	兵庫県	姫路市	家島*	46,051
16	岡山県	倉敷市	水島	44,660
18	兵庫県	明石市	明石*	41,571
20	山口県	下関市	下関	39,355
24	愛媛県	今治市	今治	37,722
26	大分県	大分市	大分	36,037
27	兵庫県	姫路市	姫路	34,890
28	広島県	大崎上島町	鮴崎*	33,222
29	愛媛県	松山市	松山	32,702
33	兵庫県	神戸市	神戸	31,340
34	兵庫県	洲本市	洲本*	30,564
38	山口県	周南市・下松市・光市	徳山下松	29,732
39	広島県	竹原市	竹原*	28,773
41	兵庫県	淡路市	岩屋*	28,232

*は地方港湾
出所：国土交通省総合政策局情報管理部「港湾統計（年報）」

198

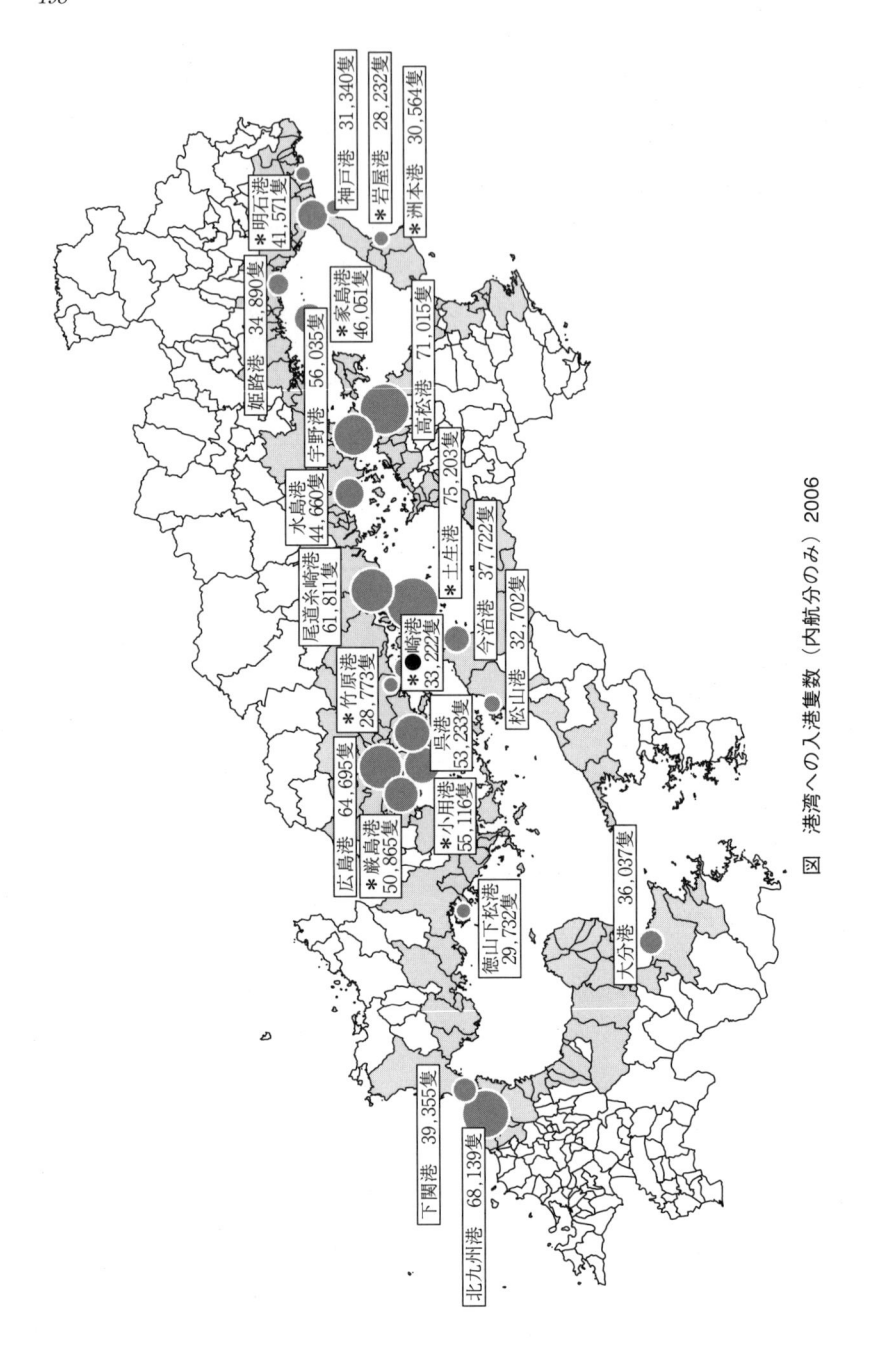

明石港 41,571隻
神戸港 31,340隻
岩屋港 28,232隻
洲本港 30,564隻
姫路港 34,890隻
家島港 46,051隻
宇野港 56,035隻
高松港 71,015隻
水島港 44,660隻
土生港 75,203隻
尾道糸崎港 61,811隻
今治港 37,722隻
崎港 33,222隻
松山港 32,702隻
竹原港 28,773隻
呉港 53,233隻
広島港 64,695隻
小用港 55,116隻
厳島港 50,865隻
徳山下松港 29,732隻
大分港 36,037隻
下関港 39,355隻
北九州港 68,139隻

図　港湾への入港隻数（内航分のみ）2006

4-4　漁港

表　県別漁港数

	特定第3種 (最重要)	第3種 (全国)	第2種 (広域)	第1種 (地元)	第4種 (離島)	計
全　国	13	114	496	2,210	101	2,921
兵庫県	0	3	14	36	0	53
岡山県	0	0	10	17	0	27
広島県	0	1	18	27	0	46
山口県	1	3	34	57	3	97
徳島県	0	1	11	16	1	29
香川県	0	0	6	86	0	92
愛媛県	0	3	22	168	2	195
福岡県	1	1	20	42	2	65
大分県	0	2	17	89	2	110

特定第3種漁港：第3種のうち特に重要な漁港
第3種漁港－利用範囲が全国に達する
第2種漁港－地方ブロックに相当するもの
第1種漁港－地元漁船による沿岸漁業に供するもの
第4種漁港－離島に立地していたり、避難のための港
注）徳島県、愛媛県、福岡県、大分県は瀬戸内地域以外の区域も含む
出所：第六管区海上保安本部資料

4-5　空港と航空輸送

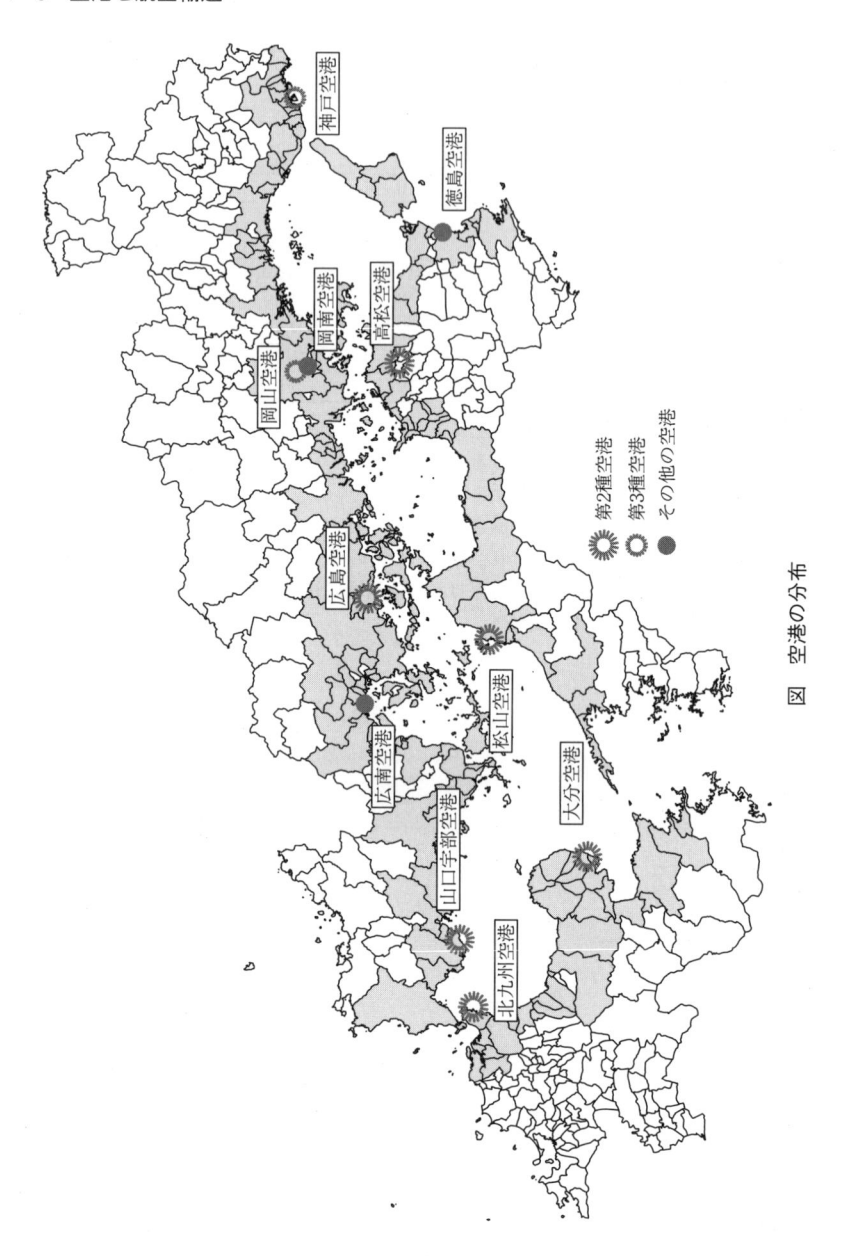

図　空港の分布

表　対象地域の空港と乗降客数　2007年

		国際線	国内線
2種	広島	359,081	2,966,879
	山口宇部	3,850	896,171
	高松	39,082	1,517,312
	松山	56,842	2,651,789
	北九州	29,319	1,252,544
	大分	35,295	1,856,625
3種	神戸	555	2,964,163
	岡山	217,636	1,547,912
共用	徳島	825	869,203
その他	岡南*	0	0
	広島西	0	58,858

＊定期便なし
出所：国土交通省「航空統計年報」

05　経済・産業　5-1　三次産業就業者

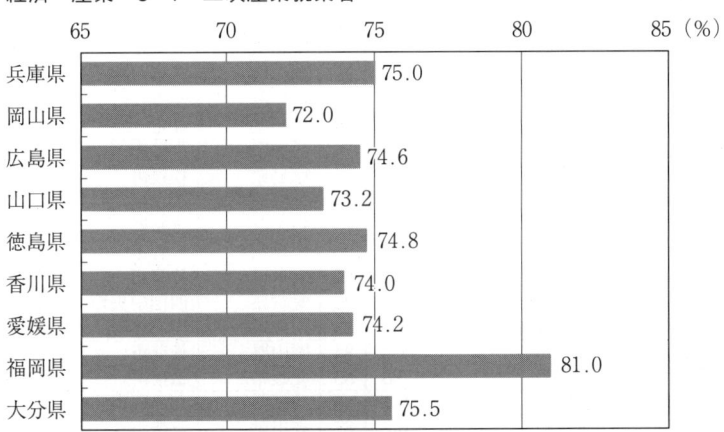

県	%
兵庫県	75.0
岡山県	72.0
広島県	74.6
山口県	73.2
徳島県	74.8
香川県	74.0
愛媛県	74.2
福岡県	81.0
大分県	75.5

図　対象地域の三次産業就業者比率 2005
出所：総務省「国勢調査 H17」

表　対象地域の市町村別三次産業従業者比率（％）2005

1	兵庫県	芦屋市	94.5	48	兵庫県	南あわじ市	69.5
2	大分県	別府市	91.4	49	大分県	豊後高田市	69.4
3	広島県	坂町	85.9	50	広島県	尾道市	69.2
4	兵庫県	西宮市	85.5	51	愛媛県	今治市	68.8
5	愛媛県	松山市	83.8	52	大分県	日出町	68.5
6	山口県	山口市	83.6	53	兵庫県	赤穂市	67.5
7	兵庫県	神戸市	83.5	54	山口県	下松市	67.4
8	徳島県	徳島市	83.2	55	香川県	坂出市	66.8
9	香川県	高松市	82.4	56	山口県	防府市	66.7
10	広島県	広島市	82.2	57	香川県	観音寺市	66.7
11	岡山県	岡山市	81.3	58	大分県	宇佐市	66.6
12	山口県	周防大島町	79.7	59	山口県	平生町	66.3
13	山口県	柳井市	79.2	60	岡山県	浅口市	66.0
14	福岡県	北九州市	78.6	61	広島県	三原市	65.9
15	大分県	大分市	78.0	62	愛媛県	上島町	65.9
16	愛媛県	八幡浜市	77.0	63	兵庫県	相生市	65.7
17	広島県	江田島市	76.9	64	山口県	山陽小野田市	65.7
18	福岡県	築上町	76.7	65	愛媛県	伊方町	65.5
19	福岡県	行橋市	75.7	66	岡山県	笠岡市	65.2
20	山口県	宇部市	74.9	67	徳島県	阿南市	65.1
21	山口県	下関市	74.8	68	岡山県	玉野市	64.1
22	広島県	廿日市市	73.7	69	香川県	さぬき市	63.8
23	山口県	岩国市	73.4	70	愛媛県	伊予市	63.5
24	香川県	宇多津町	73.3	71	福岡県	豊前市	63.4
25	山口県	上関町	73.2	72	愛媛県	西条市	62.7
26	徳島県	小松島市	72.7	73	岡山県	瀬戸内市	62.3
27	愛媛県	大洲市	72.7	74	香川県	小豆島町	61.9
28	広島県	呉市	72.4	75	山口県	光市	60.6
29	徳島県	鳴門市	72.3	76	兵庫県	高砂市	60.4
30	広島県	海田町	72.3	77	徳島県	松茂町	59.7
31	兵庫県	姫路市	72.2	78	大分県	国東市	59.5
32	兵庫県	明石市	72.1	79	福岡県	吉富町	59.4
33	広島県	竹原市	72.0	80	広島県	大竹市	58.7
34	兵庫県	加古川市	71.7	81	大分県	杵築市	58.4
35	大分県	中津市	71.6	82	愛媛県	四国中央市	58.4
36	愛媛県	新居浜市	71.5	83	山口県	田布施町	58.3
37	兵庫県	洲本市	71.3	84	岡山県	備前市	58.2
38	香川県	土庄町	70.8	85	愛媛県	松前町	58.0
39	兵庫県	淡路市	70.7	86	兵庫県	たつの市	57.0
40	香川県	丸亀市	70.2	87	香川県	三豊市	56.8
41	大分県	姫島村	70.1	88	香川県	直島町	56.3
42	兵庫県	尼崎市	70.1	89	香川県	東かがわ市	55.1
43	岡山県	倉敷市	70.0	90	兵庫県	播磨町	52.5
44	広島県	大崎上島町	69.9	91	香川県	多度津町	51.9
45	広島県	福山市	69.8	92	福岡県	苅田町	50.4
46	山口県	周南市	69.8	93	山口県	和木町	44.4
47	広島県	東広島市	69.7	94	岡山県	里庄町	39.4

出所：総務省「国勢調査 H17」

第10章 データでみる神戸・瀬戸内　203

図　市町村の三次産業従業者比率

凡例：
- 80％以上
- 60％以上80％未満
- 60％未満

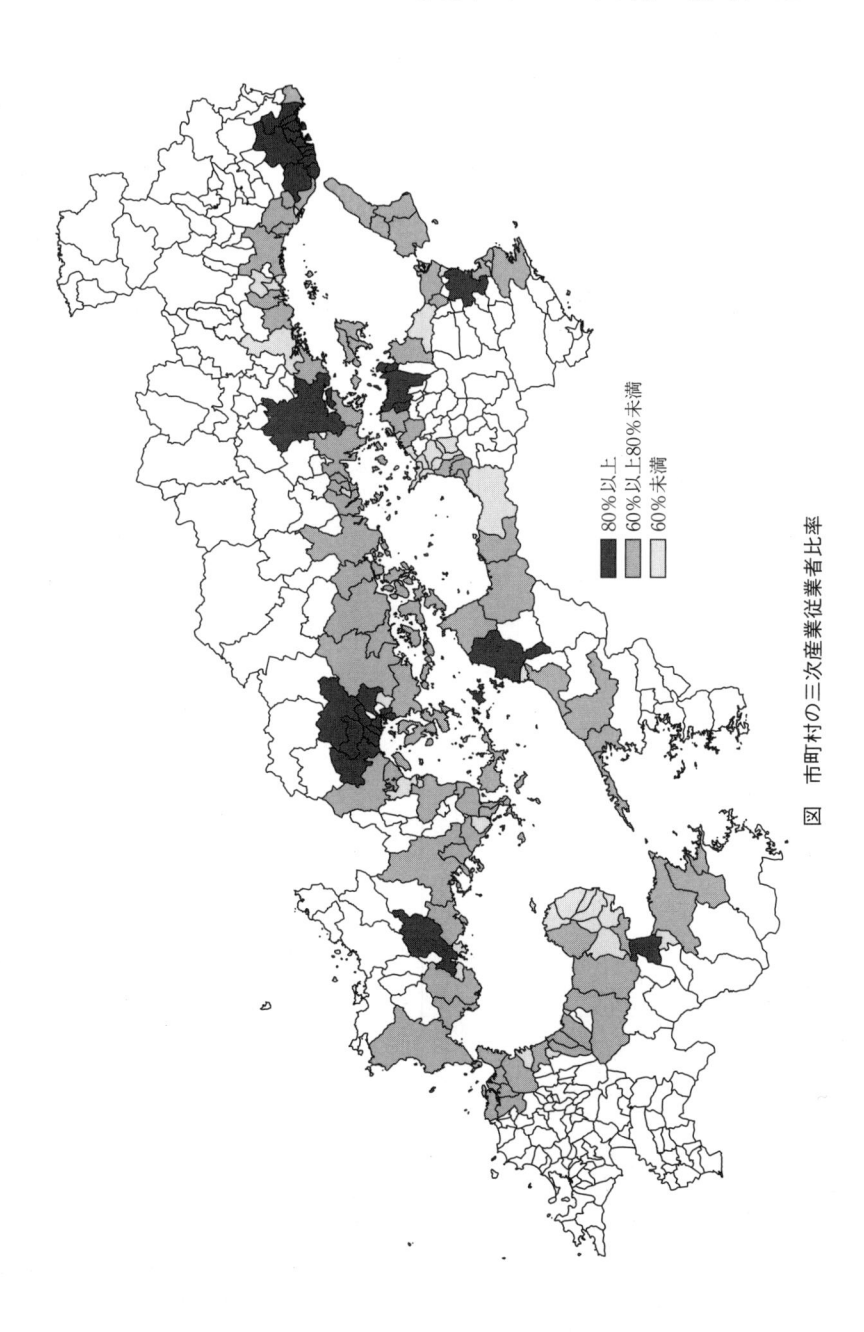

5-2 農業生産

表 市町村の農業産出額（百万円）2006

1	岡山県	岡山市	22,810	48	香川県	東かがわ市	3,180
2	兵庫県	南あわじ市	22,290	49	山口県	周南市	3,090
3	愛媛県	松山市	18,310	50	徳島県	小松島市	3,090
4	香川県	三豊市	18,080	51	山口県	防府市	2,610
5	愛媛県	西条市	15,000	52	福岡県	豊前市	2,390
6	香川県	観音寺市	14,330	53	愛媛県	松前町	2,370
7	徳島県	徳島市	14,050	54	福岡県	築上町	2,350
8	山口県	下関市	13,470	55	福岡県	行橋市	2,270
9	岡山県	倉敷市	12,610	56	福岡県	松茂町	2,230
10	愛媛県	今治市	12,560	57	山口県	山陽小野田市	2,200
11	大分県	宇佐市	12,330	58	山口県	周防大島町	2,000
12	愛媛県	八幡浜市	11,960	59	山口県	柳井市	1,910
13	徳島県	鳴門市	11,580	60	広島県	廿日市市	1,820
14	香川県	高松市	11,280	61	岡山県	浅口市	1,640
15	広島県	尾道市	10,840	62	広島県	大崎上島町	1,520
16	兵庫県	神戸市	10,800	63	広島県	江田島市	1,460
17	大分県	大分市	10,570	64	愛媛県	新居浜市	1,440
18	大分県	杵築市	10,340	65	岡山県	玉野市	1,390
19	広島県	福山市	10,320	66	兵庫県	明石市	1,360
20	徳島県	阿南市	9,010	67	広島県	竹原市	1,160
21	大分県	豊後高田市	8,850	68	香川県	多度津町	1,150
22	山口県	山口市	8,700	69	兵庫県	西宮市	1,110
23	広島県	三原市	8,330	70	山口県	光市	1,030
24	兵庫県	姫路市	7,790	71	大分県	別府市	970
25	広島県	東広島市	6,990	72	香川県	小豆島町	840
26	愛媛県	四国中央市	6,950	73	香川県	土庄町	830
27	大分県	中津市	6,930	74	岡山県	備前市	760
28	愛媛県	大洲市	6,690	75	山口県	田布施町	710
29	大分県	国東市	6,620	76	山口県	下松市	640
30	愛媛県	伊予市	6,570	77	兵庫県	尼崎市	620
31	兵庫県	洲本市	6,370	78	山口県	平生町	520
32	兵庫県	淡路市	6,310	79	愛媛県	上島町	510
33	岡山県	笠岡市	6,310	80	兵庫県	相生市	500
34	広島県	広島市	5,880	81	福岡県	苅田町	460
35	香川県	さぬき市	5,570	82	兵庫県	高砂市	320
36	岡山県	瀬戸内市	5,540	83	岡山県	里庄町	310
37	山口県	岩国市	5,310	84	広島県	大竹市	190
38	福岡県	北九州市	5,040	85	福岡県	吉富町	150
39	愛媛県	伊方町	4,980	86	香川県	宇多津町	120
40	山口県	宇部市	4,780	87	兵庫県	播磨町	80
41	広島県	呉市	4,740	88	山口県	上関町	70
42	香川県	丸亀市	4,290	89	広島県	海田町	60
43	大分県	日出町	4,180	90	大分県	姫島村	30
44	香川県	坂出市	4,080	91	広島県	坂町	20
45	兵庫県	たつの市	3,910	92	山口県	和木町	20
46	兵庫県	赤穂市	3,650	93	香川県	直島町	20
47	兵庫県	加古川市	3,390	94	兵庫県	芦屋市	10

出所：総務省統計局「統計でみる市区町村のすがた2009」

第10章　データでみる神戸・瀬戸内　205

図　市町村の農業産出額分布

農業産出額100億円以上
農業産出額100億円未満

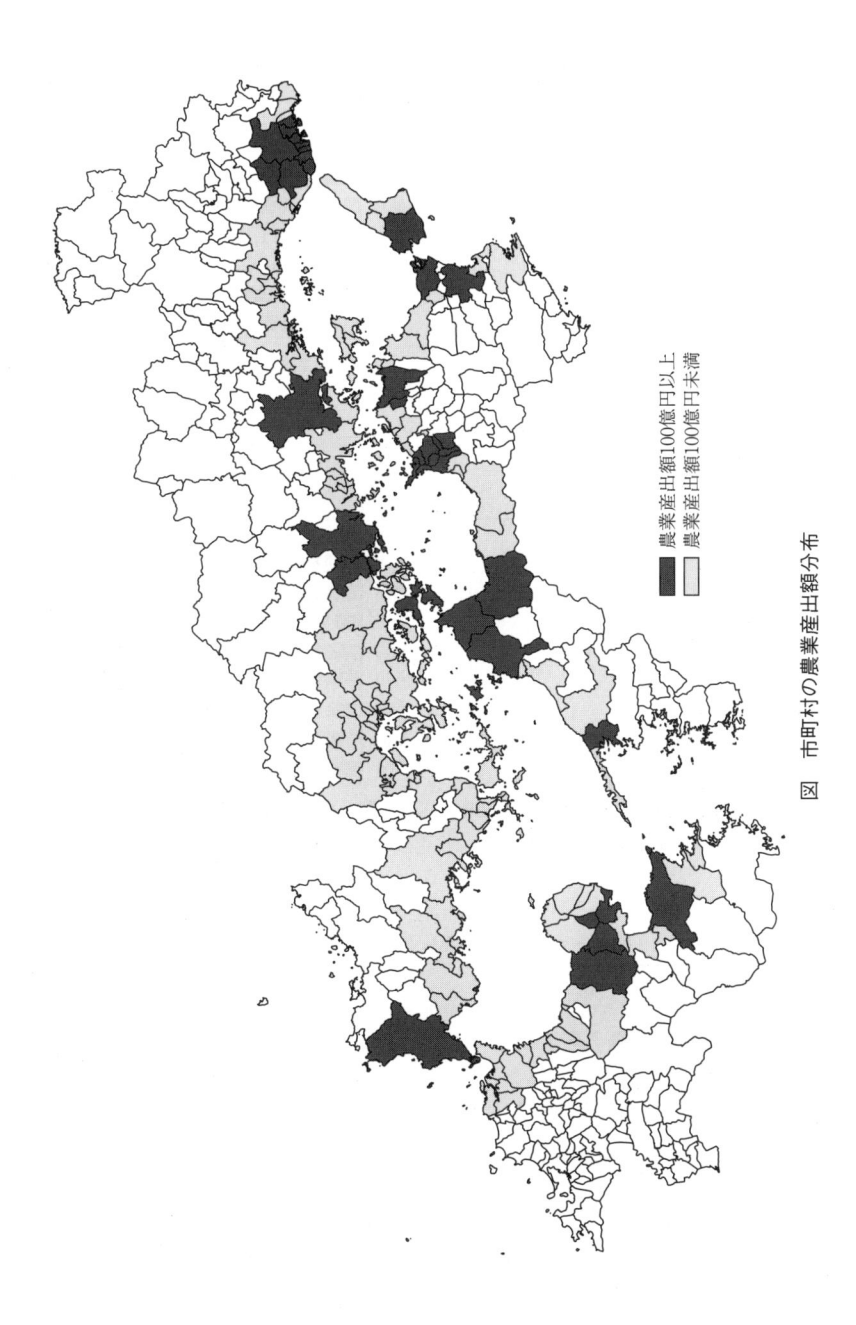

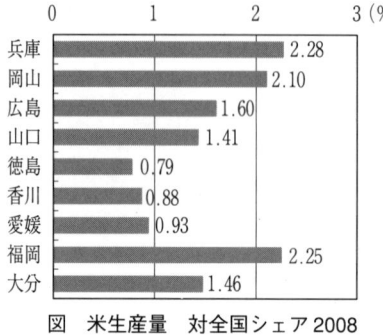

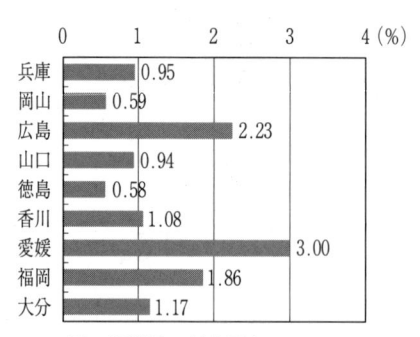

図　米生産量　対全国シェア2008
出所：農林水産省HPより

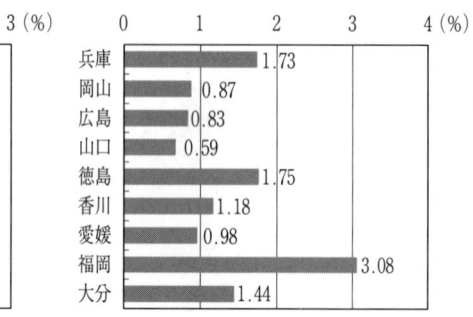

県	%
兵庫	2.28
岡山	2.10
広島	1.60
山口	1.41
徳島	0.79
香川	0.88
愛媛	0.93
福岡	2.25
大分	1.46

図　野菜生産額　対全国シェア2008
出所：農林水産省HPより

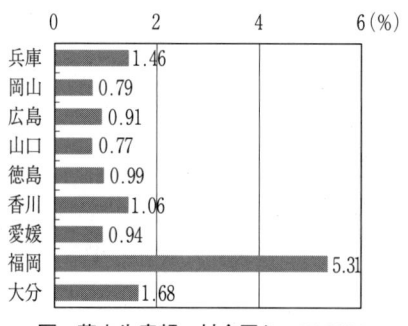

県	%
兵庫	1.73
岡山	0.87
広島	0.83
山口	0.59
徳島	1.75
香川	1.18
愛媛	0.98
福岡	3.08
大分	1.44

図　花卉生産額　対全国シェア2008
出所：農林水産省HPより

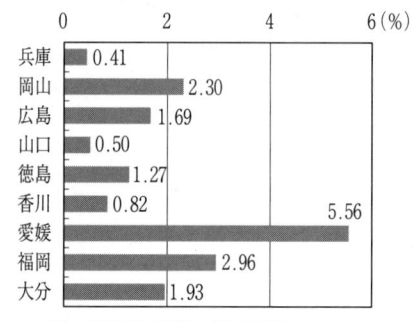

県	%
兵庫	1.46
岡山	0.79
広島	0.91
山口	0.77
徳島	0.99
香川	1.06
愛媛	0.94
福岡	5.31
大分	1.68

図　果実生産額　対全国シェア2008
出所：農林水産省HPより

県	%
兵庫	0.41
岡山	2.30
広島	1.69
山口	0.50
徳島	1.27
香川	0.82
愛媛	5.56
福岡	2.96
大分	1.93

図　漁獲量　対全国シェア2008
出所：農林水産省HPより

県	%
兵庫	0.95
岡山	0.59
広島	2.23
山口	0.94
徳島	0.58
香川	1.08
愛媛	3.00
福岡	1.86
大分	1.17

5-3　工業生産

表　市町村の製造品出荷額（百万円）2006

1	岡山県	倉敷市	4,741,729	48	香川県	三豊市	217,181
2	兵庫県	神戸市	2,660,841	49	徳島県	松茂町	193,136
3	大分県	大分市	2,466,103	50	岡山県	笠岡市	191,668
4	広島県	広島市	2,224,200	51	広島県	廿日市市	157,654
5	兵庫県	姫路市	2,188,561	52	大分県	宇佐市	154,112
6	福岡県	北九州市	1,934,508	53	福岡県	行橋市	142,041
7	山口県	周南市	1,690,991	54	香川県	さぬき市	136,163
8	広島県	福山市	1,686,522	55	香川県	観音寺市	134,073
9	兵庫県	尼崎市	1,570,375	56	広島県	海田町	133,328
10	兵庫県	明石市	1,183,794	57	兵庫県	洲本市	128,934
11	広島県	東広島市	1,132,087	58	大分県	杵築市	128,012
12	福岡県	苅田町	1,091,030	59	山口県	山口市	126,623
13	山口県	防府市	1,072,674	60	岡山県	瀬戸内市	114,495
14	広島県	呉市	1,007,773	61	大分県	日出町	108,787
15	兵庫県	加古川市	849,146	62	兵庫県	相生市	108,441
16	岡山県	岡山市	821,294	63	愛媛県	伊予市	108,163
17	兵庫県	高砂市	791,290	64	徳島県	鳴門市	106,703
18	愛媛県	西条市	783,892	65	香川県	多度津町	106,292
19	香川県	坂出市	744,167	66	香川県	東かがわ市	103,009
20	山口県	山陽小野田市	727,550	67	福岡県	吉富町	92,472
21	愛媛県	今治市	726,330	68	広島県	竹原市	86,848
22	愛媛県	新居浜市	694,556	69	愛媛県	松前町	86,357
23	山口県	和木町	604,984	70	福岡県	豊前市	80,262
24	愛媛県	四国中央市	589,182	71	徳島県	小松島市	76,313
25	山口県	下関市	548,258	72	兵庫県	南あわじ市	69,087
26	山口県	宇部市	536,698	73	広島県	坂町	52,542
27	山口県	光市	502,292	74	愛媛県	大洲市	52,493
28	広島県	尾道市	488,432	75	兵庫県	淡路市	50,625
29	広島県	三原市	487,770	76	山口県	田布施町	43,901
30	徳島県	徳島市	471,868	77	岡山県	浅口市	42,890
31	兵庫県	西宮市	443,208	78	愛媛県	上島町	42,053
32	愛媛県	松山市	423,474	79	山口県	平生町	41,204
33	徳島県	阿南市	371,287	80	広島県	大崎上島町	40,546
34	香川県	直島町	343,836	81	香川県	小豆島町	37,967
35	大分県	中津市	338,298	82	愛媛県	八幡浜市	37,385
36	香川県	高松市	334,034	83	香川県	宇多津町	34,430
37	兵庫県	たつの市	328,645	84	山口県	柳井市	29,926
38	岡山県	里庄町	325,357	85	大分県	豊後高田市	28,536
39	山口県	岩国市	308,333	86	香川県	土庄町	25,504
40	岡山県	玉野市	294,371	87	広島県	江田島市	17,545
41	広島県	大竹市	262,998	88	大分県	別府市	11,657
42	大分県	国東市	260,952	89	福岡県	築上町	7,162
43	兵庫県	赤穂市	254,045	90	山口県	周防大島町	3,338
44	岡山県	備前市	247,639	91	愛媛県	伊方町	2,108
45	山口県	下松市	236,057	92	兵庫県	芦屋市	1,248
46	兵庫県	播磨町	223,464	93	山口県	上関町	417
47	香川県	丸亀市	218,883	94	大分県	姫島村	103

出所：総務省統計局「統計でみる市町村のすがた2009」

図　市町村の製造品出荷額分布

■ 製造品出荷額1兆円以上
□ 製造品出荷額1兆円未満

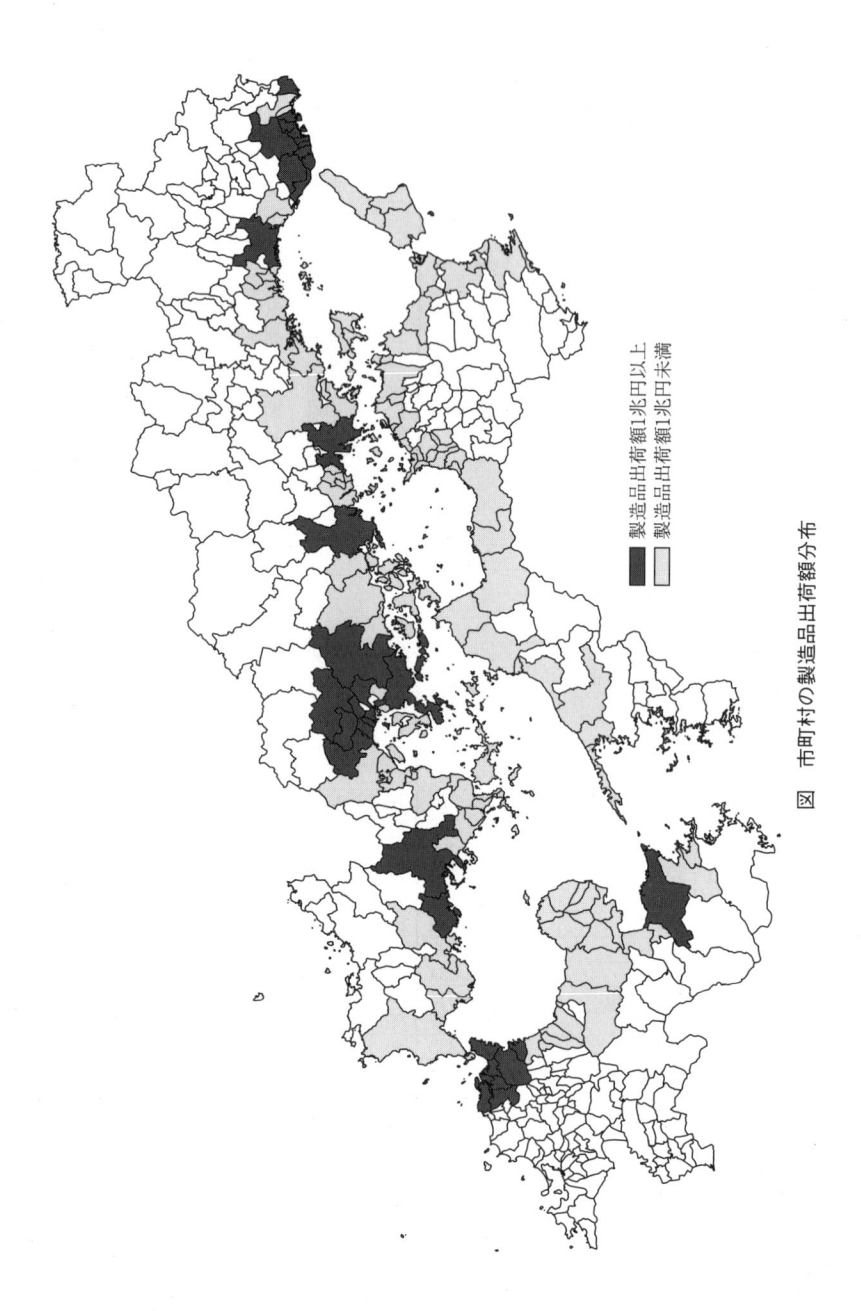

5-4　商品販売

表　市町村の商品販売額（百万円）2003

1	広島県	広島市	8,032,619	48	香川県	宇多津町	96,194
2	兵庫県	神戸市	5,712,718	49	山口県	光市	89,384
3	福岡県	北九州市	3,078,895	50	徳島県	鳴門市	87,970
4	岡山県	岡山市	3,023,746	51	岡山県	玉野市	85,129
5	香川県	高松市	2,750,365	52	大分県	宇佐市	77,664
6	兵庫県	姫路市	1,722,740	53	愛媛県	八幡浜市	77,144
7	愛媛県	松山市	1,697,448	54	山口県	柳井市	75,230
8	大分県	大分市	1,485,619	55	兵庫県	赤穂市	72,990
9	広島県	福山市	1,450,438	56	岡山県	笠岡市	71,574
10	岡山県	倉敷市	1,178,866	57	福岡県	苅田町	69,775
11	徳島県	徳島市	1,066,294	58	香川県	三豊市	66,164
12	兵庫県	尼崎市	791,322	59	兵庫県	淡路市	65,105
13	山口県	山口市	771,330	60	広島県	海田町	64,342
14	兵庫県	西宮市	733,338	61	岡山県	備前市	60,428
15	山口県	下関市	723,405	62	広島県	竹原市	58,381
16	山口県	宇部市	473,809	63	岡山県	瀬戸内市	52,641
17	兵庫県	明石市	463,493	64	徳島県	小松島市	49,816
18	広島県	呉市	443,175	65	愛媛県	伊予市	49,612
19	愛媛県	今治市	442,490	66	香川県	東かがわ市	49,461
20	兵庫県	加古川市	439,160	67	兵庫県	相生市	48,650
21	広島県	東広島市	411,446	68	広島県	大竹市	47,554
22	山口県	周南市	398,410	69	香川県	多度津町	42,560
23	広島県	尾道市	377,406	70	大分県	杵築市	40,698
24	愛媛県	四国中央市	360,791	71	岡山県	浅口市	39,108
25	愛媛県	新居浜市	295,402	72	徳島県	松茂町	36,295
26	山口県	岩国市	273,493	73	大分県	豊後高田市	33,480
27	広島県	廿日市市	259,784	74	愛媛県	松前町	33,086
28	大分県	別府市	226,185	75	兵庫県	播磨町	32,025
29	山口県	防府市	224,473	76	福岡県	豊前市	30,353
30	広島県	三原市	205,480	77	大分県	日出町	30,068
31	香川県	丸亀市	198,481	78	大分県	国東市	29,878
32	山口県	下松市	192,777	79	広島県	江田島市	29,450
33	香川県	観音寺市	183,006	80	香川県	土庄町	24,195
34	大分県	中津市	174,833	81	香川県	小豆島町	23,982
35	愛媛県	西条市	166,103	82	山口県	平生町	16,622
36	香川県	坂出市	160,035	83	山口県	周防大島町	15,521
37	広島県	坂町	126,287	84	福岡県	築上町	14,693
38	兵庫県	南あわじ市	125,258	85	山口県	田布施町	14,048
39	福岡県	行橋市	123,552	86	岡山県	里庄町	12,852
40	兵庫県	高砂市	115,247	87	広島県	大崎上島町	8,788
41	兵庫県	たつの市	108,979	88	愛媛県	伊方町	6,478
42	兵庫県	洲本市	102,656	89	福岡県	吉富町	5,483
43	兵庫県	芦屋市	102,296	90	山口県	和木町	4,068
44	山口県	山陽小野田市	101,113	91	愛媛県	上島町	3,389
45	香川県	さぬき市	100,036	92	香川県	直島町	2,821
46	愛媛県	大洲市	98,859	93	大分県	姫島村	1,810
47	徳島県	阿南市	96,717	94	山口県	上関町	1,602

出所：総務省統計局「統計でみる市区町村のすがた2009」

図 市町村の商品販売額分布

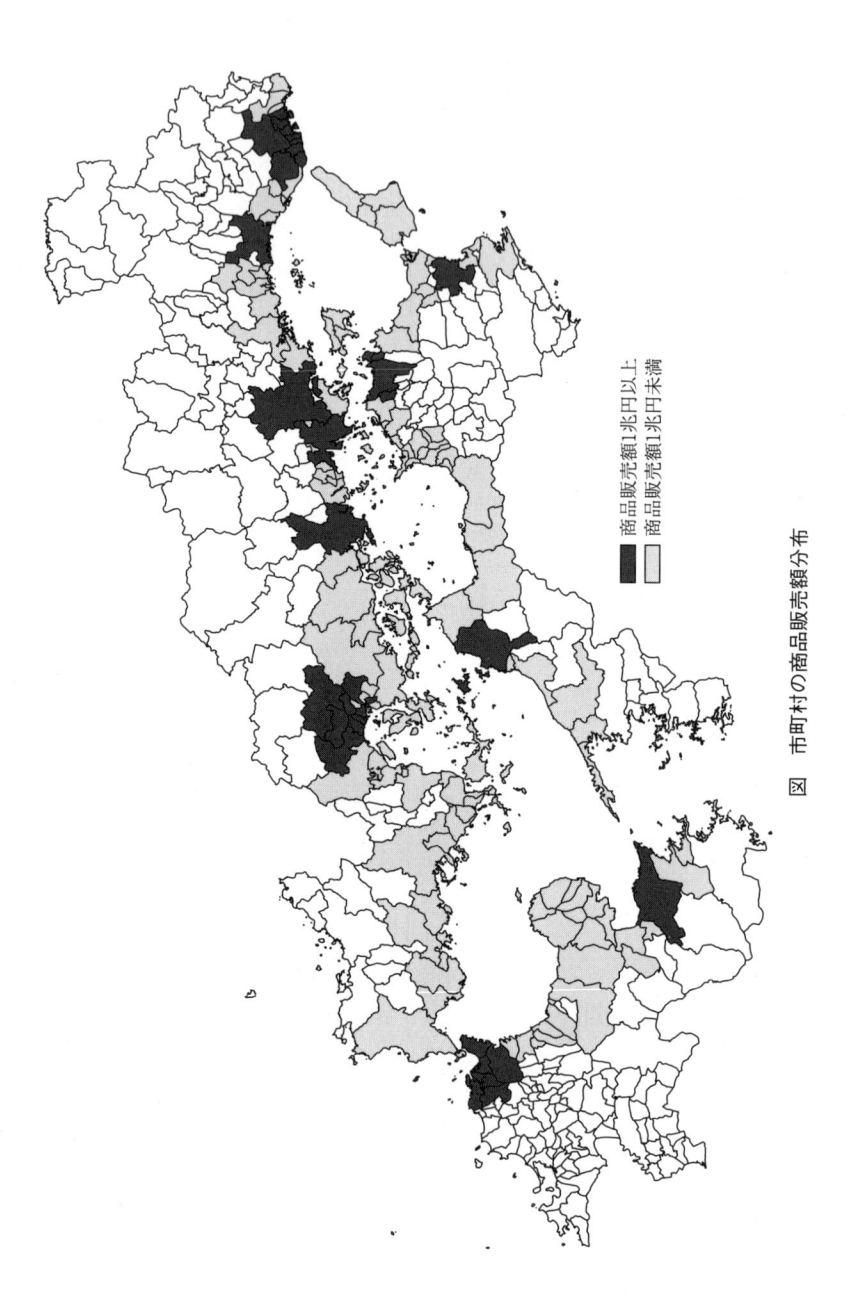

06 社会生活 6-1 趣味・娯楽

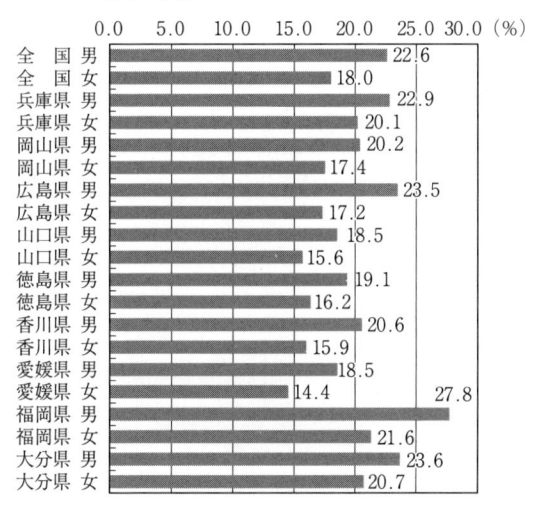

	行動率(%)
全国 男	22.6
全国 女	18.0
兵庫県 男	22.9
兵庫県 女	20.1
岡山県 男	20.2
岡山県 女	17.4
広島県 男	23.5
広島県 女	17.2
山口県 男	18.5
山口県 女	15.6
徳島県 男	19.1
徳島県 女	16.2
香川県 男	20.6
香川県 女	15.9
愛媛県 男	18.5
愛媛県 女	14.4
福岡県 男	27.8
福岡県 女	21.6
大分県 男	23.6
大分県 女	20.7

図　スポーツ観戦（テレビなどは除く）行動率 2006
出所：総務省「社会生活基本調査」

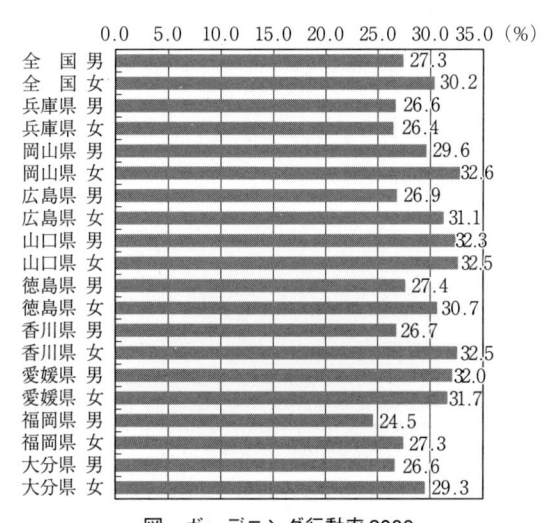

	行動率(%)
全国 男	27.3
全国 女	30.2
兵庫県 男	26.6
兵庫県 女	26.4
岡山県 男	29.6
岡山県 女	32.6
広島県 男	26.9
広島県 女	31.1
山口県 男	32.3
山口県 女	32.5
徳島県 男	27.4
徳島県 女	30.7
香川県 男	26.7
香川県 女	32.5
愛媛県 男	32.0
愛媛県 女	31.7
福岡県 男	24.5
福岡県 女	27.3
大分県 男	26.6
大分県 女	29.3

図　ガーデニング行動率 2006
出所：総務省「社会生活基本調査」

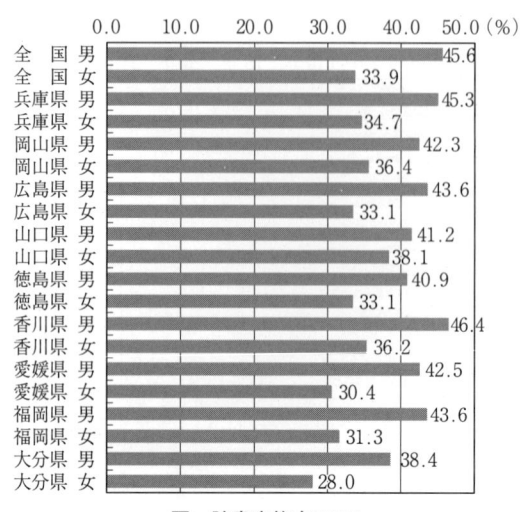

区分	読書実施率2006 (%)
全国 男	45.6
全国 女	33.9
兵庫県 男	45.3
兵庫県 女	34.7
岡山県 男	42.3
岡山県 女	36.4
広島県 男	43.6
広島県 女	33.1
山口県 男	41.2
山口県 女	38.1
徳島県 男	40.9
徳島県 女	33.1
香川県 男	46.4
香川県 女	36.2
愛媛県 男	42.5
愛媛県 女	30.4
福岡県 男	43.6
福岡県 女	31.3
大分県 男	38.4
大分県 女	28.0

図　読書実施率2006
出所：総務省「社会生活基本調査」

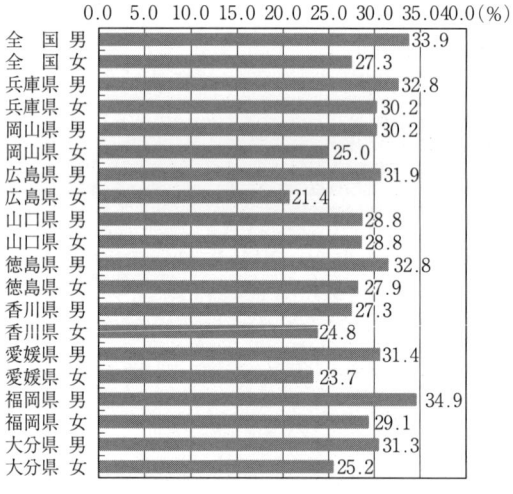

区分	カラオケ行動率2006 (%)
全国 男	33.9
全国 女	27.3
兵庫県 男	32.8
兵庫県 女	30.2
岡山県 男	30.2
岡山県 女	25.0
広島県 男	31.9
広島県 女	21.4
山口県 男	28.8
山口県 女	28.8
徳島県 男	32.8
徳島県 女	27.9
香川県 男	27.3
香川県 女	24.8
愛媛県 男	31.4
愛媛県 女	23.7
福岡県 男	34.9
福岡県 女	29.1
大分県 男	31.3
大分県 女	25.2

図　カラオケ行動率2006
出所：総務省「社会生活基本調査」

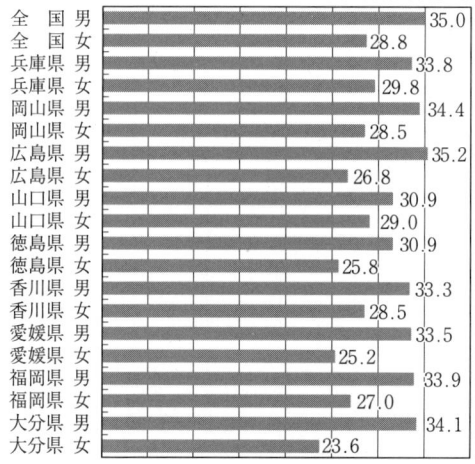

第10章　データでみる神戸・瀬戸内　213

	(%)
全　国　男	35.0
全　国　女	28.8
兵庫県　男	33.8
兵庫県　女	29.8
岡山県　男	34.4
岡山県　女	28.5
広島県　男	35.2
広島県　女	26.8
山口県　男	30.9
山口県　女	29.0
徳島県　男	30.9
徳島県　女	25.8
香川県　男	33.3
香川県　女	28.5
愛媛県　男	33.5
愛媛県　女	25.2
福岡県　男	33.9
福岡県　女	27.0
大分県　男	34.1
大分県　女	23.6

図　テレビゲーム実施率 2006
出所：総務省「社会生活基本調査」

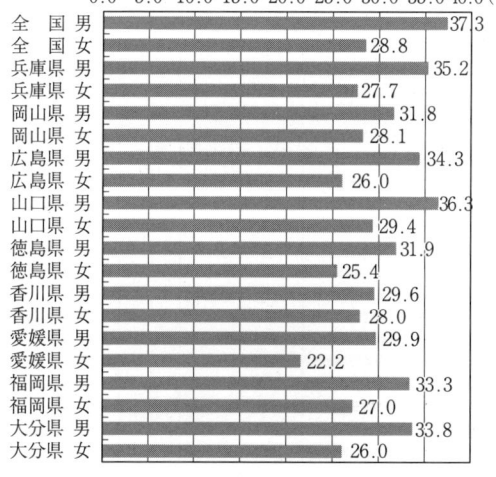

	(%)
全　国　男	37.3
全　国　女	28.8
兵庫県　男	35.2
兵庫県　女	27.7
岡山県　男	31.8
岡山県　女	28.1
広島県　男	34.3
広島県　女	26.0
山口県　男	36.3
山口県　女	29.4
徳島県　男	31.9
徳島県　女	25.4
香川県　男	29.6
香川県　女	28.0
愛媛県　男	29.9
愛媛県　女	22.2
福岡県　男	33.3
福岡県　女	27.0
大分県　男	33.8
大分県　女	26.0

図　遊園地・動植物園訪問率 2006
出所：総務省「社会生活基本調査」

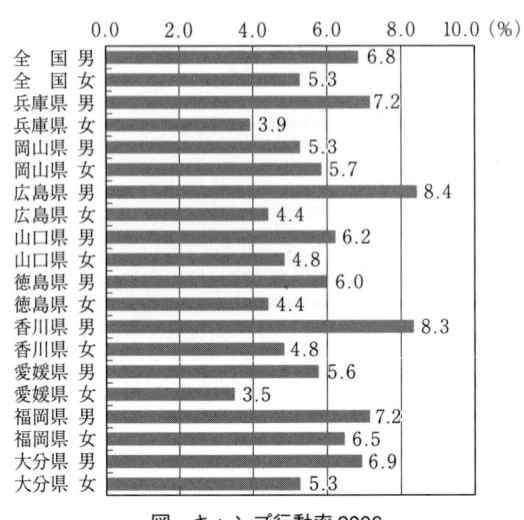

	キャンプ行動率 (%)
全国 男	6.8
全国 女	5.3
兵庫県 男	7.2
兵庫県 女	3.9
岡山県 男	5.3
岡山県 女	5.7
広島県 男	8.4
広島県 女	4.4
山口県 男	6.2
山口県 女	4.8
徳島県 男	6.0
徳島県 女	4.4
香川県 男	8.3
香川県 女	4.8
愛媛県 男	5.6
愛媛県 女	3.5
福岡県 男	7.2
福岡県 女	6.5
大分県 男	6.9
大分県 女	5.3

図　キャンプ行動率2006
出所：総務省「社会生活基本調査」

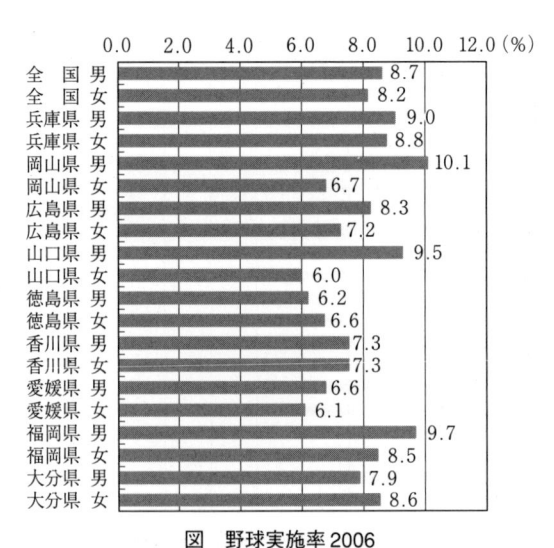

	野球実施率 (%)
全国 男	8.7
全国 女	8.2
兵庫県 男	9.0
兵庫県 女	8.8
岡山県 男	10.1
岡山県 女	6.7
広島県 男	8.3
広島県 女	7.2
山口県 男	9.5
山口県 女	6.0
徳島県 男	6.2
徳島県 女	6.6
香川県 男	7.3
香川県 女	7.3
愛媛県 男	6.6
愛媛県 女	6.1
福岡県 男	9.7
福岡県 女	8.5
大分県 男	7.9
大分県 女	8.6

図　野球実施率2006
出所：総務省「社会生活基本調査」

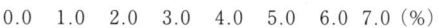

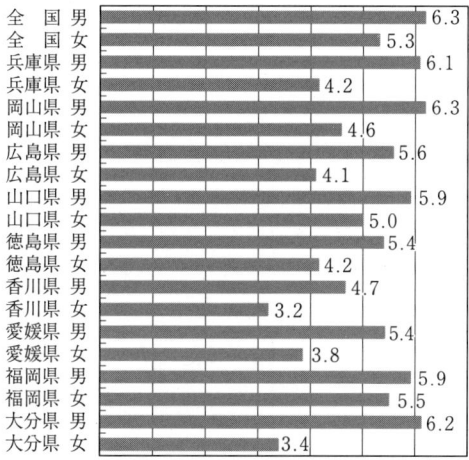

第10章 データでみる神戸・瀬戸内　215

	%
全国 男	6.3
全国 女	5.3
兵庫県 男	6.1
兵庫県 女	4.2
岡山県 男	6.3
岡山県 女	4.6
広島県 男	5.6
広島県 女	4.1
山口県 男	5.9
山口県 女	5.0
徳島県 男	5.4
徳島県 女	4.2
香川県 男	4.7
香川県 女	3.2
愛媛県 男	5.4
愛媛県 女	3.8
福岡県 男	5.9
福岡県 女	5.5
大分県 男	6.2
大分県 女	3.4

図　サッカー実施率2006
出所：総務省「社会生活基本調査」

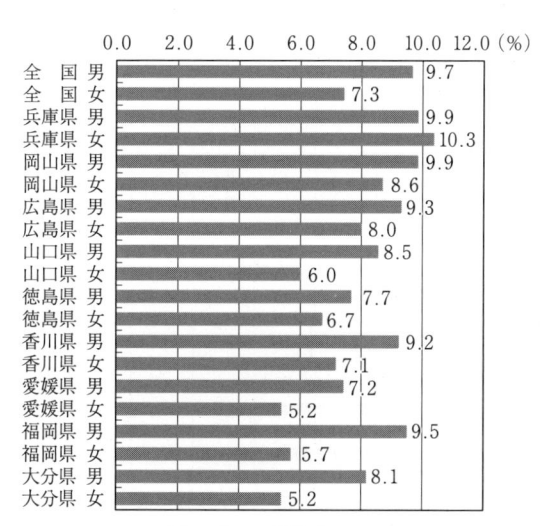

	%
全国 男	9.7
全国 女	7.3
兵庫県 男	9.9
兵庫県 女	10.3
岡山県 男	9.9
岡山県 女	8.6
広島県 男	9.3
広島県 女	8.0
山口県 男	8.5
山口県 女	6.0
徳島県 男	7.7
徳島県 女	6.7
香川県 男	9.2
香川県 女	7.1
愛媛県 男	7.2
愛媛県 女	5.2
福岡県 男	9.5
福岡県 女	5.7
大分県 男	8.1
大分県 女	5.2

図　ゴルフ実施率2006
出所：総務省「社会生活基本調査」

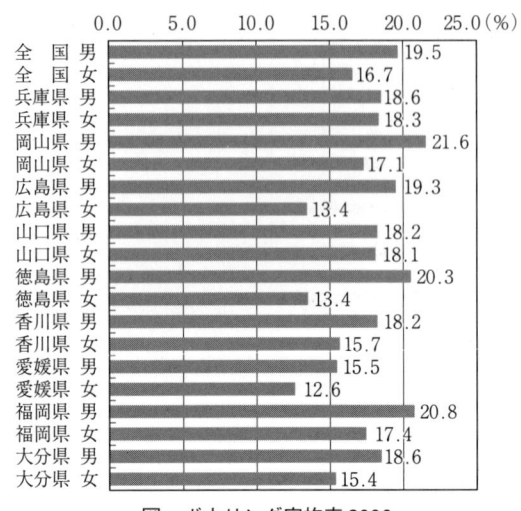

	実施率(%)
全国 男	19.5
全国 女	16.7
兵庫県 男	18.6
兵庫県 女	18.3
岡山県 男	21.6
岡山県 女	17.1
広島県 男	19.3
広島県 女	13.4
山口県 男	18.2
山口県 女	18.1
徳島県 男	20.3
徳島県 女	13.4
香川県 男	18.2
香川県 女	15.7
愛媛県 男	15.5
愛媛県 女	12.6
福岡県 男	20.8
福岡県 女	17.4
大分県 男	18.6
大分県 女	15.4

図　ボウリング実施率2006
出所：総務省「社会生活基本調査」

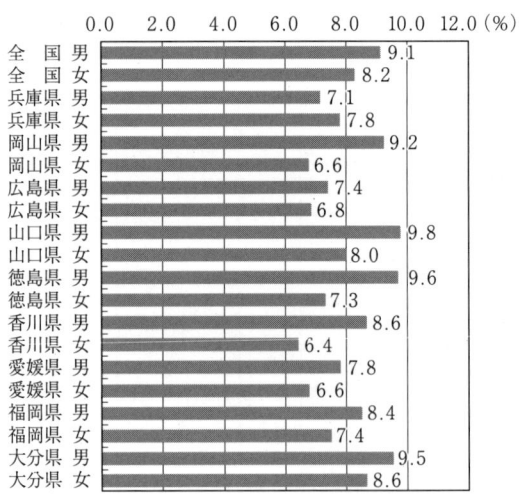

	実施率(%)
全国 男	9.1
全国 女	8.2
兵庫県 男	7.1
兵庫県 女	7.8
岡山県 男	9.2
岡山県 女	6.6
広島県 男	7.4
広島県 女	6.8
山口県 男	9.8
山口県 女	8.0
徳島県 男	9.6
徳島県 女	7.3
香川県 男	8.6
香川県 女	6.4
愛媛県 男	7.8
愛媛県 女	6.6
福岡県 男	8.4
福岡県 女	7.4
大分県 男	9.5
大分県 女	8.6

図　ジョギング・マラソン実施率2006
出所：総務省「社会生活基本調査」

6-2 コンビニ・ゴミ排出

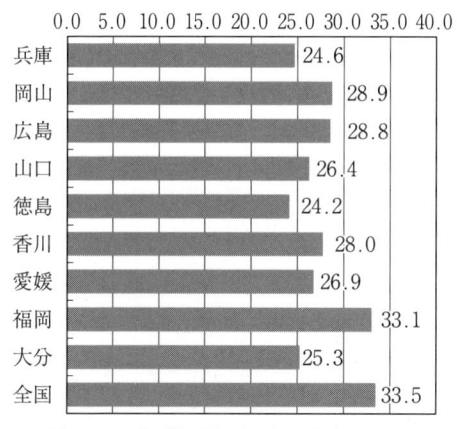

	値
兵庫	24.6
岡山	28.9
広島	28.8
山口	26.4
徳島	24.2
香川	28.0
愛媛	26.9
福岡	33.1
大分	25.3
全国	33.5

図　コンビニ数／人口ひとりあたり 2004
出所：帝国書院HP

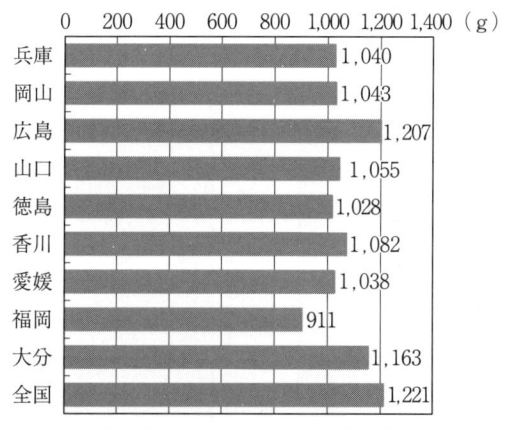

	値（g）
兵庫	1,040
岡山	1,043
広島	1,207
山口	1,055
徳島	1,028
香川	1,082
愛媛	1,038
福岡	911
大分	1,163
全国	1,221

図　人口ひとりあたり一日ゴミ排出量 2005
出所：帝国書院HP

07 家計　7-1　所得

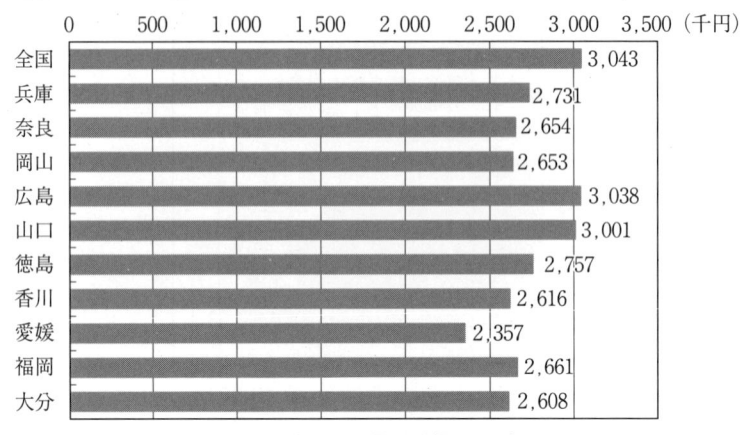

地域	所得（千円）
全国	3,043
兵庫	2,731
奈良	2,654
岡山	2,653
広島	3,038
山口	3,001
徳島	2,757
香川	2,616
愛媛	2,357
福岡	2,661
大分	2,608

図　一人あたり県民所得2005年
出所：内閣府「国民経済計算」

7-2　貯蓄と負債

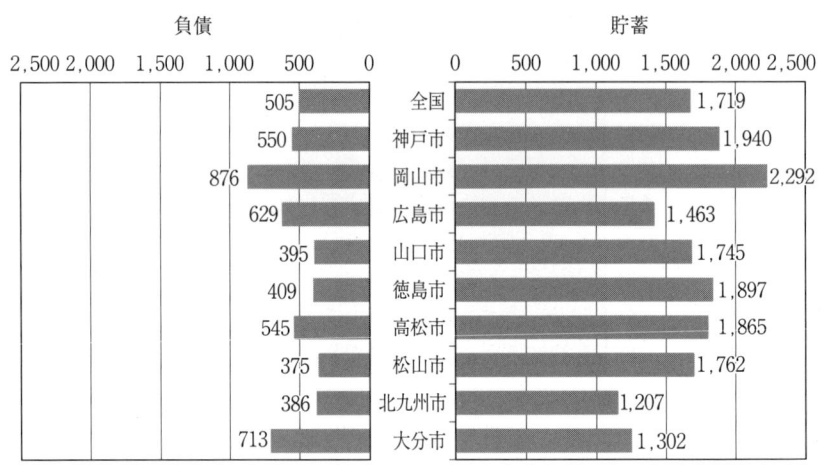

地域	負債	貯蓄
全国	505	1,719
神戸市	550	1,940
岡山市	876	2,292
広島市	629	1,463
山口市	395	1,745
徳島市	409	1,897
高松市	545	1,865
松山市	375	1,762
北九州市	386	1,207
大分市	713	1,302

図　貯蓄と負債
出所：総務省「家計調査2007」

7-3 持ち家

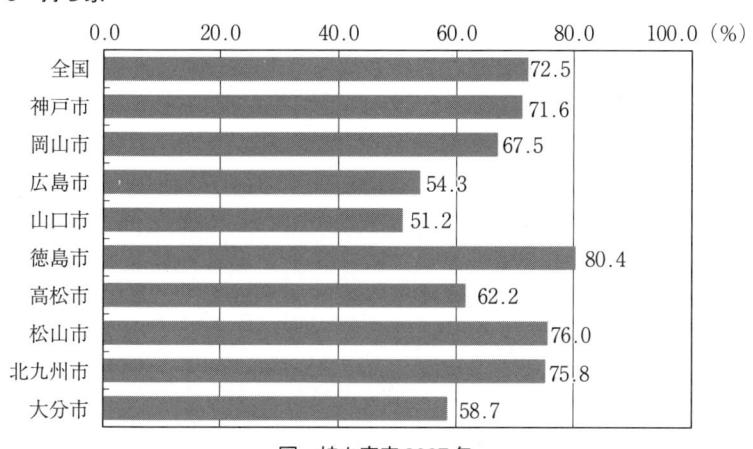

	持ち家率(%)
全国	72.5
神戸市	71.6
岡山市	67.5
広島市	54.3
山口市	51.2
徳島市	80.4
高松市	62.2
松山市	76.0
北九州市	75.8
大分市	58.7

図　持ち家率 2007 年
出所：総務省「家計調査 2007」

7-4 食費

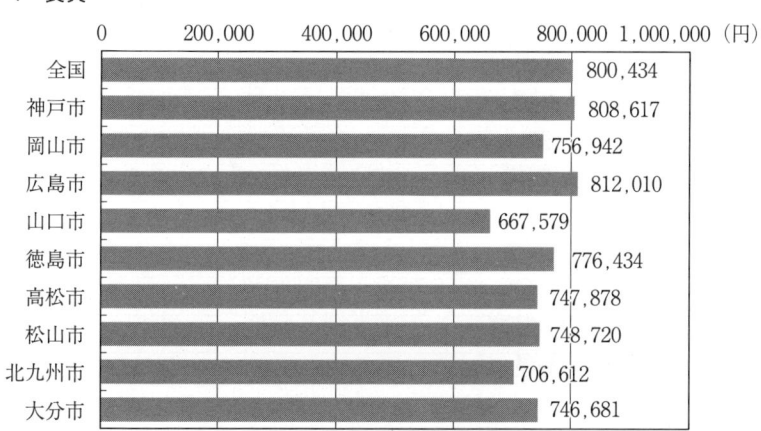

	年間食料支出額(円)
全国	800,434
神戸市	808,617
岡山市	756,942
広島市	812,010
山口市	667,579
徳島市	776,434
高松市	747,878
松山市	748,720
北九州市	706,612
大分市	746,681

図　世帯あたり年間食料支出額 2007 年
出所：総務省「家計調査 2007」

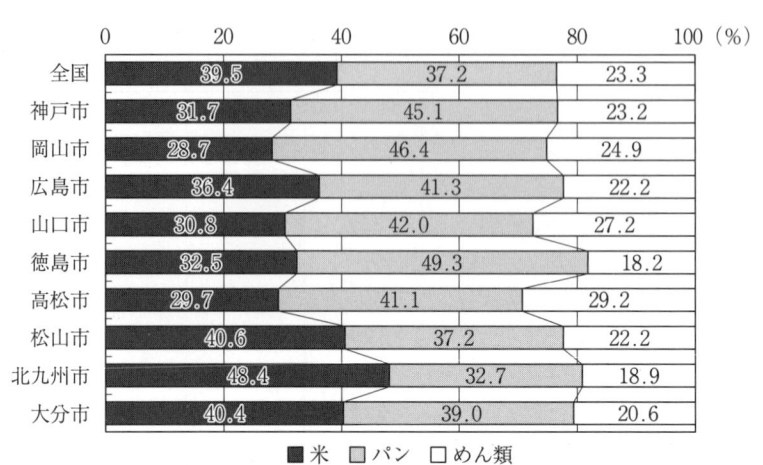

	米	パン	めん類
全国	39.5	37.2	23.3
神戸市	31.7	45.1	23.2
岡山市	28.7	46.4	24.9
広島市	36.4	41.3	22.2
山口市	30.8	42.0	27.2
徳島市	32.5	49.3	18.2
高松市	29.7	41.1	29.2
松山市	40.6	37.2	22.2
北九州市	48.4	32.7	18.9
大分市	40.4	39.0	20.6

図　主要都市の主食消費額のシェア類2006
出所：総務省「家計調査2006」

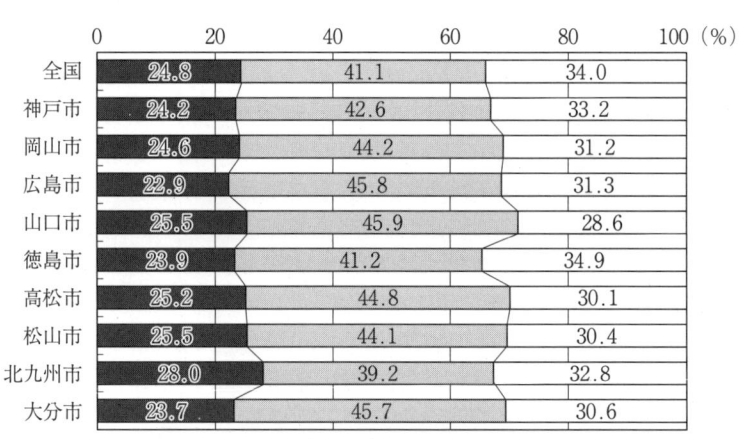

	鮮魚	肉類	生鮮野菜
全国	24.8	41.1	34.0
神戸市	24.2	42.6	33.2
岡山市	24.6	44.2	31.2
広島市	22.9	45.8	31.3
山口市	25.5	45.9	28.6
徳島市	23.9	41.2	34.9
高松市	25.2	44.8	30.1
松山市	25.5	44.1	30.4
北九州市	28.0	39.2	32.8
大分市	23.7	45.7	30.6

図　主要都市の副食品消費額のシェア比較2006
出所：総務省「家計調査2006」

08 観光資源

表　観光資源一覧

種　類	級	名　称	市町村
歴史景観	A	神戸北野異人建築群	神戸市
現代建造物	A	神戸メリケンパーク	神戸市
現代建造物	A	明石海峡大橋	明石市
山岳	B	六甲山	神戸市
史跡	B	楠木正成墓碑	神戸市
社寺	B	太山寺	神戸市
歴史景観	B	居留地	神戸市
地域景観	B	神戸港	神戸市
岩石・洞窟	B	蓬莱峡	西宮市
城跡・城郭	B	明石城跡	明石市
島	B	淡路島	洲本市
島	B	成ヶ島	洲本市
岩石・洞窟	B	野島断層	淡路市
植物	B	淡路島の水仙	淡路市
海岸・植物	B	慶野松原	南淡路市
島	B	沼島	南淡路市
城跡・城郭	SA	姫路城	姫路市
社寺	B	鶴林寺	加古川市
岬	B	赤穂御崎	赤穂市
植物	B	生島の樹林	赤穂市
島	B	家島諸島	姫路市
社寺	B	書写山円教寺	姫路市
年中行事	B	妻鹿けんか祭り	姫路市
海岸	B	室津海岸	たつの市
社寺・歴史景観	A	吉備津神社と門前町	岡山市
庭園	A	後楽園	岡山市
年中行事	A	西大寺会陽	岡山市
社寺	B	高松最上稲荷	岡山市
社寺	B	曹源寺	岡山市
城跡・城郭	B	岡山城	岡山市
庭園	B	曹源寺庭園	岡山市
年中行事	B	岡山高松稲荷	岡山市
歴史的建造物	A	閑谷学校跡	備前市
歴史景観	A	倉敷美観地区・美術館	倉敷市
海岸	B	大浜海岸	備前市
島	B	日生諸島	備前市
地域景観	B	備前焼風景	備前市
島	B	白石島	笠岡市
岩石・洞窟	B	象岩	倉敷市
社寺	B	熊野神社	倉敷市
社寺・庭園	B	円通寺とその庭園	倉敷市
島	B	生口島	尾道市
社寺	B	浄土寺	尾道市

社寺	B	西国寺	尾道市
海岸	B	鞆ノ浦	福山市
島	B	仙酔島	福山市
社寺	B	明王院	福山市
城跡・城郭	B	福山城	福山市
観覧施設Ⅱ	SA	広島平和記念資料館	広島市
島・社寺・年中行事	SA	宮島・厳島神社・管弦祭	廿日市市
現代建造物	A	原爆ドーム	広島市
海岸	B	音戸の瀬戸	呉市
庭園	B	縮景園	広島市
島	B	江田島	江田島市
山岳	B	弥山と原始林	廿日市市
社寺	B	千畳閣	廿日市市
山岳	B	野呂山	呉市
庭園	B	宗隣寺庭園	宇部市
庭園	B	常磐公園	宇部市
峡谷	B	石柱渓	下関市
社寺	B	住吉神社	下関市
社寺・年中行事	B	赤間神宮と先帝祭	下関市
社寺	B	神上寺	下関市
庭園	B	火の山公園	下関市
歴史景観	B	長府の侍屋敷	下関市
動物	B	山口のゲンジボタル発生地	山口市
史跡	B	大内氏遺跡付麦雲寺跡	山口市
社寺	B	瑠璃光寺五重塔	山口市
社寺	B	洞春寺	山口市
史跡	B	周防国分寺旧境内	防府市
社寺・年中行事	B	防府天満宮と御神幸祭	防府市
庭園	B	毛利邸庭園	防府市
歴史的建造物	A	錦帯橋	岩国市
峡谷	B	寂地峡	岩国市
城跡・城郭	B	岩国城	岩国市
庭園	B	吉香公園	岩国市
海岸	B	室積半島と虹ガ浜室積海岸	光市
動物	B	八代のツル	周南市
庭園	B	徳山公園	周南市
島	B	屋代島	周防大島町
島	B	祝島	上関町
年中行事	A	阿波踊（徳島）	徳島市
海岸・自然現象	A	鳴門海峡と渦潮	鳴門市
河川	B	吉野川	徳島市
現代建造物	B	大鳴門橋	鳴門市
歴史景観	B	椿泊漁村景観	阿南市
島	A	小豆島	小豆島町
庭園	A	栗林公園	高松市
社寺	B	大窪寺	さぬき市
海岸	B	双子浦	小豆島町

第10章 データでみる神戸・瀬戸内 223

植物	B	寒霞渓の紅葉	小豆島町
植物	B	ソテツの園	高松市
史跡・社寺	B	屋島と屋島寺	高松市
歴史景観	B	男木島の町並み	高松市
海岸	B	余島海岸	土庄町
碑像	B	小豆島平和の群像	土庄町
現代建造物	A	瀬戸大橋	宇多津町
植物	B	紫雲出山の桜	三豊市
社寺	B	本山寺	三豊市
社寺	B	弥谷寺	三豊市
年中行事	B	津島神社の祭り	三豊市
史跡	B	塩飽勤番所跡	丸亀市
城跡・城郭	B	丸亀城	丸亀市
島	B	塩飽七島	坂出市
山岳	A	石鎚山	西条市
峡谷	B	高瀑渓	西条市
社寺	B	興隆寺	西条市
湖沼	B	金砂湖	四国中央市
社寺	B	一宮神社	新居浜市
社寺	B	瑞応寺	新居浜市
庭園	B	広瀬公園	新居浜市
年中行事	B	新居浜太鼓まつり	新居浜市
社寺・年中行事	B	伊曽乃神社と秋祭り	西条市
社寺	B	石鎚神社	西条市
社寺	B	保国寺	西条市
年中行事	B	西条まつり	西条市
社寺	A	大山祇神社	今治市
城跡・城郭	A	松山城	松山市
岬	B	佐田岬	伊予市
島	B	大三島	今治市
社寺	B	祥雲寺	今治市
自然現象	B	来島海峡の潮流	今治市
城跡・城郭	B	今治城	今治市
社寺	B	石手寺	松山市
社寺	B	太山寺	松山市
社寺	B	伊佐爾波神社	松山市
社寺	B	伊予豆比古命神社	松山市
歴史的建造物	B	道後温泉本館	松山市
観覧施設Ⅱ	B	子規記念博物館	松山市
社寺	B	高縄寺	北条市
社寺	B	国津比古命神社	北条市
植物	B	冨士山のつつじ・桜	大洲市
社寺	B	出石寺	大洲市
社寺	B	宝珠寺	伊予市
河川	B	肱川	大洲市
社寺	B	如法寺	大洲市
植物	B	犬ヶ岳シャクシシャクナゲ	豊前市

高原・岩石・洞窟		B	平尾台	北九州市
岩石・洞窟		B	千仏鍾乳洞	北九州市
岩石・洞窟		B	夜宮の大珪化木	北九州市
年中行事		B	戸畑祇園大山笠	北九州市
年中行事		B	小倉祇園太鼓	北九州市
現代建造物		B	若戸大橋	北九州市
自然現象		A	別府地獄群	別府市
社寺		B	両子寺	国東市
山岳		B	由布岳	別府市
史跡		B	風土記の丘	宇佐市
史跡		B	虚空蔵寺塔跡	宇佐市
社寺・庭園		B	宇佐神宮とその庭園	宇佐市
島・岬		B	姫島・観音崎	姫島村
社寺		B	富貴寺	豊後高田市
社寺		B	真木大堂	豊後高田市
岬		B	地蔵崎岬	大分市
動物		B	高崎山のサル生息地	大分市
年中行事		B	鶴崎踊り	大分市
島		B	高島	大分市

出所：JTBF「全国観光資源調査」

表　観光資源の加重得点

	市町村	得点		市町村	得点		市町村	得点
1	岡山市	25	20	明石市	7	39	大洲市	4
2	神戸市	20	21	徳島市	7	40	豊後高田市	4
3	広島市	17	22	鳴門市	7	41	西宮市	2
4	松山市	17	23	別府市	7	42	加古川市	2
5	姫路市	16	24	尾道市	6	43	たつの市	2
6	廿日市市	14	25	防府市	6	44	笠岡市	2
7	西条市	13	26	宇佐市	6	45	江田島市	2
8	下関市	12	27	宇多津町	5	46	光市	2
9	北九州市	12	28	洲本市	4	47	周防大島町	2
10	備前市	11	29	淡路市	4	48	上関町	2
11	倉敷市	11	30	南淡路市	4	49	阿南市	2
12	岩国市	11	31	赤穂市	4	50	さぬき市	2
13	高松市	11	32	呉市	4	51	坂出市	2
14	小豆島町	9	33	宇部市	4	52	四国中央市	2
15	福山市	8	34	周南市	4	53	伊予市	2
16	山口市	8	35	土庄町	4	54	伊予市	2
17	三豊市	8	36	丸亀市	4	55	豊前市	2
18	新居浜市	8	37	今治市	4	56	国東市	2
19	大分市	8	38	北条市	4	57	姫島村	2

SA＝10、A＝5、B＝2で加重計算

第10章 データでみる神戸・瀬戸内　225

図　観光資源の加重得点分布

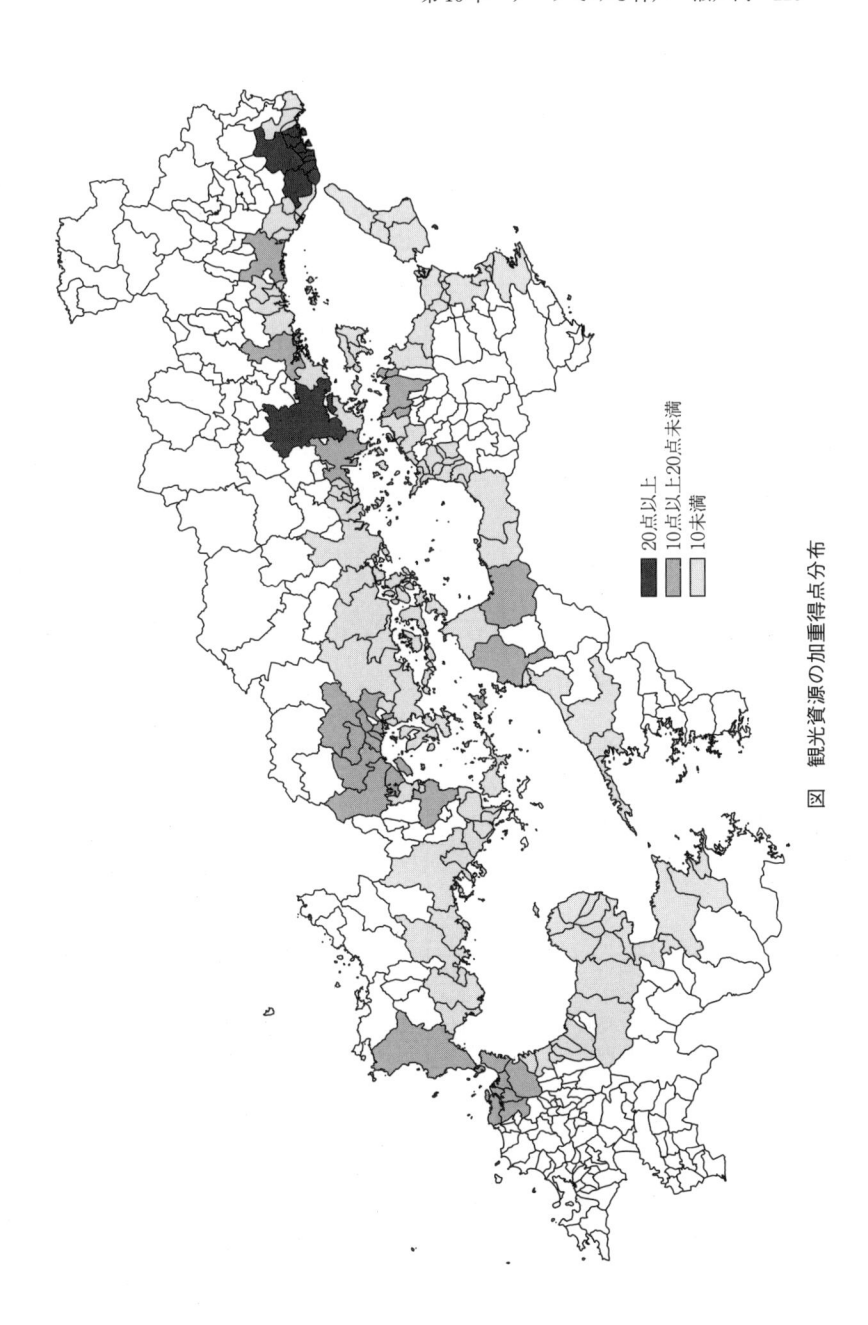

09　宿泊施設

表　宿泊施設の収容力（室数）

1	広島県	広島市	9,367	41	兵庫県	淡路市	322
2	兵庫県	神戸市	9,112	42	大分県	杵築市	301
3	愛媛県	松山市	6,147	43	香川県	観音寺市	300
4	大分県	別府市	5,522	44	愛媛県	八幡浜市	300
5	岡山県	岡山市	4,814	45	兵庫県	加古川市	296
6	福岡県	北九州市	4,668	46	兵庫県	西宮市	284
7	香川県	高松市	4,072	47	岡山県	玉野市	240
8	岡山県	倉敷市	3,124	48	岡山県	笠岡市	217
9	大分県	大分市	2,873	49	愛媛県	西条市	214
10	徳島県	徳島市	2,767	50	山口県	光市	199
11	広島県	福山市	2,254	51	大分県	国東市	181
12	兵庫県	姫路市	2,086	52	山口県	柳井市	176
13	兵庫県	洲本市	1,549	53	山口県	山陽小野田市	174
14	山口県	下関市	1,471	54	大分県	宇佐市	168
15	山口県	周南市	1,229	55	山口県	周防大島町	161
16	広島県	尾道市	1,094	56	大分県	行橋市	132
17	広島県	廿日市市	1,078	57	香川県	三豊市	130
18	香川県	丸亀市	1,047	58	山口県	岩国市	121
19	山口県	宇部市	1,014	59	兵庫県	高砂市	119
20	香川県	土庄町	896	60	山口県	下松市	115
21	兵庫県	南淡路市	855	61	愛媛県	大洲市	103
22	兵庫県	明石市	831	62	大分県	豊後高田市	100
23	徳島県	鳴門市	783	63	広島県	江田島市	89
24	愛媛県	今治市	779	64	岡山県	備前市	79
25	広島県	呉市	719	65	兵庫県	たつの市	64
26	愛媛県	新居浜市	714	66	広島県	大竹市	64
27	香川県	坂出市	664	67	広島県	竹原市	53
28	広島県	三原市	656	68	山口県	上関町	49
29	山口県	防府市	640	69	香川県	多度津町	49
30	山口県	山口市	637	70	兵庫県	芦屋市	48
31	兵庫県	尼崎市	636	71	愛媛県	伊予市	47
32	兵庫県	赤穂市	464	72	岡山県	浅口市	32
33	香川県	小豆島町	444	73	大分県	豊前市	31
34	岡山県	瀬戸内市	413	74	兵庫県	相生市	28
35	広島県	東広島市	408	75	香川県	さぬき市	27
36	徳島県	阿南市	397	76	香川県	直島町	24
37	大分県	中津市	394	77	徳島県	小松島市	22
38	大分県	日出町	380	78	広島県	東広島市	17
39	愛媛県	四国中央市	379	79	愛媛県	伊方町	12
40	香川県	宇多津町	341	80	大分県	姫島村	0

注）全国宿泊表、各市町村HP等により作成
　　ホテル、旅館、公共宿泊施設、ペンションなどの室数の単純合計

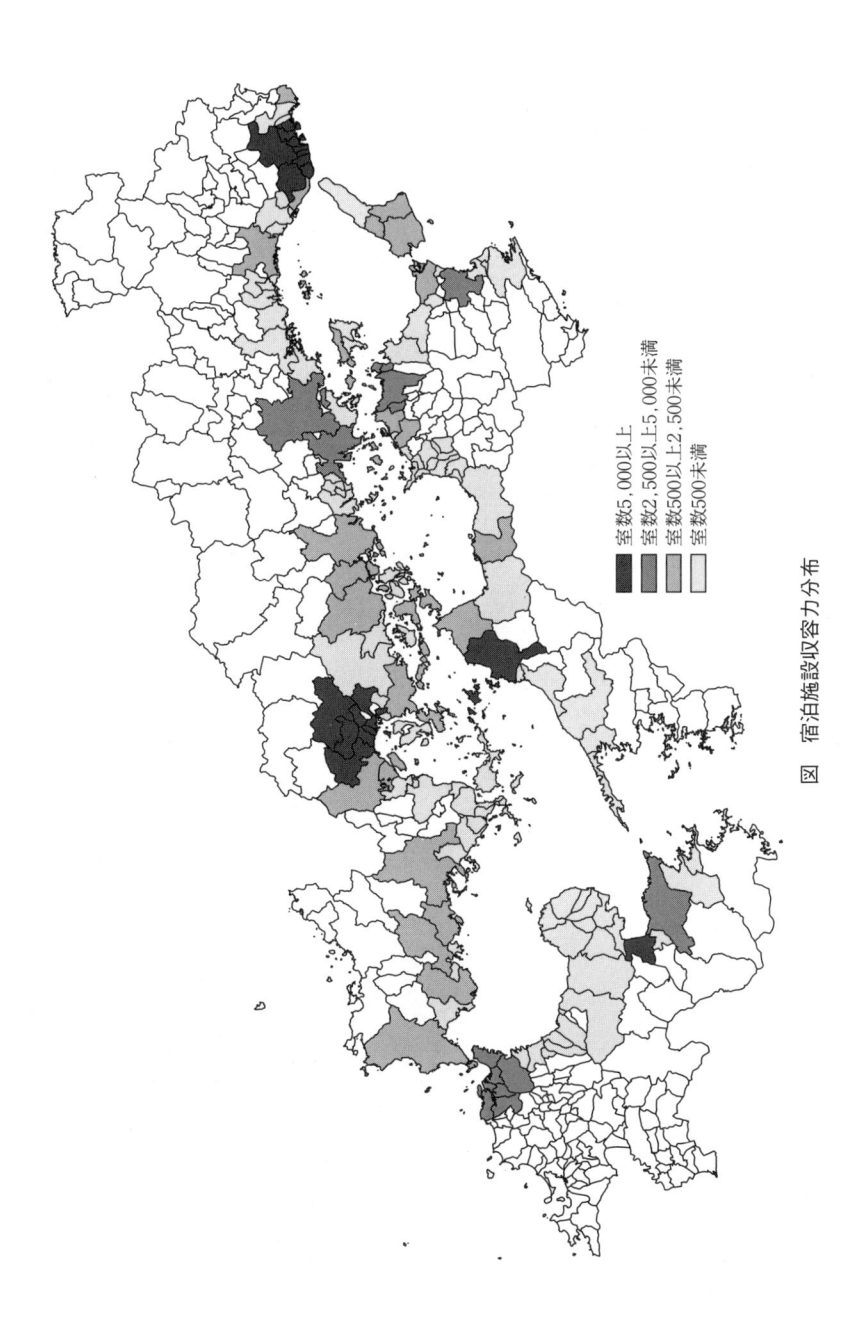

第10章　データでみる神戸・瀬戸内　227

図　宿泊施設収容力分布

室数5,000以上
室数2,500以上5,000未満
室数500以上2,500未満
室数500未満

10 観光客　10-1 稼働率

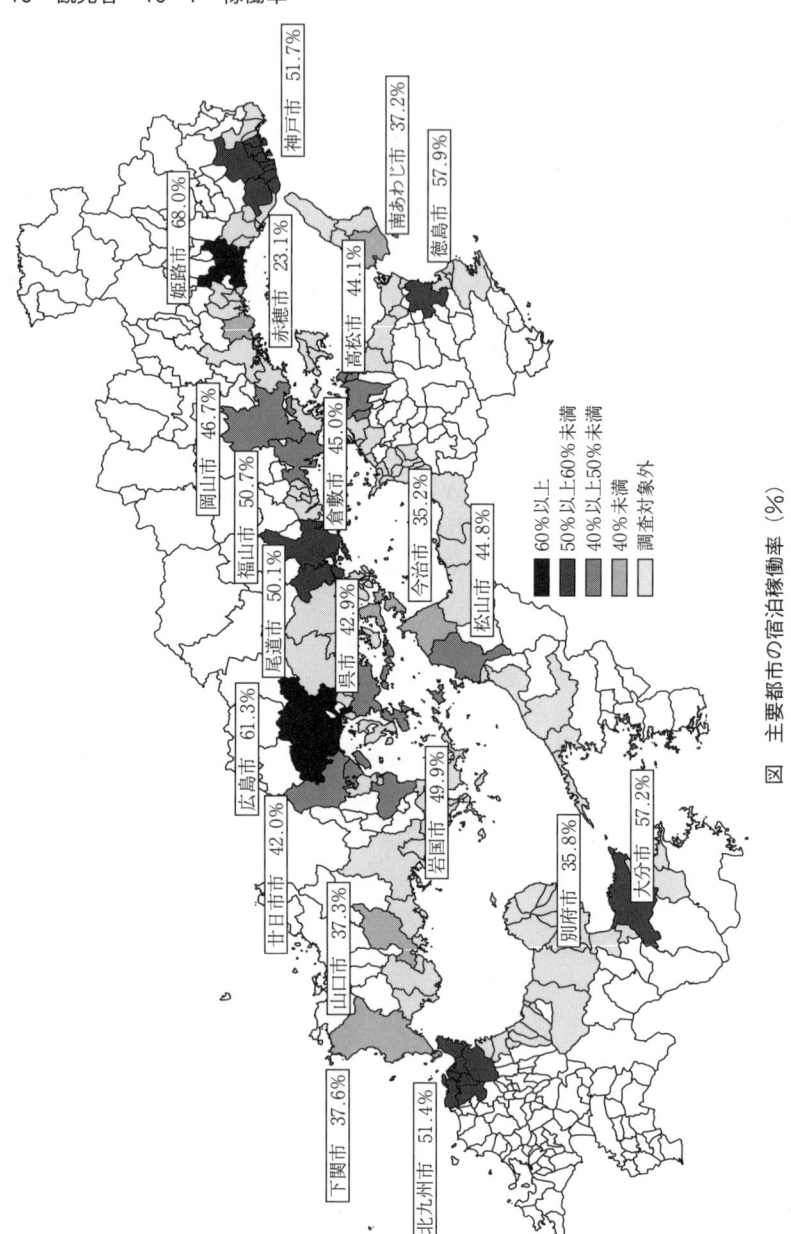

図　主要都市の宿泊稼働率（％）

姫路市 68.0%
神戸市 51.7%
南あわじ市 37.2%
徳島市 57.9%
赤穂市 23.1%
高松市 44.1%
岡山市 46.7%
福山市 50.7%
倉敷市 45.0%
今治市 35.2%
松山市 44.8%
尾道市 50.1%
呉市 42.9%
広島市 61.3%
岩国市 49.9%
別府市 35.8%
大分市 57.2%
廿日市 42.0%
山口市 37.3%
下関市 37.6%
北九州市 51.4%

凡例：
- 60%以上
- 50%以上60%未満
- 40%以上50%未満
- 40%未満
- 調査対象外

出所：観光庁「宿泊統計調査」2008年4～6月分

第10章　データでみる神戸・瀬戸内　229

表　主要都市の宿泊稼働率（％）

施設所在地	稼働率	施設数	施設所在地	稼働率	施設数
兵庫県神戸市	51.7	91	山口県下関市	37.6	25
兵庫県姫路市	68.0	21	山口県山口市	37.3	38
兵庫県赤穂市	23.1	11	山口県岩国市	49.9	11
兵庫県南あわじ市	37.2	14	徳島県徳島市	57.9	23
岡山県岡山市	46.7	56	香川県高松市	44.1	34
岡山県倉敷市	45.0	40	愛媛県松山市	44.8	46
広島県広島市	61.3	67	愛媛県今治市	35.2	17
広島県呉市	42.9	13	福岡県北九州市	51.4	32
広島県尾道市	50.1	16	大分県大分市	57.2	23
広島県福山市	50.7	26	大分県別府市	35.8	56
広島県廿日市市	42.0	17			

10-2　外国人観光客

表　主要都市の外国人観光客比率（％）

施設所在地	宿泊者数	比率	施設所在地	宿泊者数	比率
兵庫県神戸市	123,060	10.3	山口県下関市	1,250	1.1
兵庫県姫路市	8,340	3.3	山口県山口市	2,110	1.0
兵庫県赤穂市	160	0.6	山口県岩国市	1,360	2.4
兵庫県南あわじ市	4,960	5.9	徳島県徳島市	4,250	2.1
岡山県岡山市	19,130	4.8	香川県高松市	4,870	1.9
岡山県倉敷市	4,980	2.0	愛媛県松山市	7,000	1.6
広島県広島市	63,660	8.0	愛媛県今治市	3,700	5.4
広島県呉市	1,440	2.4	福岡県北九州市	17,110	6.9
広島県尾道市	1,210	1.9	大分県大分市	3,580	1.7
広島県福山市	3,400	2.1	大分県別府市	67,460	14.0
広島県廿日市市	4,740	3.7			

出所：観光庁「宿泊統計調査」2008年4～6月分

図 主要都市の外国人観光客比率（％）

凡例:
- 10％以上
- 5％以上10％未満
- 2.5％以上5％未満
- 2.5％未満
- 調査対象外

姫路市 3.3%
神戸市 10.3%
南あわじ市 5.9%
徳島市 2.1%
赤穂市 0.6%
倉敷市 2.0%
高松市 1.9%
岡山市 4.8%
福山市 2.1%
今治市 5.4%
尾道市 1.9%
呉市 2.4%
広島市 8.0%
松山市 1.6%
廿日市市 3.7%
岩国市 2.4%
大分市 1.7%
山口市 1.0%
別府市 14.0%
下関市 1.1%
北九州市 6.9%

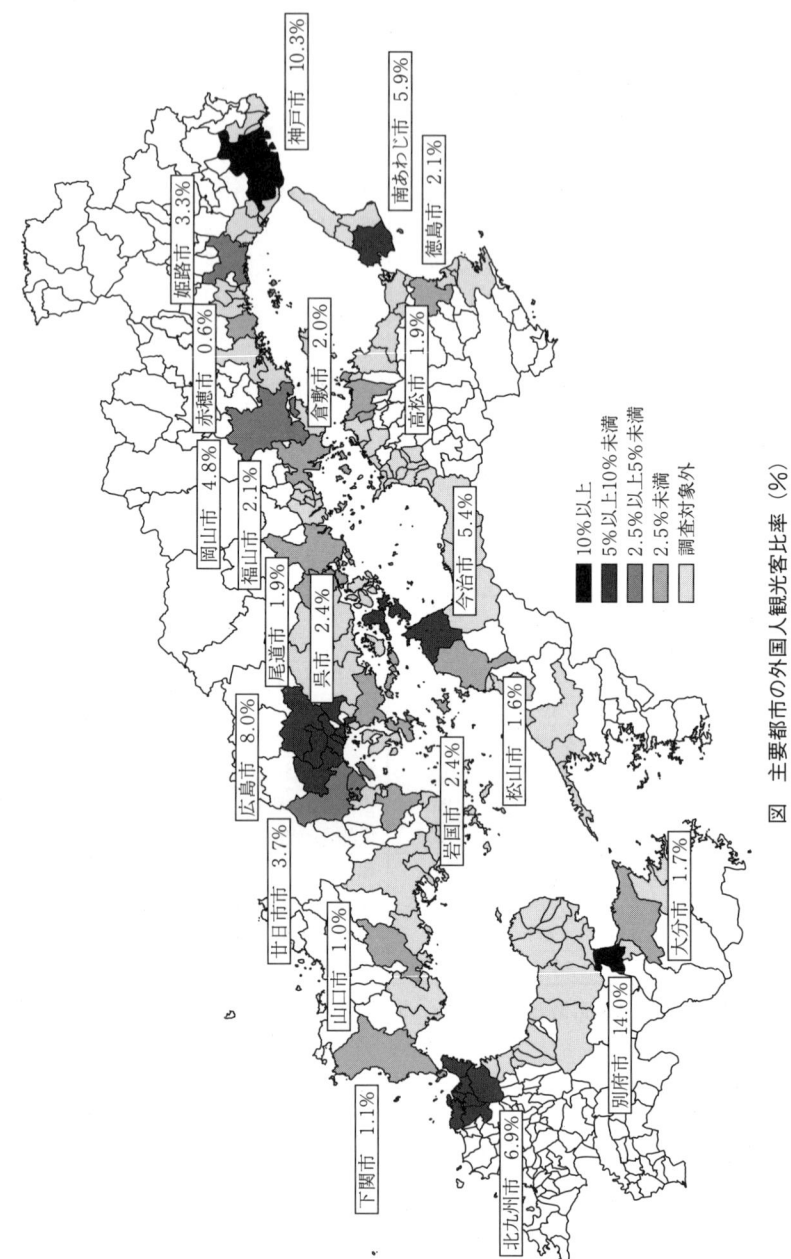

10-3 県外客

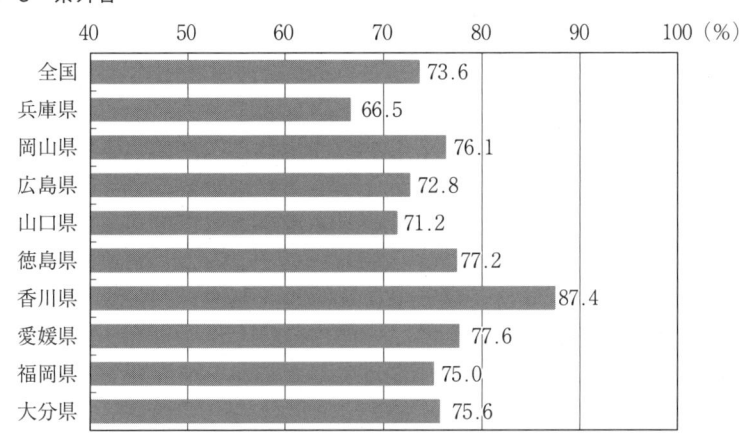

図 宿泊観光客の県外率（％）

	％
全国	73.6
兵庫県	66.5
岡山県	76.1
広島県	72.8
山口県	71.2
徳島県	77.2
香川県	87.4
愛媛県	77.6
福岡県	75.0
大分県	75.6

出所：観光庁「宿泊統計調査」2008年4～6月分

10-4 発地

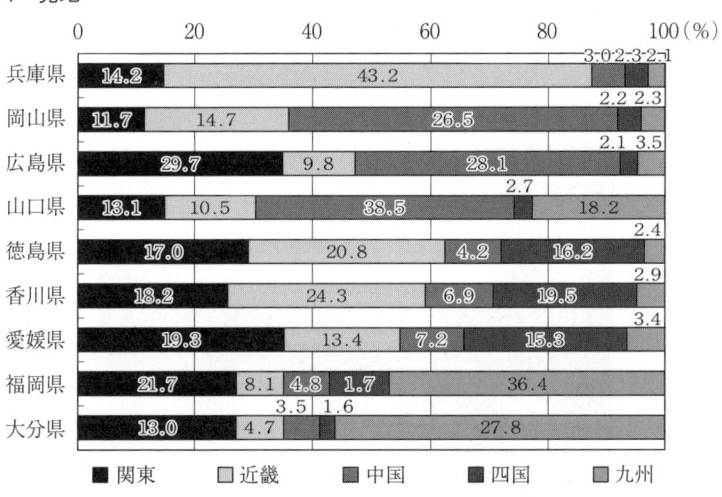

図 宿泊観光客の発地域構成

	関東	近畿	中国	四国	九州	その他
兵庫県	14.2	43.2				3.0 2.3 2.1
岡山県	11.7	14.7	26.5			2.2 2.3
広島県	29.7	9.8	23.1			2.1 3.5
山口県	13.1	10.5	33.5	2.7	18.2	
徳島県	17.0	20.8	4.2	16.2		2.4
香川県	18.2	24.3	6.9	19.5		2.9
愛媛県	19.3	13.4	7.2	15.3		3.4
福岡県	21.7	8.1	4.8	1.7	36.4	
大分県	13.0	4.7	3.5	1.6	27.8	

■関東　□近畿　■中国　■四国　■九州

注）関東は埼玉、千葉、東京、神奈川の4都県、近畿は京都、大阪、兵庫の2府1県、中国は岡山、広島、山口の3県、四国は徳島、香川、愛媛、高知の4県、九州は福岡、佐賀、長崎、熊本、大分、宮崎、鹿児島の7県

出所：観光庁「宿泊統計調査」2008年4～6月分

表 宿泊観光客の発地域構成

	関東	近畿	中国	四国	九州
兵庫県	14.2%	43.2%	3.0%	2.3%	2.1%
岡山県	11.7%	14.7%	26.5%	2.2%	2.3%
広島県	29.7%	9.8%	28.1%	2.1%	3.5%
山口県	13.1%	10.5%	38.5%	2.7%	18.2%
徳島県	17.0%	20.8%	4.2%	16.2%	2.4%
香川県	18.2%	24.3%	6.9%	19.5%	2.9%
愛媛県	19.3%	13.4%	7.2%	15.3%	3.4%
福岡県	21.7%	8.1%	4.8%	1.7%	36.4%
大分県	13.0%	4.7%	3.5%	1.6%	27.8%

出所：観光庁「宿泊統計調査」2008年4〜6月分

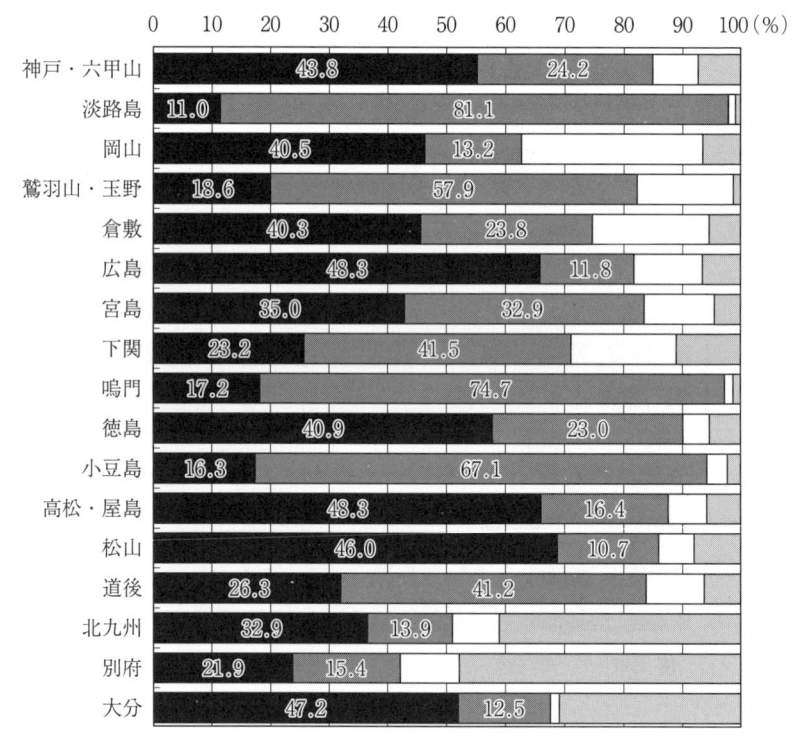

図 宿泊観光客の発地域構成
出所：ジェイティービー「JTB宿泊白書2007」

10-5 海外旅行の実施

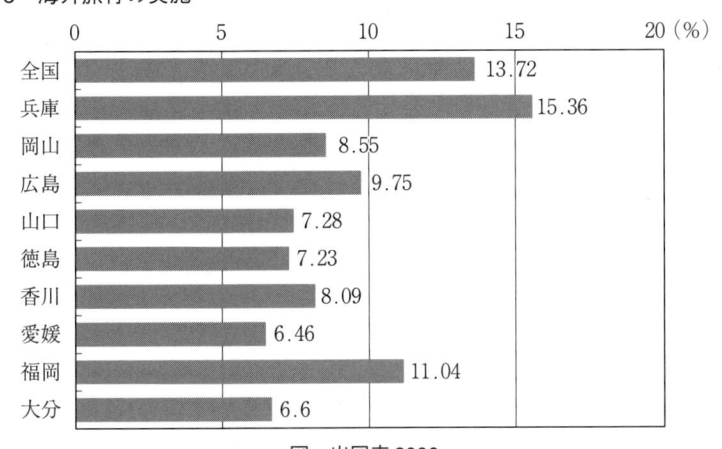

地域	%
全国	13.72
兵庫	15.36
岡山	8.55
広島	9.75
山口	7.28
徳島	7.23
香川	8.09
愛媛	6.46
福岡	11.04
大分	6.6

図　出国率2006
出所：ジェイティービー「JTB REPORT 2007」

10-6 個客化（非団体化）

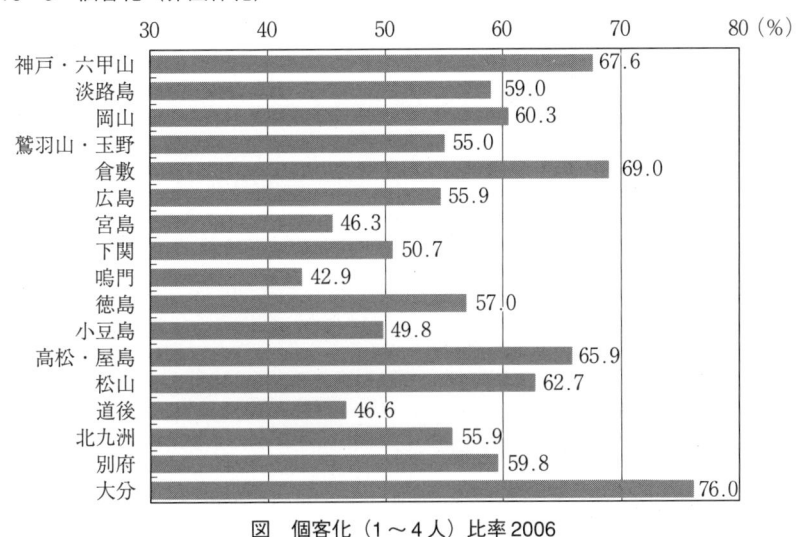

地域	%
神戸・六甲山	67.6
淡路島	59.0
岡山	60.3
鷲羽山・玉野	55.0
倉敷	69.0
広島	55.9
宮島	46.3
下関	50.7
鳴門	42.9
徳島	57.0
小豆島	49.8
高松・屋島	65.9
松山	62.7
道後	46.6
北九洲	55.9
別府	59.8
大分	76.0

図　個客化（1～4人）比率2006
出所：ジェイティービー「JTB宿泊白書2007」

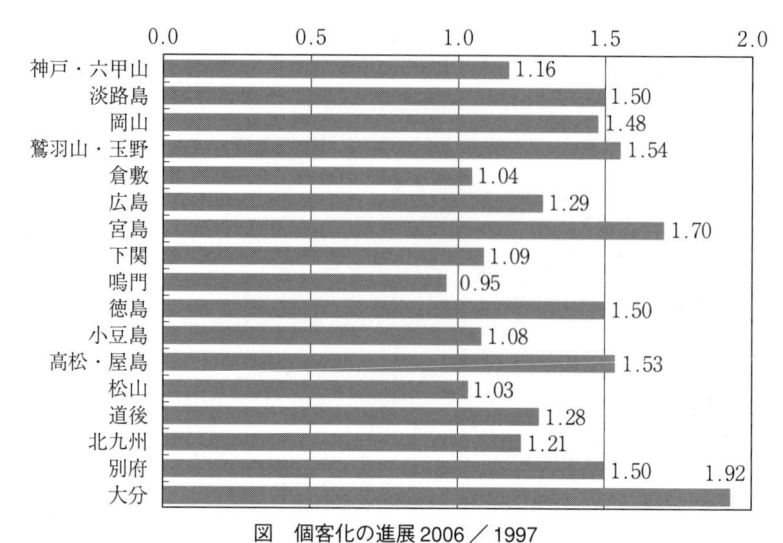

地域	個客化の進展 2006/1997
神戸・六甲山	1.16
淡路島	1.50
岡山	1.48
鷲羽山・玉野	1.54
倉敷	1.04
広島	1.29
宮島	1.70
下関	1.09
鳴門	0.95
徳島	1.50
小豆島	1.08
高松・屋島	1.53
松山	1.03
道後	1.28
北九州	1.21
別府	1.50
大分	1.92

図　個客化の進展 2006／1997
出所：ジェイティービー「JTB宿泊白書 2007」

地域	平均宿泊料金 団体（15〜30人）2006
神戸・六甲山	10,158
淡路島	13,664
岡山	8,494
鷲羽山・玉野	11,790
倉敷	9,856
広島	8,209
宮島	12,090
下関	9,663
鳴門	12,210
徳島	8,560
小豆島	10,083
高松・屋島	9,531
松山	8,204
道後	12,024
北九州	11,909
別府	11,390
大分	7,780

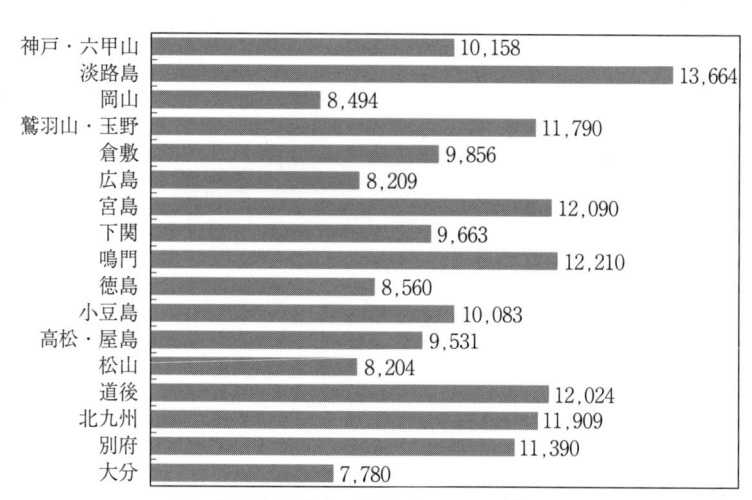

図　平均宿泊料金　団体（15〜30人）2006
出所：ジェイティービー「JTB宿泊白書 2007」

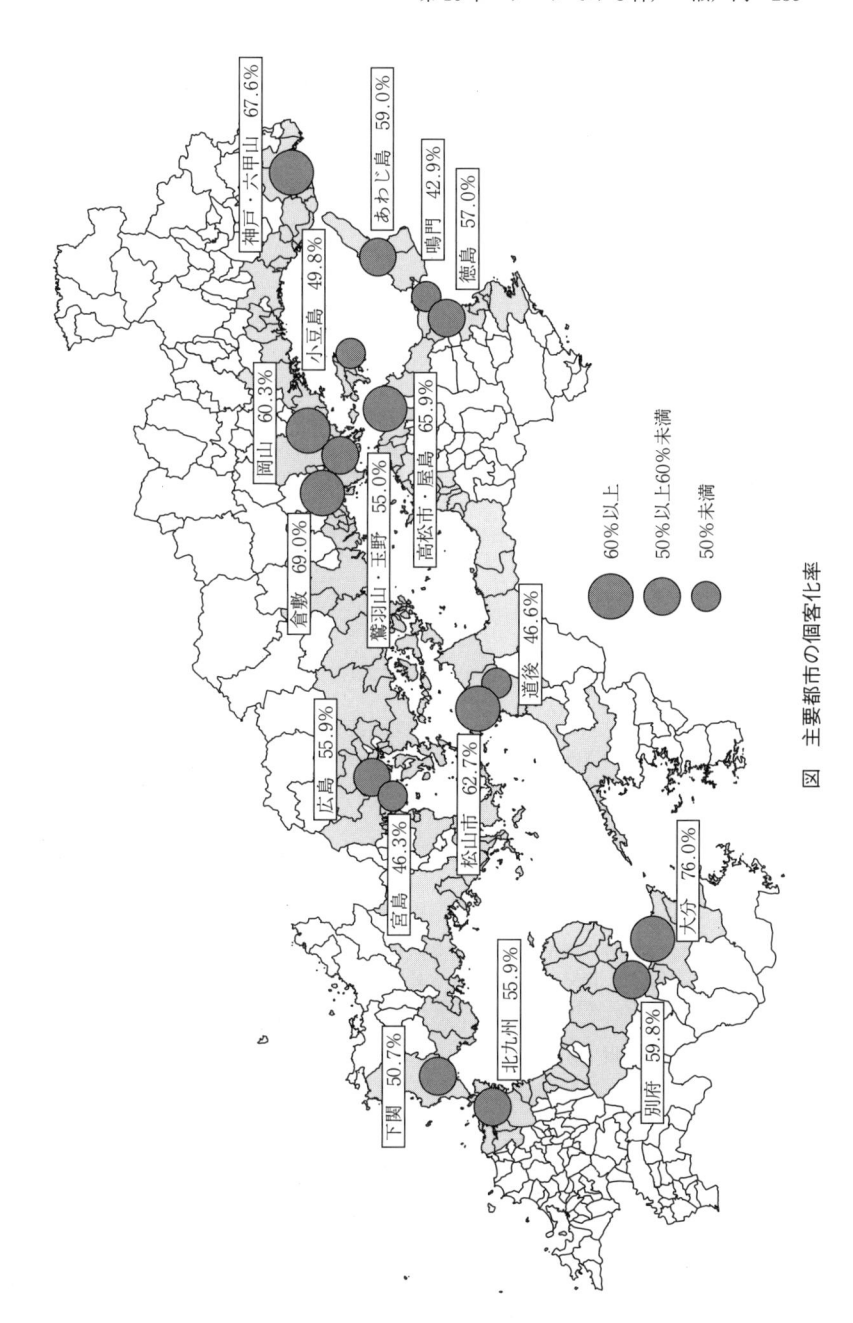

第10章　データでみる神戸・瀬戸内　235

図　主要都市の個客化率

神戸・六甲山 67.6%
あわじ島 59.0%
鳴門 42.9%
徳島 57.0%
小豆島 49.8%
岡山 60.3%
屋島 65.9%
倉敷 69.0%
鷲羽山・玉野 55.0%
高松市 55.0%
道後 46.6%
広島 55.9%
松山市 62.7%
宮島 46.3%
大分 76.0%
下関 50.7%
北九州 55.9%
別府 59.8%

60%以上　　50%以上60%未満　　50%未満

■著者紹介

第1章　栗田　真樹（くりた　まき）

流通科学大学サービス産業学部教授
1962年兵庫県揖保郡（現たつの市）生まれ。
関西学院大学大学院社会学研究科博士課程後期課程単位取得退学。修士（社会学）。
専門は社会学、社会調査法、現代社会論。
吉備国際大学社会学部助手、講師を経て、流通科学大学サービス産業学部助教授。2006年4月より現職。
共編著『現代フランスの流通と社会』、ミネルヴァ書房、2003年。
共編著『現代中国の流通と社会』、ミネルヴァ書房、2005年。

第2章　高橋　一夫（たかはし　かずお）

流通科学大学サービス産業学部教授
1959年生まれ。
大阪府立大学大学院経済学研究科博士前期課程修了。
1983年株式会社JTB入社。西日本営業本部営業開発部長、東日本営業本部イベント・コンベンション営業部長、コミュニケーション執行部長を歴任。2007年より現職。
総務省地域再生マネージャー（旧藤原町、唐津市、倉敷市）、経済産業省「体験交流観光・集客サービスビジネス研究会」委員、「都市観光マーケティング／観光・集客サービス地域ＣＳ研究会」委員など。

第2章　柏木　千春（かしわぎ　ちはる）

株式会社JTB法人東京コミュニケーション事業部事業開発局　ジュニアエグゼクティブ（主任研究員）
1992年株式会社JTB入社、2004～2006年に総務省地域再生マネージャーとして足利銀行国有化に伴う鬼怒川温泉の地域再生事業にあたる。2007年からは地域資源発掘キャラバン専門家（関東経済産業局）などを歴任。観桜期の吉野山の交通需要マネジメントや町田市制50周年記念事業のイベントプロデュースを担当。

第3章　上森　鉄也（かみもり　てつや）

流通科学大学商学部ファイナンス学科教授
1956年三重県に生まれる。
1984年皇學館大学大学院博士課程文学研究科国文学専攻満期退学、1984年九州女子大学文学部国文学科専任講師、1988年九州女子大学文学部国文学科助教授を経て、1994年流通科学大学商学部ファイナンス学科助教授、1998年より現職。

第4章　足立　明（あだち　あきら）

流通科学大学サービス産業学部教授
1946年兵庫県神戸市生まれ。
1970年慶應義塾大学商学部卒業後、株式会社ダイエーに入社（～1997年）。
1974年全ダイエー労働組合専従役員、1986年同中央執行委員長（～1994年）、1990年ゼンセン同盟副会長、流通部会部会長（～1994年）、1997年神戸大学大学院経営学研究科博士課程前期課程修了、流通科学大学流通科学研究所教授、2001年より現職。同時に中内ビジネススクール校長（～2005年）、2005年同大学サービス産業学部学部長（～2009年）。
専門は人的資源管理、キャリア開発。

第4章　金田　肇（かねだ　はじむ）

流通科学大学サービス産業学部教授
1944年横浜市生まれ。
1967年成城大学経済学部卒業後、サントリー株式会社に入社。
1989年人事部・部長（～1993）、その後市場開発部・部長、横浜支社長を経て、2001年サンリーブ株式会社・社長（～2006）就任。2006年より現職。
新宿・中村屋顧問。
専門はキャリア開発。

第5章　加藤　慶一郎（かとう　けいいちろう）

流通科学大学商学部教授
1964年、神戸生まれ。
神戸大学大学院経済学研究科修了。博士（神戸大学）。
浜松大学を経て、1998年から流通科学大学。
研究テーマは貨幣金融史、酒造業史などで、関西圏を主なフィールドにして、江戸時代から昭和戦前期ぐらいまでを扱う。

第6章　田中　まこ（たなか　まこ）

神戸フィルムオフィス代表　観光カリスマ
大阪府生まれ。
少女時代を米国で過ごし、大学卒業後はエンタテインメント分野での番組制作、撮影のコーディネート、ラジオのDJなどを手がけ、2000年より神戸フィルムオフィス代表に就任。2000年8月にフィルムコミッション（FC）の国際組織でもある国際フィルムコミッショナーズ協会（AFCI）に日本初の正式会員として認定され、2003年には国土交通省の「観光カリスマ」に選定された。2004年10月よりアジア・フィルム・コミッション・ネットワーク（AFCNet）の副会長を務める。2009年4月より発足のジャパン・フィルムコミッション（JFC）の副理事長に就任。また兵庫県のFCのネットワークであるひょうゴロケ支援Net会長としても活躍。

第7章　井上　芳郎（いのうえ　よしろう）

流通科学大学サービス産業学部教授
1957年大阪市生まれ。
1981年神戸大学経済学部卒業、2001年神戸大学大学院経営学研究科前期博士課程終了（MBA・経営学修士）。
経済産業省登録中小企業診断士。
メーカー、経営コンサルティング会社勤務を経て現職。国土交通省近畿建設局、中小企業基盤整備機構、ひょうご中小企業活性化センター、神戸市、加賀市、等の各種委員を歴任。豊岡鞄、播州織の地域団体商標登録に協力。
単著書として『小さな会社のビジネス・プラン（東洋経済新報社）』

第8章　伊藤　政美（いとう　まさみ）

内閣官房アイヌ政策推進室内閣参事官補佐
1975年北海道空知郡上富良野町生まれ。
総理府（現内閣府）事務官採用後、国土交通省大臣官房総務課を経て、2007年7月国土交通省神戸運輸監理部総務企画部企画課長。観光人材育成、クルーズ振興、地域活性化に取り組む。2009年4月から現職。
「ネアカ、のびのび、へこたれず」。流通科学大学が好きです。

第9・10章　小久保　恵三（こくぼ　けいぞう）
　流通科学大学サービス産業学部教授
　1949年神戸市生まれ。
　1972年北海道大学農学部農学科卒業、（財）日本交通公社調査部入社、1997年観光計画部長。その間（財）国際開発センター出向、立教大学非常勤講師等を経て2001年より現職。専門は観光・リゾート計画。
　国土交通省総合政策局観光部「専門学校における観光教育の活性化委員会座長」（2001年）
　旧国土庁地方振興局「リゾート振興アドバイザー」、国土交通省総合政策局「観光カリスマ・アドバイザー派遣事業」アドバイザー。
　日本観光研究学会理事（1996年度）

神戸・瀬戸内学
― 歴史や自然を見つめて地域を旅してみよう ―

2009年10月1日　初版第1刷発行

- ■編　　者──流通科学大学観光研究会
- ■発 行 者──佐藤　守
- ■発 行 所──株式会社 大学教育出版
  　〒700 - 0953　岡山市南区西市 855 - 4
  　電話(086)244 - 1268(代)　FAX(086)246 - 0294
- ■印刷製本──モリモト印刷㈱
- ■装　　丁──原　美穂

Ⓒ The Society for the Tourism, UMDS 2009, Printed in Japan
検印省略　　落丁・乱丁本はお取り替えいたします。
無断で本書の一部または全部を複写・複製することは禁じられています。

ISBN978 - 4 - 88730 - 937 - 1